辽宁省教育厅哲学社会科学重大基础理论项目
（ZW2013003）最终成果

国家社会科学基金重大项目（11&ZD146）阶段性成果

财智睿读

U0885853

# 中国二元经济转型中比较优势演变研究

吴亮◎著

中国财经出版传媒集团
经济科学出版社
Economic Science Press

图书在版编目（CIP）数据

中国二元经济转型中比较优势演变研究/吴亮著.
—北京：经济科学出版社，2020.4
ISBN 978-7-5218-1496-5

Ⅰ.①中… Ⅱ.①吴… Ⅲ.①中国经济-二元经济-转型经济-研究 Ⅳ.①F121

中国版本图书馆CIP数据核字（2020）第064901号

责任编辑：郎　晶
责任校对：郑淑艳
责任印制：李　鹏　范　艳

中国二元经济转型中比较优势演变研究
吴　亮　著
经济科学出版社出版、发行　新华书店经销
社址：北京市海淀区阜成路甲28号　邮编：100142
总编部电话：010-88191217　发行部电话：010-88191522
网址：www.esp.com.cn
电子邮箱：esp@esp.com.cn
天猫网店：经济科学出版社旗舰店
网址：http://jjkxcbs.tmall.com
北京季蜂印刷有限公司印装
710×1000　16开　12印张　200000字
2020年9月第1版　2020年9月第1次印刷
ISBN 978-7-5218-1496-5　定价：56.00元
（图书出现印装问题，本社负责调换。电话：010-88191510）

# 前　　言

改革开放以来，中国启动了二元经济转型进程，逐步放松了对劳动力流动的限制，大量农村劳动力向城市流动，向对外贸易发展较快的地区流动。我国劳动力资源充裕的比较优势对东南沿海地区发展出口导向型的劳动密集型产业起到了强有力的推动作用。此外，劳动力成本价格低廉为我国工业化初级阶段奠定了坚实基础，规模不断扩大的农村劳动力乡城转移和所得收入城乡流动也成为缩小我国城乡收入差距、改善农村生活和生产条件的重要手段。

20 世纪末和 21 世纪初，农村劳动力转移速度放缓，农业剩余劳动力从无限供给转为有限供给，劳动力成本出现了普遍的、明显的上涨，导致以往粗放的、低水平的、劳动力密集的经济增长方式难以持续。大量农村劳动力乡城转移还引发了城市地区产业结构升级压力和日益严峻的城市就业压力、农村地区普遍的空巢家庭和老弱妇孺留守的“空心村”现象，以及大量土地撂荒。城乡之间的收入差距进一步拉大，城乡利益协调机制失灵等矛盾相继出现，我国的二元经济转型出现了前所未有的复杂性。

与劳动力无限供给转变为劳动力供给短缺形成对比的是，我国资本积累速度和科技进步速度持续快速上升。全社会固定资本投资从改革开放之初 1981 年的 961 亿元增长到 2018 年的 645675 亿元，年均增速达到 19.2%。[①] 外汇储备在 1978 年末的规模仅为 1.67 亿美元，居世界第 38 位。改革开放以来，我国外汇储备稳步增加，2018 年末的外汇储备余额为 30727 亿美元，连续 13 年稳居世界第一。[②] 在科技领域，我国科技创新能力和参与程度不断提升，国内外的专利申请和授权数量逐年快速提升，国

① 根据国家统计局：《2019 中国统计年鉴》，中国统计出版社统计年鉴数据库（http：//www. stats. gov. cn/tjsj/ndsj/）相关数据整理和计算所得。

② 国家统计局：《中国外汇储备连续 13 年居世界第一》，中新经纬客户端，https：//finance. sina. com. cn/roll/2019 - 07 - 02/doc - ihytcitk9158786. shtml。

际科技论文被引次数排名在2017年提升到第2位。① 科学研究与开发经费投入规模增长明显，2018年全国投入的研究与试验发展（R&D）经费为19677.9亿元，研究与试验发展经费投入强度（其与国内生产总值之比）为2.19%，接近经济合作与发展组织平均2.37%的水平。② 在我国规模巨大的经济总量保持快速增长的同时，还伴随着日益完善的产业体系和强大的生产制造能力，这些都为科技创新提供了巨大的发展空间和牵引力。此外，巨大的人口总量和市场规模也为科技创新提供了强大的内生动力和发展驱动力。2017年科技进步对中国经济增长的贡献率达到57.5%，已接近世界创新国家的第一集团。③

上述的劳动力、资本和技术等要素禀赋格局发生的巨变，既是我国二元经济转型出现的必然转变，也在悄然改变着我国传统的比较优势格局。对我国而言，一方面，二元经济转型尚未彻底完成，仍存在大量的农村劳动力非农转移；另一方面，资本和技术要素的积累，已经使我国的产业结构开始了升级转型，劳动密集型产业在产业结构中所占的份额不断降低，而资本密集型产业和技术密集型产业的份额正在不断上升。如何在继续推进和完成二元经济转型中顺利实现比较优势的升级转型，就是这本著作的考虑之义。

本书从经典二元经济理论的研究和评述出发，结合我国实际情况，对经典二元经济转型模型进行了修正，建立了封闭条件下和开放条件下二元经济转型中的比较优势演变模型；考察了中国二元经济转型中比较优势的演变特点，在对上述一般模式进行修正的基础上，建立了开放经济条件下中国二元经济转型中的比较优势演变模型，并对我国二元经济转型中比较优势演进进行了经验实证分析；通过借鉴不同类型国家二元经济转型中比较优势演变的经验教训，提出了推进我国二元经济转型和比较优势提升的思考和建议。

无论是我国的二元经济转型，还是比较优势的升级，都是政府、学界和研究人员所关心的重大问题，不仅意义重大，而且涉及的问题众多，对任何一个问题的过度注重都往往会让研究偏离二元经济转型中比较优势演

① 张柏春、史晓雷：《改革开放以来我国建设科技强国的探索》，载于《光明日报》2018年12月5日。

② 冉晓宁：《二〇一八年我国研发经费逼近两万亿》，新华网，http://www.xinhuanet.com/tech/2019-09/02/c_1124948694.htm。

③ 郭婧婷、王志刚：《今年科技进步对经济增长的贡献率或达57.5%》，中国经营网，http://finance.sina.com.cn/roll/2017-12-23/doc-ifypxmsq9764746.shtml。

变的主题。这就要求作者要小心翼翼地牢牢抓住研究的主线。以这种严谨慎重的态度，对我国二元经济转型进程中的比较优势演变进行研究是必要的，也是可取的，研究所获得的成果，也是十分有意义的。这就像我国数学家华罗庚所说的，面对悬崖峭壁，一百年也看不出一条缝来，但用斧凿，能进一寸进一寸，得进一尺进一尺，不断积累，飞跃必来，突破随之。

作　者

2019年12月20日

# 目　　录

# 第一章

# 绪　论

进入21世纪以后，我国二元经济转型进入“刘易斯转折区间”，劳动力由无限供给转为有限供给，经济增长的资源环境与市场需求的约束更加突出，这对我国以低劳动力成本、低资源环境成本和出口导向为支撑的粗放型经济发展方式形成了严峻挑战。促进产业结构升级、形成新的比较优势对于实现发展方式转变、促进二元经济转型具有重要意义。由于我国二元经济转型滞后于工业化进程，农村劳动力非城市化和半城镇化转移以及大国经济与区域发展不平衡等特征，使我国二元经济转型表现出与传统二元经济转型理论并不完全一致的特征。与其他国家的二元经济转型实践相比，我国二元经济转型中比较优势演变的情形更为复杂，分析难度也更大。研究二元经济转型中比较优势的演变规律，结合我国二元经济转型的实际，通过提升比较优势进一步推进二元经济转型，是本书试图要解决的理论与现实难题。

## 第一节　研究背景

### 一、二元经济转型必然伴随着比较优势的演变

二元经济转型必然会伴随比较优势的演变，历史上英国、美国、日本等发达国家，韩国等新型工业化国家的二元经济转型均伴随着比较优势演变。二元经济转型的完成，不仅实现了经济结构的现代化变迁，而且由于这些国家根据要素禀赋与市场需求的变化不断推动比较

优势从劳动密集型向资本、技术密集型演变，使它们保持了较强的国际竞争力。

二元经济转型中的比较优势演变与农村劳动力转移和资本积累引发的要素禀赋改变密切相关。在农村劳动力转移过程中，城市工业部门生产规模扩大，资本积累速度加快。随着农村劳动力持续不断转移，资本积累规模日益扩大，劳动要素与资本要素的相对稀缺程度会发生变化，从而导致二者的相对价格水平发展变化。劳动力价格水平上升，诱导企业用资本替代劳动，由此引发了二元经济转型中比较优势的演变。

### 二、我国正处于二元经济转型的转折区间，比较优势亟待升级

改革开放以后，我国启动了二元经济转型进程，逐步放松了对劳动力流动的限制，大量劳动力从农村流向城市，从中西部经济发展落后地区流向东南部沿海地区。无限供给的农村劳动力以其低成本优势，成为支撑我国工业发展的坚实基础，对缩小城乡发展差距、解决农村劳动力就业难题、推进我国比较优势演变起到了不可低估的作用。

然而进入 21 世纪以后，我国农村劳动力转移速度放缓，原材料、能源价格和劳动力工资不断上升，对我国工业部门的比较优势带来了严峻挑战。特别是我国进入“刘易斯转折区间”之后，剩余劳动力无限供给转为有限供给，劳动力低成本的比较优势逐渐丧失，粗放的、低水平的、劳动力密集的经济增长方式将难以持续。与此同时，产业结构升级与城乡就业压力、农村“空心村”普遍存在与促进农业劳动力乡城迁移、城乡收入差距拉大与城乡利益协调机制失灵等矛盾相继出现，加剧了继续推进二元经济转型与比较优势提升的复杂性。因此结合我国二元经济转型实际重新审视经典二元经济转型模型，提出符合中国国情的二元经济转型中比较优势演进模型，对推动我国二元经济转型度过“刘易斯转折区间”、实现比较优势全面提升具有重要的理论与现实意义。

## 第二节　研究目的与意义

伴随着我国劳动力供给转为有限供给格局，劳动力低成本优势难以为继。因此，在二元经济转型过程中既能实现产业结构和比较优势升级，又

能克服庞大的就业压力，突破我国经济发展中的资源、环境与市场需求瓶颈约束，实现我国社会经济持续健康发展，意义重大。

第一，研究二元经济转型中的剩余劳动力状况，能够让我们准确把握我国劳动力转移的真实状况，从而为促进劳动力合理有序流动提供政策建议。2012 年我国城镇化比率已经达到 52.6%，但是城镇化速度与我国工业化速度并不协调，城镇化与工业化之间的矛盾依然比较突出。今后我国城镇化速度仍将加快，但是农村剩余劳动力转移难度加大，如何保证在农业劳动生产率不断上升的情况下实现农村剩余劳动力顺利转移，将是我国城镇化建设的一个重要课题。

第二，研究二元经济转型中劳动力转移对我国比较优势的影响，能把握我国经济结构的演变趋势，对于我国产业结构的调整与优化具有重要意义。新中国成立以后我国走的是重工业优先发展的工业化道路，创造就业与吸纳就业的能力较低。改革开放启动了二元经济转型，以发展劳动密集型出口产业作为解决农村剩余劳动力转移的主要途径。随着非熟练劳动力密集型产业竞争不断加剧，企业往往将利润用于资本积累，采用技术升级方法提高资本有机构成，这种“资本深化”的道路会降低企业对劳动力的吸纳，延缓二元经济转型进程。如何在“刘易斯转折区间”处理好实现产业升级与解决劳动力就业的矛盾，是我国二元经济转型必须面对的一大难题。本书的研究有利于我们把握二元经济转型中的经济结构演变规律，对促进我国产业结构调整与优化具有重要意义。

第三，研究二元经济转型的比较优势变化，及时调整我国对外贸易发展模式，能避免我国进入“比较优势陷阱”。2008 年我国人均国内生产总值（GDP）突破 3000 美元大关，目前我国已进入工业化中后期阶段。这一阶段与我国“人口红利”逐渐消失阶段相重合，如果不能判断比较优势发生的变化，不能对产业发展战略和对外贸易战略做出调整，将会使我国经济落入“比较优势陷阱”，经济发展放缓甚至停滞，无法实现经济社会的稳定持续发展。因此，研究二元经济转型中比较优势的演变，掌握其演变规律，促进比较优势升级，就可以及时调整对外贸易发展模式，实现对外贸易健康持续发展。

第四，研究二元经济转型中比较优势演变，有利于促进我国经济发展方式的转变。长期以来我国主要依靠大量投入成本低廉的生产要素实现经济发展，但是进入 21 世纪以后，劳动力、资源和能源价格不断上涨，这种粗放式经济发展方式难以为继。因此，研究要素禀赋、生产要素价格和劳动生产率的变动规律，把握比较优势演变趋势，有助于转变经济发展方式，从而在不需要大量投入生产要素的同时实现经济社会的持续健康发展。

## 第三节 研究方法

### 一、文献研究法

本书利用文献研究法（literature research）对各类学术期刊、学术著作、专题研究报告等资料进行归纳分析、总结和探讨，把握国内外关于二元经济转型研究的最新成果和动态，了解各种研究观点，分析和判断到目前为止研究中的不足和缺陷，以此为契机开拓自己的研究领域。目前有关二元经济转型研究的论著很多，有关比较优势演变的论著也很多，但是将二者结合起来，探讨一国在二元经济转型中实现比较优势演变的研究尚属空白，因此本书研究了二元经济转型中的比较优势演变问题，力图实现这两大研究领域之间的对接和融合。使用文献资料研究法既能在研究中了解相关研究成果和观点，也能使本书的观点和见解言之有据。

### 二、计量分析法

计量分析法（econometric analysis）是根据经济理论、可利用的资料和现有的经济计量技术，确定经济变量之间关系的数学形式，估计模型中的各个参数，并将估计结果用于经济结构分析、经济预测和政策评价的一种研究方法。本书运用相关经济学理论，选取相应变量，建立了计量经济学模型，分别判断了我国的刘易斯转折点，对我国二元经济转型中的要素禀赋格局、产业结构和出口结构进行了实证检验，并根据计量分析的结果，总结和评价了我国二元经济转型中比较优势演变。

### 三、历史分析法

任何事物的发展过程都是历史与现实的统一，任何事物的现实特征都会包含历史因素的影响。[①] 本书运用历史分析的方法考察了中国及典型国家的二元经济转型及比较优势演变的历史进程。这种历史分析方法的运用对把握二元经济转型中比较优势演进规律具有重要作用。

## 第四节　基本结构与主要内容

本书共分为六章四个部分，基本内容安排如下：

第一部分为第一章“绪论”，介绍了本书选题的背景、目的和意义，本书的研究方法、基本结构和主要内容，以及本书的主要创新与不足。

第二部分是本书的理论基础，包括第二章和第三章。其中第二章“文献综述”按照研究思路，首先介绍并评述了二元经济转型的一般理论与模型，着重阐述了刘易斯模型、费景汉—拉尼斯模型、乔根森模型和哈里斯—托达罗模型；其次对比较优势理论进行了评述；最后对 20 世纪 80 年代以来国内外学者的相关研究进行了综述评价。第三章“二元经济转型中比较优势演变的理论模型”，首先分析了封闭条件下二元经济转型中比较优势演变的前提假设、机制和条件，构建了封闭条件下二元经济转型中比较优势演变模型；其次探讨了开放条件下二元经济转型的背景、途径和比较优势演变模型，以及在开放条件下二元经济转型中提升比较优势需要注意的问题；再次对中国二元经济转型中比较优势演变特点进行了分析；最后提出了中国二元经济转型中比较优势演变模型。

第三部分是二元经济转型中比较优势演变的经验实证，包括第四章和第五章。第四章“中国二元经济转型中比较优势的形成与演变”首先回顾了我国农业劳动力转移的所表现出来的“离土不离乡”和“非永久性乡城迁移”的特点；其次对刘易斯转折点进行了判断；最后从要素禀赋变化、要素禀赋变化对产业结构的影响、出口结构演变等方面对我国二元经济转型中比较优势演变进行了实证分析。第五章“二元经济转型中比较优势演变的国际比较”分别对典型国家的二元经济转型与比较优势演变进行了比较，并总结了相应的成功经验与失败教训，指出在二元经济转型中要实现比较优势提升，关键阶段在刘易斯转折区间。典型国家的成功经验主要有：遵循工业化规律，选择正确的经济发展战略；利用多种转移形式促

① 张桂文：《中国二元经济结构转换研究》，吉林人民出版社 2001 年版，第 11 页。

进劳动力自由流动；提高农业劳动生产率，促进两部门协调发展；把收入分配差距控制在适度区间；依靠技术创新，推进二元经济转型和比较优势提升。拉美各国在二元经济转型中的过度城市化和巨大的就业压力使这些国家的经济长期陷于停滞或低迷状态。

第四部分是对策建议部分，是本书第六章的内容。该章分析了推进我国二元经济转型与比较优势提升的难点，并根据这些难点问题提出了相应的对策。对策包括树立创新意识，探索转型升级新途径；利用产业转移，充分发挥区域比较优势；加快农业现代化，推进产业协调发展；建立和完善收入分配制度，扩大内需；完善调控机制，协调城乡利益关系；重视民营经济作用，解决劳动力就业压力。

本书的结构框架大致如下（见图1－1）。

## 第五节　主要创新点与不足

本书的创新点主要体现在以下几个方面。

第一，探索二元经济转型中比较优势演变的内在机制。从目前国内外学者在相关领域的研究成果来看，把二元经济转型与比较优势演变联系起来进行专题研究的很少，特别缺乏对二元经济转型中比较优势演变机制的深入研究。本书试图在二元经济转型分析中把握由于劳动力要素在产业部门之间的流动、工业部门的资本要素积累、制度创新与技术进步等渠道产生的要素禀赋变化，探讨比较优势演变的方向与趋势，这样就在二元经济转型与比较优势演变之间建立了联系纽带，从而能解释二元经济转型中的比较优势提升机制，填补了这两大理论领域之间的空白地带。这是本书的第一个创新之处。

第二，构建了二元经济转型中比较优势演进模型。现有的二元经济转型模型基本上属于农业剩余劳动力转移模型，很少涉及比较优势演变问题。本书在探讨二元经济转型中比较优势演变的内在机制的基础上，参考借鉴刘易斯、费景汉—拉尼斯的二元经济转型的经典模型，构建了封闭条件和开放条件下二元经济转型中的比较优势演变模型。本书还根据中国二元经济转型的实际，在剖析中国二元经济转型特征的基础上，构建了开放条件下中国二元经济转型中的比较优势演变模型。这一研究将有助于推进二元经济理论与比较优势理论的创新与发展。这是本书的第二个创新。

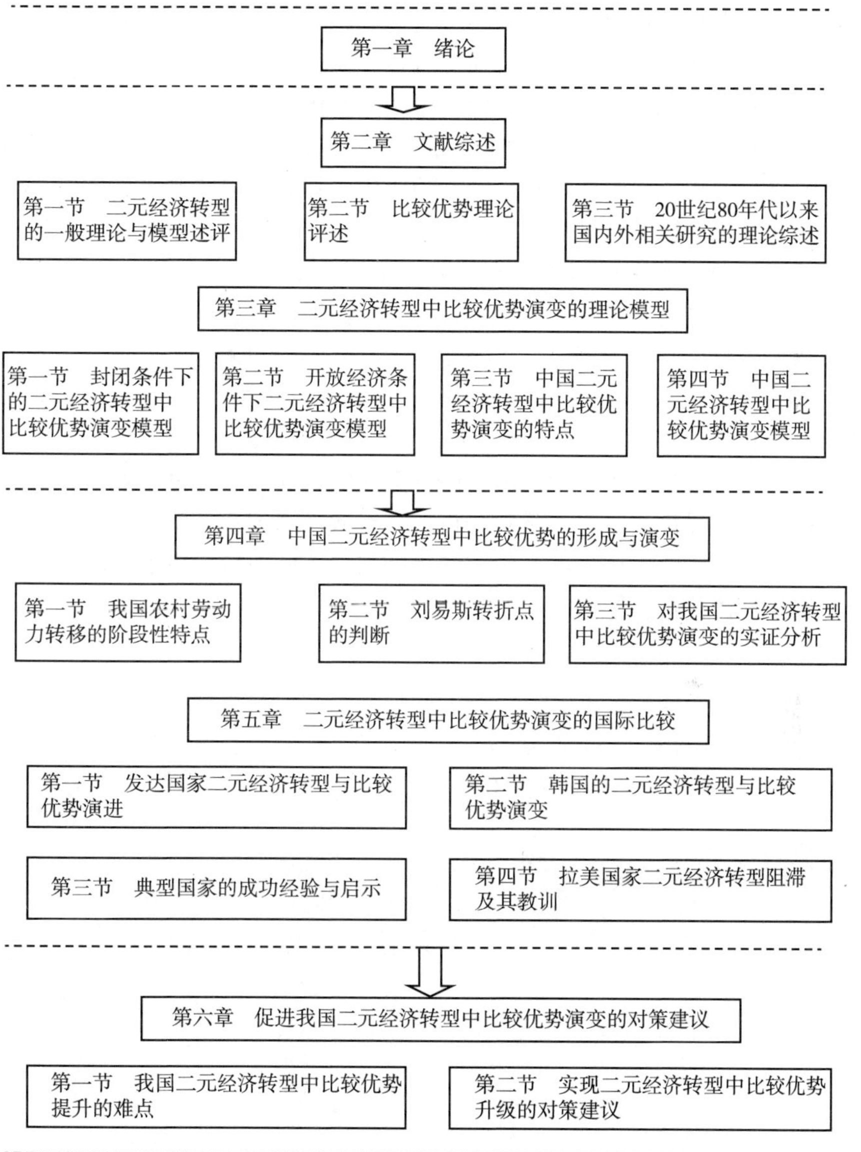


**图1-1 本书结构框架**

第三，对中国二元经济转型中比较优势的演变进行了实证检验。传统对比较优势的研究侧重于对外贸易领域，人们通过分析产品和产业的比较优势来判断一国在国际贸易中的竞争力和在国际经济体系中的地位。实际上比较优势理论不仅仅适用于国际贸易领域，一个国家或地区的二元经济转型过程也是其比较优势的动态演变过程。在现实中，如果一个国家的产业结构不能随着二元经济转型中要素禀赋的变化加以调整的话，就很可能出现“比较优势锁定”，经济增长失去动力而陷于停滞。本书对二元经济转型的研究关注了比较优势构成因素的变化，并对中国二元经济转型中比较优势的演变进行了计量检验，从而把握了中国二元经济转型中比较优势的演变趋势，并在此基础上有针对性地提出了进一步推进二元经济转型，提升比较优势的对策建议。把二元经济转型与比较优势演变联系起来进行研究的学术成果很少，对中国二元经济转型中比较优势的演变进行实证研究的成果作者还没有检索到。因此，这方面的研究构成了本书的第三个创新。

由于笔者理论水平有限，本书尚有不完善之处。一是没有对二元经济转型中的比较优势演变进行微观分析，缺乏微观基础；二是在实证分析方面，由于数据所限，还无法对我国各大区域二元经济转型中的比较优势的演变进行具体分析。

# 第二章

# 文献综述

自18世纪60年代英国工业革命以来，世界各国相继开始的工业化过程开启了农村劳动力向城市工业转移的序幕。国内外学者关于农村劳动力转移与就业问题的阐述，以及对比较优势理论的系统研究，就是以工业革命为契机开始的。经过两百多年的发展，目前国内外学者在二元经济转型与农村劳动力转移、比较优势理论与模型的研究上已经形成了较为全面和成熟的体系。本章分别对国内外学者有关农村劳动力转移的相关理论与模型、一国比较优势演变的理论进行综述，为下一步从二元经济视角出发探讨比较优势演变奠定理论基础。

## 第一节　二元经济转型的一般理论与模型述评

城乡二元经济结构是欠发达国家典型的经济特征。欠发达国家在经济发展初期阶段，农业劳动边际生产率低下，甚至为负，农业部门存在大量剩余劳动力。重新配置农业剩余劳动力，实现农业剩余劳动力非农转移是二元经济转型的核心问题。刘易斯、拉尼斯、费景汉等发展经济学家分析了农村剩余劳动力产生的原因和流动规律，建立了不同的劳动力流动理论模型，对发展中国家推行二元经济转型，解决城乡劳动力就业具有一定的指导作用。

### 一、刘易斯的二元经济模型

1954年，刘易斯发表了《劳动无限供给条件下的经济发展》一文，提出了发展中国家二元经济理论模型,① 为发展经济学开创了二元经济研究的先河。

刘易斯的二元经济理论假设发展中国家经济体系中存在两个截然不同的经济部门：一个是较为弱小、追求利润最大化的城市现代工业部门；另一个是较为庞大、劳动生产率十分低下甚至为零或负数的乡村传统农业部门。这两个部门的特征是：(1) 从要素投入上，传统农业部门主要投入要素是土地和劳动力，现代工业部门投入的主要要素是资本和劳动力。(2) 从市场化程度看，现代工业部门市场化程度高，按照商品经济原则进行生产；传统农业部门市场化程度低，属于自给自足经济，商业化原则并不普遍。(3) 从工资决定上看，在刘易斯转折点之前，两个部门的工资水平都是生存工资，但决定机制不同。传统农业部门的工资水平取决于平均劳动生产率。城市工业部门的工资水平取决于劳动边际生产率，由于农业部门存在大量剩余劳动力，在劳动力无限供给压力下，工业部门的工资水平的下限等于农业部门的生存工资。考虑到高于农村的城市生活成本、劳动力的乡城迁移成本和吸引劳动力转移的激励性因素，工业部门的工资水平通常会高于农业部门，但也不会高出很多，否则流入城市工业部门的劳动力就会远远超过工业部门对劳动力的需求，从而迫使工业部门的工资水平下降。刘易斯认为："资本主义工资与维持生存的收入之间的差额通常是30%左右。"② (4) 从剩余产品角度看，传统农业部门劳动力生产率较低，农业产出仅够维持农业部门和城市工业部门的生计，不存在可以转变为储蓄或资本的经济剩余。而城市工业部门的资本家属于"10%的收入最高的人，他们在劳动力过剩的国家里的收入占国民收入的40%（在比较发达的国家是接近30%）",③ "他们在耐用消费品（坟墓、乡间别墅、庙宇）上花费的收入少了，而在生产资本上用去的收入多了"。④

在这些假设下，刘易斯指出推动二元经济转型和经济发展的关键在于

---

① W. A. Lewis. Economic Development with Unlimited Supplied of Labor. The Manchester School of Economic and Social Studies, 1954, 2 (22): 139 – 191.

② [美] 威廉·阿瑟·刘易斯著，施炜等译：《二元经济论》，北京经济学院出版社 1989 年版，第 10 页。

③ [美] 威廉·阿瑟·刘易斯著，施炜等译：《二元经济论》，北京经济学院出版社 1989 年版，第 16 页。

④ [美] 威廉·阿瑟·刘易斯著，施炜等译：《二元经济论》，北京经济学院出版社 1989 年版，第 17 页。

“了解资本家剩余的使用”，[①] 由于工业部门的工资水平高于农业部门，吸引农业剩余劳动力向城市工业部门转移，“资本主义部门由于把剩余再投资于创造新资本而扩大，并吸收更多的人从维持生计部门到资本主义部门就业。剩余越来越多，资本形成也越来越大，而且这个过程要一直继续到剩余劳动力消失为止”。[②] 这表明，资本家将生产利润用于生产投资，现代工业部门的生产规模随之扩大，吸纳农业剩余劳动力能力增加。农业剩余劳动力转移过程会一直持续到现代工业部门将农业剩余劳动力全部吸纳完毕为止。

刘易斯将农业剩余劳动力转移过程分为两个阶段：一是劳动力无限供给阶段。此时农业部门劳动力过剩，农业劳动力工资水平是一种仅够其维持生存的生存工资，工业部门的实际工资水平等于劳动边际生产率，也是一种生存工资水平。工业部门资本家按照劳动边际生产率等于实际工资的利润最大化原则雇佣劳动力，并将所得利润用于再投资，源源不断地吸纳农业剩余劳动力，直到将农业部门剩余劳动力完全吸纳完毕。二是劳动力短缺阶段。由于传统农业部门的剩余劳动力已经全部转移到工业部门，劳动力成为稀缺因素，农业劳动边际生产率上升，农业劳动者的收入水平也随之提高。此时工业部门想要获得更多的农业劳动力，就不得不提高工资水平，与农业部门相竞争，再也不能得到无限供给的农业剩余劳动力了。相应的劳动力供给曲线开始向上倾斜，工业和农业两大部门工资均取决于劳动的边际生产率。具体如图 2 - 1 所示。

在图 2 - 1 中，假设现代工业部门在最初增长阶段资本供给不变，为 $K_1$，其对劳动力的需求由不断递减的劳动边际生产率决定，用曲线 $N_1K_1$ 表示，工业部门的实际工资水平为 $OW_i$，农业部门的工资水平为 $OW_a$，低于工业部门工资水平。为追求利润最大化，现代工业部门的资本家会在劳动边际生产率等于实际工资这一点处雇佣劳动力，即现代工业部门实际工资 $W_i$ 与 $N_1K_1$ 曲线相交的 $P_1$ 点，此时工业部门雇佣的劳动力数量为 $OM_1$，利润为 $N_1W_iP_1$。假设资本家将利润全部用于投资，现代工业部门的资本存量总额将从 $K_1$ 上升到 $K_2$，资本存量上升引起现代工业部门总产出水平增加，劳动边际生产率曲线向右移至 $N_2P_2$，现代工业部门新的就业水平

① ［美］威廉·阿瑟·刘易斯著，施炜等译：《二元经济论》，北京经济学院出版社 1989 年版，第 19 页。

② ［美］威廉·阿瑟·刘易斯著，施炜等译：《二元经济论》，北京经济学院出版社 1989 年版，第 15 页。

会上升到 $OM_2$，利润规模上升到 $N_2W_iP_2$。现代工业部门增长和就业扩张将持续到所有剩余劳动力被吸收到工业部门为止，即到达图 2－1 中的 $P_3$ 点，之后经济发展进入到第二个阶段。在第二阶段中由于农业剩余劳动力不复存在，农业部门的劳动边际生产率提高，工资水平上升，高于 $OW_a$。此时工业部门若要雇用更多农业劳动力，将被迫提高工资水平。在图2－1中，假设传统农业部门剩余劳动力总量为 $OM_3$，超过这一数量，劳动力供给曲线上升。

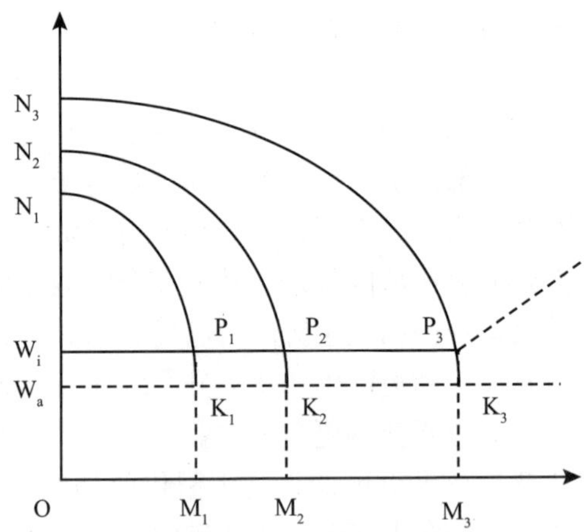


**图 2－1　刘易斯模型**

刘易斯模型描述了二元结构转型的有关机理，把传统部门和现代部门联系起来，通过现代工业部门的扩张吸收传统农业剩余劳动力，加速二元经济转换，最终实现发展中国家工业化和现代化。但是，刘易斯模型也存在一些明显的不足和缺陷，主要表现在以下 5 个方面：（1）把农业部门看作完全被动的单纯剩余劳动力的提供者，甚至把保持对农业部门不利的贸易条件作为发展成功的一个条件。（2）该理论忽视了农业部门发展和科技进步对农村剩余劳动力的作用。（3）该理论忽视了外国直接投资对东道国农村剩余劳动力的吸收作用。（4）该理论假定仅在农村存在剩余劳动力和隐性失业，城市不存在失业，且有较强的劳动力吸纳能力，这不符合发展中国家的实际情况。（5）该理论对现代工业部门的储蓄—投资—扩大就业之间的联系暗示了现代工业部门的资本与劳动比例是刚性的，忽视了资本边际效率递减和现代部门投资的技术偏向。①②

## 二、费景汉—拉尼斯的二元经济转型模型

美国经济学家费景汉（John C. H. Fei）和古斯塔夫·拉尼斯（Gustav Ranis）在1961年发表的《经济发展的一种理论》一文和1963年共同出版的《劳动过剩经济的发展：理论和政策》一书中接受了刘易斯关于二元经济转型过程就是工业部门不断吸收农业剩余劳动力过程的观点，指出刘易斯二元经济转换模型有两个缺陷：一是对农业的作用重视不够；二是没有认识到农业劳动生产率提高对农业剩余劳动力转移的作用。为此他们提出了强调农业技术进步和实现农业与工业均衡增长的“费—拉模型”。(Fei - Ranis Model) 费—拉模型把二元经济转型和农业剩余劳动力转移过程分为三个阶段。第一阶段是劳动边际生产率等于零的那部分农业剩余劳动力的流出阶段。这一阶段农业劳动力具有无限供给弹性。第二阶段是农业劳动边际生产率大于零但小于不变制度工资的劳动力流出阶段。由于劳动边际生产率大于零的农业剩余劳动力转移到城市非农部门，导致农业产出下降，粮食价格水平上升，从而带动工资水平出现上涨。第三阶段是农业劳动边际生产率大于不变制度工资的劳动力流出阶段。这一阶段对劳动力的竞争性使用使农业部门与工业部门的工资水平都由劳动边际生产率决定，这一阶段农业完成了从传统农业向现代农业的转变，二元经济向现代化一元经济转型的任务基本完成。

费—拉模型准确地反映了封闭条件下农业经济剩余在二元经济转型中的作用以及工农业平衡增长的重要性，成为二元经济结构转换理论研究的经典模型。封闭条件下的费—拉模型可以用图2－2来说明。

图2－2（a）分析了工业部门的扩张对农业剩余劳动力的吸收。横轴OW代表工业部门的劳动力，纵轴OP代表工业部门的边际生产率与工资。SS′是劳动力供给曲线，$N_1K_1$、$N_2K_2$、$N_3K_3$是现代工业部门在不同阶段的劳动边际生产率曲线或劳动力需求曲线，表明随着资本积累增加，现代工业部门对劳动力的需求也随之增加。劳动供给曲线SS′包括水平的$SP_1$和

① 郭熙保：《发展中国家人口流动理论比较分析》，载于《世界经济》1989年第12期，第38～45页。

② 李骏阳：《刘易斯人口流动思想述评——兼论我国农业劳动力的转移》，载于《西北人口》1998年第2期，第47～52页。

向上倾斜的 $P_1S'$，$P_1$ 为转折点，表明在 $SP_1$ 阶段劳动力无限供给，在 $P_1S'$ 阶段，劳动力成为稀缺要素，劳动力供给曲线向右上方倾斜。显然这是费—拉模型继承了刘易斯关于发展中国家二元经济转型分为两阶段的观点，但是费—拉模型考察了农业增长、人口增长与劳动力转移之间的关系，认为只有当农业劳动生产率提升，人口转移速度高于人口增长速度时，这个转折点才能达到。

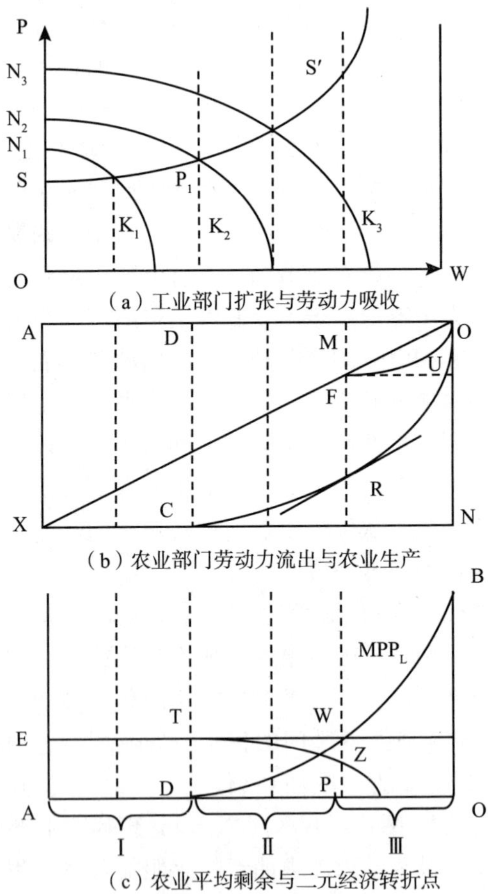


（a）工业部门扩张与劳动力吸收

（b）农业部门劳动力流出与农业生产

（c）农业平均剩余与二元经济转折点

**图 2－2　费—拉模型**

图 2－2（b）和图 2－2（c）分析了农业劳动力转移对传统农业部门的影响。（b）中的 OA 从右到左表示农业部门使用的劳动力，ON 从上到下表示农业部门总产出，ORCX 是农业部门的总产出曲线，包括 ORC 部

分和水平的 CX 部分。ORC 部分反映了随着农业投入的劳动力不断增加，劳动力边际生产率是递减的，农业总产出以递减速度增加；CX 部分表示农业劳动边际生产率为零，总产出不再增加。因此如果将 AD 部分的劳动力从农业部门转移出去，并不会降低农业总产出水平，这部分劳动力就是费景汉与拉尼斯所说的“多余劳动力”。由于农业部门存在着“多余劳动力”，其边际生产率低于平均产出水平，因此农业部门的工资不是由劳动边际生产率决定，而是由维持农业部门劳动者生存的平均产品水平来决定，是一种不变的制度工资水平，用 OX 的斜率表示。在农业总产出 ORC 线上可以找到一个点 R，在该点农业总产出曲线的斜率（即农业劳动边际产出）等于 OX 斜率。与 R 点相对应的 M 点将劳动力分为两部分，OM 的农业劳动边际生产率高于不变的制度工资水平，MA 的农业劳动边际生产率低于不变的制度工资水平，MA 又包括农业劳动生产率大于零小于不变制度工资水平的 MD 部分和农业劳动生产率等于零的 DA 部分。这样，费—拉模型把农业劳动力转移分为三个阶段：第一阶段转移农业劳动生产率等于零的 DA 部分；第二阶段转移农业劳动生产率大于零小于不变制度工资水平的 MD 部分；第三阶段转移农业劳动边际生产率高于不变的制度工资水平的 OM 部分。此外，费—拉模型中将农业总产出减去农业部门消费之后的余额叫作农业经济剩余，这部分剩余供工业部门消费，在农业劳动力转移的第一和第二阶段，由于农业劳动生产率不变，农业经济剩余等于农业总产出曲线 ORCX 与 OX 曲线之间的距离，在第三阶段，由于农业劳动边际生产率高于不变的制度工资，农业经济剩余就成为曲线 OUF 与曲线 ORC 之间的距离。

图 2－2（c）通过农业平均剩余显示了费—拉模型揭示的二元经济转型的两个转折点。在图 2－2（c）中，OA 从右到左表示农业部门使用的劳动力，OB 从下到上表示农业部门总产出，EW 表示农业部门不变的制度工资水平，BWDA 是农业部门劳动力边际产出曲线（$MPP_L$），包括 BWD 部分和 DA 部分。BWD 部分反映了随着农业投入的劳动力数量不断增加，农业劳动力边际生产率是递减的；DA 部分表示农业劳动边际生产率为零。图 2－2（c）中的 ETZO 是农业平均剩余曲线，即转移到工业部门的农业劳动力的人均农业剩余。在农业劳动力转移的第一阶段，即将农业劳动边际生产率为零的 AD 部分“多余劳动力”转移出去时，农业总产出水平不会下降，农业平均产出等于不变的制度工资水平，农业平均剩余曲线 ETZO 的 ET 部分与不变的制度工资 EW 重合。当农业劳动力转移进

入到第二阶段，即将农业劳动生产率大于零小于不变制度工资水平的 DP 部分转移出去时，农业总产出水平下降，农业平均产出低于制度工资，农业平均产出曲线在 TZ 阶段下降，意味着工业部门人均粮食消费低于制度工资水平下的粮食消费水平，粮食短缺会引发物价上升和工资上升。费—拉模型将农业劳动力转移的第一阶段和第二阶段的连接处定义为“短缺点”，也叫“刘易斯第一转折点”，表明当农业平均剩余低于制度工资时，粮食短缺出现。当农业部门的劳动边际生产率低于制度工资的“多余劳动力”全部转入工业部门之后，就进入了农业劳动力转移的第三阶段，这时农业劳动边际生产率曲线 $MPP_L$ 高于制度工资水平，供工业部门工人消费的农产品更少了，农业平均剩余加速下降。同时工业部门要想吸引更多农业劳动力扩大生产，就必须将工资水平提高到至少与农业劳动边际生产率相等的水平，这时，农业劳动力工资水平完全由劳动边际生产率和市场决定，成为竞争性商品，农业部门也实现了市场化，二元经济转型任务结束。费—拉模型将连接农业劳动力转移第二阶段与第三阶段的点叫作“商业化点”，也叫“刘易斯第二转折点”。

费—拉模型认为，二元经济转型的关键在于第二阶段，因为农村劳动力转移进入到第二阶段以后，农业总产出减少，粮食短缺会引起价格水平和工业部门工资上升，引发工业部门的贸易条件恶化。农业劳动力转移越多，粮食短缺越严重，粮价越高，工业部门的利润和贸易条件越下降，导致工业部门扩张速度越慢，农业剩余劳动力转移难度越大，直至停止转移，发展中国家经济发展和二元经济转型难以进入第三阶段。费景汉和拉尼斯认为，引起工业部门扩张停止的原因在于农业部门的劳动生产率处于停滞状态，如果能在农村劳动力转移过程中不断提高农业劳动生产率，使农业平均剩余不至于下降，就能一方面使农业劳动力流向工业部门的扩张不受阻碍，另一方面使农业可以早日改变停滞状况，出现农业发展与工业发展平衡进行的局面，结果会使“短缺点”向后移，“商业化点”向前移，最终两点重合成为所谓的“转折点”（turning point）。

费—拉模型的理论意义主要体现在：（1）论证了农业部门不仅为工业提供廉价劳动力，而且还提供农业经济剩余，而农业经济剩余是决定和影响工业部门吸纳农业剩余劳动力的关键。要实现二元经济转型，就必须提高农业劳动生产率，实现工、农业部门的平衡增长。（2）该理论提出农村劳动力转移取决于农业技术进步、人口增长和工业资本存量的增长等。该模型的不足之处是前提假设过于理想化，认为仅在农村存在剩余劳动力而城市不存在失业、发展中国家人口规模不变、农业部门劳动力工资不会随着农业生产率的提高而提高，这显然是不符合发展中国家现实情况的，特别是发展中国家城市工业不发达、存在大量城市失业人口、人口增长速度较快，以及劳动力成本不断上升等客观现实，使农村剩余劳动力转移难度不断加剧。①

## 三、乔根森模型

乔根森（Jorgenson）于1961年在《剩余农业劳动与二元经济发展》一书中沿用了刘—拉—费模型将发展中国家划分为现代工业部门和传统农业部门的做法，假定农业部门的土地是固定的，主要投入要素是土地和劳动力，因此农业产出是劳动投入的函数，且农业没有资本积累；工业部门主要投入要素是资本和劳动力，工业产出是资本和劳动力投入的函数；两个部门的劳动边际生产率均大于零，且两部门工资水平由劳动边际生产率决定；技术进步是中性的，生产过程中不会发生劳动和生产相互替代现象，因此发生技术进步时资本/劳动比率保持不变，技术进步体现为生产原有的产量所需要的劳动和资本投入按固定比率减少。由于该模型改变了农业剩余劳动和不变制度工资假设，认为包括劳动力在内的所有生产要素都是稀缺的，因此其属于新古典模型。②

从以上假定出发，乔根森着重论述了农业发展与人口增长、农业剩余与工业扩张问题，从不同研究视角发展了二元经济理论。其基本结论包括以下几点。

第一，农业产出增长率超过最大人口增长率是农业剩余产生的基本前提。乔根森认为，人口增长是由农业生产决定的，一般人口增长不会超过农业产出增长，一旦人口增长速度超过农业产出增长速度，粮食短缺会引起生育率下降，降低人口增长速度，直至与农业产出增长保持一致。由于人口增长不会超过农业发展，那么就不会产生农业剩余劳动力，不变工资

① 拉尼斯等人也认识到发展中国家人口快速增长的现实，认为在人口增长情况下要摆脱二元经济，就必须使一国非农业部门的劳动力增长率大于人口增长率。当一个国家非农产业就业量增长刚好等于人口增长时，就达到了“临界最小”努力。参考资料：Gustav Ranis and John C. H. Fei. A Theory of Economic Development. The American Economic Review，2016，51（4）：533 - 558。

② 张桂文：《从古典二元论到理论综合基础上的转型增长——二元经济理论演进与发展》，载于《当代经济研究》2011年第8期，第39～45页。

制度就失去了存在的基础。乔根森进一步提出，人口增长率有一个生理极大值，一旦农业发展使人口增长达到生理极大值，农业产出持续增长就不会被人口增长所吸收，农业剩余开始出现，而使农业产出保持持续增长的关键在于技术进步。

第二，农业剩余是农业劳动力转移的充要条件。乔根森指出了农业剩余对二元经济转型的重要意义。如果没有农业剩余，所有劳动力必须从事农业；当农业发展超过了人口增长的极大值时，农业剩余出现，农业劳动力转移才有可能；农业剩余规模越大，劳动力转移规模越大；农业劳动力转移规模应该与农业剩余规模保持一致。

第三，消费结构变化是农业劳动力向城市工业部门转移的根本原因。乔根森认为，导致农业劳动力转移的并不是城乡收入差距，而是消费需求结构的变化。他指出，人们对粮食的需求是有限的，而对工业品的需求是无限的，当人均粮食产出超过最大人口增长率对粮食的需求时，农业部门会因为需求约束而发展受限，农业劳动力转移到工业部门，以满足不断扩大的工业品需求。

与上述的刘易斯等人的观点相比较，乔根森模型的特点主要有：(1) 工资率是由劳动边际生产率决定的，随着资本积累上升和技术进步加快，工资率是不断提高的。而刘易斯等人认为，在全部农业剩余劳动力转移到城市工业部门之前，城乡两大部门的工资水平由维持生计的收入水平决定，工资率是固定不变的。(2) 农村剩余劳动力转移是人们消费结构变化的必然结果。而刘易斯等人认为农村剩余劳动力转移是城乡收入差距驱动的结果。(3) 最后乔根森模型认为人口增长由经济增长决定，由于技术进步，农业产出增长速度会超过最大人口增长率，农业剩余产生并扩大，推动农业剩余劳动力转移。综上，乔根森模型否定了刘易斯等人的固定工资、城乡收入差距驱动和剩余劳动假说等观点。

乔根森模型的理论缺陷在于：第一，割裂了工农两大部门对彼此产品的需求，特别忽视了农业部门增长会扩大对工业品的需求。第二，粮食需求收入弹性为零的假定脱离实际。第三，对资本积累重视不够，使其理论丧失了普遍意义。第四，过于注重供给，忽视了需求对经济增长的作用，这一点与刘易斯等人的观点较为相似。

## 四、哈里斯—托达罗模型

20 世纪六七十年代，发展中国家的城市存在着普遍失业，但大量农村劳动力仍然迁入城市。1969 年，托达罗（Todaro）出版了《发展中国家的劳动力迁移和产生发展模型》一书，书中提出了农村—城市人口迁移的“托达罗模型”，对上述现象做出了解释。托达罗认为：（1）预期的而不是现实的城乡工资差异是决定农业劳动力从乡城迁移的主要因素。预期工资差异取决于工资水平和就业概率两个因素。（2）农村劳动力在城市获得的就业概率与城市失业率呈反比关系。（3）移入城市的农村劳动力远比城市就业岗位要多。特别是城乡预期工资差异很大时，更能吸引农村劳动力移入城市。因此发展中国家的城市高失业率是城乡经济发展不平衡和就业机会不平等的必然结果。解决这一难题的关键在于重视农业和农村发展，鼓励农业综合开发，创造更多的农村就业机会，加大农村地区教育、卫生医疗投入，加快电力、供水和交通等基础设施发展，改善农村生活条件，缩小城乡发展差距，从根本上缓解农村劳动力向城市流动。

哈里斯—托达罗模型（Harris – Todaro model，1970）是对托达罗模型的修正，该模型假定不存在积累，城市正规部门的工资率高于劳动边际生产率，是外生决定的；城市非正规部门的工资率等于劳动边际生产率，是内生决定的，并且其低于城市正规部门的工资率，但是高于农业部门的工资率。工资率差异将导致农业部门劳动力向城市流动，由于正规部门就业职位有限，移民在寻找正规部门的工作期间，暂时会在非正规部门进行就业过渡。移民的迁移决策主要考虑两个因素，一个是城乡实际工资差异水平，另一个是在城市部门找到工作的概率，两者乘积就是城市预期工资水平，只要在城市就业的工资水平高于农村工资水平，农村劳动力就会持续向城市流入。在城市部门已经存在失业的情况下，尽管城市部门的预期收入高于农业部门，但是由于城市已经存在失业，在城市部门找到工作的风险大、概率低，最终会使得经过调整之后的城乡收入水平保持均衡。哈里斯—托达罗模型意味着较高的城市工资会导致较多的城市失业。如果农村收入水平不提高，城乡预期收入差距继续扩大，那么扩大城市部门就业的政策措施注定无效，因为创造的额外就业机会将吸引更多农村劳动力流入城市。

哈里斯—托达罗基本模型的意义在于：（1）增加资本积累实现工业扩张必然伴随劳动生产率的提高，那么对劳动需求的增长就会低于工业产出的增长。随着发展中国家城市部门的扩张，劳动生产率提高导致工资水平提高，但是新创造的就业机会相对减少。只要城市部门的预期收入高于农业部门收入水平，农村劳动力就会持续流入城市，使城市失业问题不断恶化。(2) 人为地扩大城乡实际收入差异，只会吸引更多农村劳动力流入城市，进一步恶化城市失业，因此这种做法不可取。(3) 加快农业和农村经济发展、创造农业就业机会和提高农村生活水平是解决城市失业和农村剩余劳动力就业的根本出路。

哈里斯—托达罗基本模型的不足体现在：(1) 该理论没有考虑发展中国家农村人口增长率高于城市人口增长率，认为农村不存在剩余劳动力，农业劳动边际生产率始终是正数。这与人多地少的发展中国家的实际不符。(2) 该理论暗含的假定是流入城市的劳动者即使找不到工作也会滞留城市不返回农村，这与事实不符。

## 五、简要评价①

城乡二元经济结构是发展中国家典型的经济特征，提高农业剩余劳动力的配置效率，实现二元经济转型和经济增长，是发展经济学家共同关注的问题。对这一问题的研究形成了四个在发展经济学中具有典型意义的二元经济结构模型，即刘易斯模型、费—拉模型、乔根森模型和哈里斯—托达罗模型。其中费—拉模型是刘易斯模型的扩展，其政策含义也与刘易斯模型基本相同，所以这两个模型被合称为刘—费—拉模型。将刘—费—拉模型、乔根森模型和哈里斯—托达罗模型进行比较，三者之间的异同点主要表现在以下几方面。

### （一）前提假设不同

刘—费—拉模型把存在农业剩余劳动力作为分析的前提，并认为由于存在农业剩余劳动力，在二元经济转型初期，工农业两大部门的工资均为生存工资水平，且在农业剩余劳动力转移完毕之前，工资水平是不变的。农村存在大量隐性的失业人口，城市不存在失业。乔根森模型和哈里斯—托达罗模型假定工资水平是由劳动边际生产率决定的，是可变的。在这一意义上，人们把刘—费—拉模型称为古典模型，把乔根森模型和哈里斯—托达罗模型称为新古典模型。此外，乔根森模型认为城市工业部门能够吸收转移来的农村剩余劳动力，这一点与刘—费—拉模型是一致的，而哈里斯—托达罗模型则假定发展中国家城市普遍存在大量失业人口，农村剩余

① 张桂文：《中国二元经济结构转换的政治经济学分析》，经济科学出版社 2011 年版，第 39 ~ 49 页。

劳动力转移会加剧城市失业现象。

### （二）侧重点不同

刘—费—拉模型着重分析了如何通过工业部门的发展来吸收农业剩余劳动力，促进经济发展，实现二元经济结构转换，模型的重点是工业部门发展，而农业部门在农业剩余劳动力消失之前，仅仅是一个向现代工业部门输送劳动力和农业剩余的被动部门。乔根森模型分析的侧重点在于分析农业剩余对工业的扩张作用，注重农业发展和技术进步，认为技术进步使农业产出的增长速度加快，一旦农业产出增长速度超过了最大人口增长率，农业剩余产生，农业劳动开始转移。哈里斯—托达罗模型研究了发展中国家人口流动与城市失业并存现象，从城市失业角度重点研究了农村劳动力向城市非农产业转移的有效性问题，认为当城市劳动力供给超过了城市劳动力需求时，农业劳动力向城市非农产业的转移会加剧城市失业问题。

### （三）政策含义不同

刘—费—拉模型的政策含义是加快城市工业部门的发展，促进农村剩余劳动力加速转移，以工业化发展带动二元经济结构转型，实现落后农业国向先进工业国的转化，核心是工业化，因此发展农业只是为了扩张工业部门，满足工业部门扩张对劳动力和农业剩余需求，农业部门始终处于发展工业化的附属地位，缺乏相应的独立性。与刘—费—拉模型不同的是，乔根森模型和哈里斯—托达罗模型是将发展农业作为实现二元经济转型的基本前提和重要目标看待的，强调农业发展在二元经济中的重要性。其中乔根森模型认为农业剩余是在农业产出增长率超过最大人口增长率时出现的，农业剩余产生和扩大才会推动农业劳动力转移到工业部门。因此乔根森模型的研究重点是揭示农业剩余对工业扩张和二元经济转型的重要作用。哈里斯—托达罗模型以城市失业作为分析的前提和目标，解释了农业劳动力转移和城市失业并存的现象，认为消除发展中国家的二元经济结构不是依靠农村人口不断向城市转移，而是在于提高农业劳动生产率、增加农民收入和改善农村生活条件，即通过发展农业、实现农村经济增长来缩小工农差别和城乡差别。

### （四）共同之处

虽然刘—费—拉模型、乔根森模型、哈里斯—托达罗模型在以上几个方面存在差别，但是它们都是从发展中国家的农业部门与城市工业部门并存的客观实际出发，共同关注二元经济转型中如何提高对剩余劳动力的配置效率，都认同发展中国家经济发展的核心问题就是实现二元经济转型。除此之外，这几个模型都假设劳动力市场是健全完善的，劳动力可以从农村向城市自由流动；都高度关注劳动力、农业剩余产品、工业资本积累等供给方面的因素对二元经济转型的作用，忽视了市场需求约束对二元经济转型的限制作用；都把二元经济结构作为客观存在的事实，没有深入探究二元经济产生和深化的原因；都是在既定的制度框架下研究劳动力流动对资源配置和二元经济转型，没有从制度变迁角度分析制度因素对二元经济转型的影响。

此外，这几个模型在现实中的适用性也存在一定的不足。刘—费—拉模型的假设前提是农村有过剩劳动力，而城市不存在失业；劳动力市场是完全竞争的市场，在农村剩余劳动力转移完毕前，城市工资水平保持不变；农业部门的发展附属于工业部门的扩张。这些前提假设与发展中国家的实际现实大相径庭，降低了该模型的适用性，而且在实际应用中过度强调工业发展，容易拉大工农业之间、城乡之间的发展差距，强化二元经济结构。乔根森模型的假设前提中，改变了刘—费—拉模型的固定工资假设，强调了农业发展对二元经济转型的重要作用，比刘—费—拉模型更接近发展中国家现实，但是乔根森模型坚持充分就业假设，忽视了城市失业问题，而且由于农业生产函数不包括资本投入，忽视了物质资本和技术进步对农业部门发展的重要性。哈里斯—托达罗模型能较好解释农业剩余劳动力流动与城市失业并存现象，强调发展农村经济、缩小城乡实际收入差距对解决城市失业问题的重要性，但是对增加城市非农产业部门就业持消极态度，不但无助于说明城市分工深化和产业结构升级，也不能说明农村剩余劳动力转移对改造传统农业的意义。

## 第二节　比较优势理论评述

### 一、对比较优势概念的理解

比较优势一词是从比较成本演化过来的，所谓比较成本，是将本国产品的绝对/相对劳动生产率与国外同类产品的绝对/相对劳动生产率进行比较，如果本国某种产品的绝对/相对劳动生产率较低，那么本国在该种产品上具有比较优势。

最早探寻比较优势的是亚当·斯密，他在《国富论》一书中提出，如果一个国家在某种商品的生产上较外国需要更少的单位劳动力，那么这个国家就在这种商品的生产上具有绝对的比较优势（absolute comparative advantage），这种绝对优势或绝对利益是该国参与国际分工的根本原则。大卫·李嘉图发展了亚当·斯密的绝对优势理论，在《政治经济学及赋税原理》（1817）中，提出了著名的比较优势理论（law of comparative advantage）。李嘉图所确定的比较优势理论的核心是：一个国家倘若专门生产自己相对优势较大的产品，并通过国际贸易换取自己不具有相对优势的产品，就能获得利益。用数学语言表述比较优势：假设 A 国生产单位 X 商品所需要的劳动投入为 Ax，生产单位 Y 产品所需要的劳动投入为 Ay；B 国生产单位 X 商品所需要的劳动投入为 Bx，生产单位 Y 产品所需要的劳动投入为 By。若存在 $Ax < Bx$ 或 $1/Ax > 1/Bx$，那么 A 国相对于 B 国在 X 产品上具有绝对优势；若存在 $Ax/Ay < Bx/By$，表明 A 国相对于 B 国在 X 部门上具有比较优势。

此外，李嘉图对比较优势还有一种理解，即比较优势也是一国各产业之间劳动生产率的自我比较。① 笔者认为，将比较优势看作是一国产业间劳动生产率的比较，是理解比较优势概念的根本。这是因为一国内部各产业间劳动生产率此消彼长的变化，反映在国际经济领域中，就表现为各产业国际竞争力的变化，换言之，国际贸易中研究的比较优势演变，最终仍要取决于国内各产业的比较优势变化。② 因此本书对比较优势的理解更贴近于一国内部产业之间的自我比较。

之后赫克歇尔—俄林的要素禀赋论（theory of factor endowments，即 H－O 模型）进一步补充完善了比较优势概念。该理论认为，各国生产要素禀赋不同导致要素相对供给与要素相对价格不同，在生产技术水平相同、完全竞争市场和规模经济不变条件下，各国生产的产品相对价格不同，形成了国际贸易动因和格局。

① ［英］彼罗·斯拉法著，寿勉成译：《李嘉图著作和通信集（第一卷）》，商务印书馆 2011 年版，第 113～114 页。

② 在国际经济领域，也有可能会因为汇率变化，以及战争、封锁、灾难等一些外生原因，导致比较优势发生改变，但这种比较优势变化并不在本书研究范畴内。

以上对比较优势的阐述主要是从供给角度对相对劳动生产率或相对价格进行比较，同时假设需求是既定不变的。在进行比较优势推导时，现代教科书多使用产品相对价格（relative price）、生产可能性曲线（production possibilities curve）和社会无差异曲线（community indifference curve）来说明比较优势原理，[①] 现实中各国的偏好并不完全相同，或多或少都存在一些差异，但这种偏好差异不足以完全抵消各国生产的差异，也就是说，在解释比较优势原理时，需求偏好并不是关键因素，考察比较优势主要考虑的仍是供给方面引起的产品相对价格差异。[②]

## 二、比较优势的来源与述评

### （一）要素禀赋（factor endowments）

在亚当·斯密和大卫·李嘉图的比较优势理论中，劳动是唯一的生产要素，比较优势产生的根源是各国劳动生产率差异，但是对各国劳动生产率因何产生差异他们没有做出解释。这样，在李嘉图的比较优势模型中，比较优势是由模型以外的因素决定的一个已知变量，并且通过劳动生产率/生产技术/生产函数的天然差异体现出来，因此，杨小凯把李嘉图模型的比较优势称为外生比较技术优势。[③]

赫克歇尔—俄林的 H－O 模型克服了李嘉图比较优势模型的缺陷。H－O 模型假设包含劳动和资本两种生产要素，两国生产同一种产品的生产技术相同，比较优势完全内生于两国要素禀赋差异，因此 H－O 模型也被称为要素禀赋理论，该理论以两个事实作为分析前提：（1）各个国家的要素禀赋资源和获得条件存在差异；（2）不同产品生产中投入的生产要素存在差别。因此，由于国家间存在要素相对供给差异，所以要素相对价格不同；在使用相同生产技术生产同一种产品时，各国产品的相对价格不同，由此产生了比较优势，并引发国际贸易。所以可以将赫克歇尔—俄林

---

① ［美］多米尼克·萨尔瓦多著，杨冰译：《国际经济学》，清华大学出版社 1998 年版，第 42～54 页。

② 衡量比较优势的理论中也有着重于需求偏好的解释，比如瑞典经济学家林德（Linder）提出的偏好相似说，但该理论以发达国家之间需求结构和收入水平相似为前提，最终仍然落在发达国家之间生产供给的差异化产品上。因此从需求偏好差异角度解释比较优势并不构成比较优势理论的主要方面。

③ 杨小凯、张永生：《新兴古典经济学和超边际分析》，中国人民大学出版社 2000 年版，第 201 页。

的 H－O 模型简要地表述为：一国应出口本国丰富要素密集型的产品，进口本国稀缺要素密集型的产品。一国如果劳动力相对丰富，就应该出口劳动力密集型产品，进口资本密集型产品。在赫克歇尔—俄林的 H－O 模型中，要素禀赋与产品的要素密集度的概念均是相对的，即如果一国的资本—劳动比率高于其他国家，那么该国就是资本相对丰裕的国家，对方国家劳动相对丰裕；如果一种产品生产中投入的资本—劳动比率高于另一种产品的这一比率，那么这种产品就是资本密集型产品，其他产品为劳动密集型产品。

H－O 模型的最重要意义在于揭示了比较优势来源于各国要素禀赋差异。其不足之处在于模型中仅仅包括两种生产要素，即劳动和资本。笔者认为从探讨比较优势来源出发，要素禀赋显然不局限于诸如土地、气候、地理位置等自然资源和初始劳动力、资本等生产要素，还应该包括随着社会经济发展形成和改善的生产要素，比如资本增量、劳动增量、人力资本和科技进步等。因为如果将要素禀赋局限于原始的自然资源和初始生产要素，那么基于这种要素禀赋形成的比较优势格局很难改变，也容易使比较优势“凝固化”，最终落入“比较优势陷阱”。

实际上，美国哈佛大学教授迈克尔·波特在分析国家竞争优势的决定因素时，已经拓展了要素禀赋内涵，他认为一国的要素禀赋应包括自然资源、资本资源、人力资源和基础设施等几大类，这些生产要素可以分为初级生产要素和高级生产要素。诸如自然资源、气候、区位、非熟练/半熟练劳动力等初级生产要素是被动继承的，除了采掘业、农业种植业和某些技术要求不高的产业外，这些初级生产要素对产业比较优势的作用比较小。高级生产要素是指通过对劳动力、物质资本长期进行投资和积累才能得到的生产要素，包括现代交通、通信通讯系统、高级人力资源、熟练劳动力、研究机构等。高级生产要素一般是对一定数量和质量的初级生产要素进行投资、积累和培育获得的，对产业发展和竞争优势的作用越来越大。①

将生产要素概念从静态初级生产要素扩展动态高级生产要素，意味着之前以静态要素禀赋为基础的比较优势是可以改变的，即如果一国能在短期内加大培育高级生产要素的数量与质量，那么就有可能较快实现其比较优势的升级转型。因此，全面理解生产要素禀赋提供了分析比较优势形成

---

① 金碚：《中国工业国际竞争力——理论、方法与实证研究》，经济管理出版社 1997 年版，第 54～55 页。

以及演变的重要思路。笔者认为，一国要素禀赋不仅是一个存量的相对概念，动态来看，要素禀赋的创造能力、利用效率和配置效率对比较优势的影响是至关重要的，因此必须坚持全面考察要素禀赋概念，既要看到初级生产要素的基础性作用，也要看到高级生产要素的决定性作用，还应注意到初级生产要素与高级生产要素之间的相互作用。

在实践中，对要素禀赋的扩展首先是从资本要素开始的，主要表现为两种方式：一种是对劳动力进行的人力资本投资；另一种是对实物资本进行投资。对人力资本投资的研究比较早，克拉维斯（Kravis）、凯南（Kenen）、基辛（Kessing）等人认为，一个国家的投资并不仅仅表现为企业、厂房、机器、设备等物质形态，还更多地表现为在教育培训、医疗保健卫生、服务与管理等人力资源开发（development of human resources）上的投入。之后西奥多·舒尔茨、加里·S. 贝克、爱德华·丹尼森、罗默、卢卡斯等人补充并完善了人力资本理论，将人力资本区分为熟练人力资本和高素质人力资本两类。前者是指受过中高等教育，从事生产和一般管理的人员；后者主要是指受过较高层次的教育培训，从事研究与开发和高级管理工作的人员。① 引入人力资本概念对研究比较优势的意义重大，它意味着通过人力资本积累和投资是可以改变比较优势格局的。

实物资本积累主要通过经济增长和吸引外资来实现，对发展中国家而言，依靠自身经济增长难以在短期内快速形成实物资本积累，但是可以通过放松资本管制、吸引外资来克服资本要素不足。吸引外资不仅能提高发展中国家资本要素相对丰裕程度，而且有助于扩大资本密集型产业生产规模，降低进口资本密集型产品价格，改善贸易条件和国际收支，最终实现产业结构和比较优势转型升级。

### （二）专业化与内部规模经济（specialization & internal scale economies）

由于分工和专业化生产能够提高劳动生产率，因此也可以作为比较优势的来源之一。亚当·斯密在《国富论》中指出，分工可以大幅提升劳动生产力，增进劳动熟练程度、技巧和判断力。② 这是因为分工可以实现：第一，增进劳动技能的熟练程度；第二，减少转换工种耗损的时间；第

① 吴建伟：《国际间产业竞争与市场容量》，上海三联书店、上海人民出版社 1999 年版，第 6 页。

② ［英］亚当·斯密著，谢祖钧等译：《国富论》，中南大学出版社 2003 年版，第 5 页。

三，有助于发明简化或节约劳动的专用机械。[①] 所以，分工有助于专业化，而专业化能提高劳动生产率，以劳动生产率为基础的比较优势取决于分工与专业化。

专业化与内部规模经济有一定的联系，所谓内部规模经济（internal economies of scale）是指生产企业在一定产量范围内，随着产量增加，单位平均成本不断降低的事实。内部规模经济之所以存在，是因为：(1) 专业化。按照生产工序和流程集中使用生产资料和机器设备，可以节约劳动时间，提高生产效率。(2) 资源的集约化使用。在一定限度和范围内集中使用数量众多且性能相同的生产资料，能充分发挥生产资料的最大生产力，所以生产规模大的厂商更容易充分发挥设备生产力。(3) 生产要素的不可分割性。有些先进的工艺和技术只能在产量达到一定水平才能采用，也就是说，这些大批量生产的工艺和技术通常是不可分割的。(4) 资金的节约。大厂商在筹措资金、购买原料和半成品、销售等活动时的价格成本要比小厂商低，从而能获得更高的收益。因此大厂商能引进更多的、专业化程度更高的机器设备和雇用更多的具有不同专业知识的劳动力。

当一个生产企业扩大生产要素投入时，如果产出增长比例高于要素投入增长比例，就会出现规模报酬递增（increasing returns to scale）。[②] 新古典经济学理论表明，一旦出现了内部规模经济和规模报酬递增，就会出现垄断。垄断一方面会降低市场效率；另一方面又可以通过创造和利用其内部规模经济获得较强的比较优势。实践中内部规模经济与规模报酬递增是一种普遍现象，因此如何解释比较优势与规模报酬递增之间的关系就成为一个理论难题。

对这一难题，西奥多·舒尔茨提出可以利用资源配置报酬递增来解释比较优势与规模报酬递增之间的矛盾，即规模报酬递增不仅令一般均衡分析失效，而且也使生产要素在资源重新配置中获得递增的报酬。实际上这种能产生规模报酬递增的资源配置市场与完全竞争的市场结构并无两样，产生规模报酬递增的关键是专业人力资源，而专业人力资源是可以通过增加研究与开发投资和良好的基础教育等人力资本投资获得。[③] 规模报酬递增效果越明显，比较优势越强。

---

① ［英］亚当·斯密著，谢祖钧等译：《国富论》，中南大学出版社 2003 年版，第 8 页。

② ［美］多米尼克·萨尔瓦多著，杨冰译：《国际经济学》，清华大学出版社 1998 年版，第 144 页。

③ ［美］西奥多·W. 舒尔茨著，李海明、赵波译：《报酬递增的源泉》，中国人民大学出版社 2016 年版，第 16 页。

迪克西特（Dixit）和斯蒂格利茨（Stiglitz）在1977年发表的《垄断竞争与最优产品的多样性》中提出了“迪克西特—斯蒂格利茨模型”（简称D－S模型）。[①] 在该模型中，他们首先构造了D－S效用函数（后被引申为D－S生产函数），然后依次按照不变弹性、可变弹性和非对称性效用函数的情形求出市场均衡解，并分别在每种情形下对市场均衡解和社会最优解进行了比较。他们发现，即使两国初始的要素禀赋条件、消费偏好、技术水平相同，如果存在内部规模经济，两国选择不同的产业进行专业化分工，后天的比较优势就会出现，也就是说，是专业化导致比较优势出现。这是因为专业化生产会产生内部规模经济和规模报酬递增，从而使每个厂商都会有一定的市场垄断力量，但这种垄断并不阻止自由竞争。这是因为一方面，自由进入产业的威胁会迫使垄断利润降为零，即规模经济与进入威胁并存时，竞争性市场是可以存在的；另一方面，生产厂商实现了专业化生产的规模经济，而消费者偏好消费多样化，对二者矛盾的协调导致了垄断竞争市场结构的出现。

之后赫尔普曼（Helpman）和克鲁格曼（Krugman）在《市场结构和对外贸易》一书中提出了新贸易理论，认为H－O模型可以解释产业间贸易，而产品差异、收益递增和不完全竞争可以用来解释产业内贸易；两个国家要素禀赋差异越小，产业内贸易比重越大，反之则反是；在保持以国民收入衡量的国家规模不变时，使资本富裕国家的资本—劳动比率提高和资本稀缺国家的资本—劳动比率降低的资源重新配置，将会增加国际贸易量；同样，在保持各国资本—劳动比率不变时，使各国规模差距缩小的资源重新配置将会扩大国际贸易量，而使各国规模差距变大的资源配置将降低贸易量；不完全竞争条件下的贸易政策不同于完全竞争下的贸易政策，原因在于企业在不同市场结构中的行为不同；在规模递增报酬条件下，各国都倾向于出口占有较大国内市场份额的产品。[②]

关于专业化、规模经济对比较优势的关系，笔者想指出：(1) 来自专业化和规模经济的比较优势是一种后天获得的比较优势，这一点与李嘉图模型和H－O模型有根本不同。(2) 来自专业化和规模经济的比较优势可以更好地解释发生在先天条件相近的发达国家之间的产业内贸易现象，这

① Avinashi K. Dixit and Joseph Stiglitz. Monopolistic Competition and Optimum Product Diversity. The American Economic Review, 1979, 69 (5): 961－963.

② ［美］赫尔普曼、克鲁格曼著，尹翔硕、尹翔康译：《市场结构与对外贸易》，上海人民出版社2009年版，第18页。

与解释发达国家与发展中国家产业间贸易现象的李嘉图模型和 H－O 模型有根本不同。(3) 来自专业化和规模经济的比较优势有一个缺陷，即无法说明在规模经济条件下，各国如何选择专业化和规模经济的产业，这一缺陷为政府利用该模型干预比较优势留下了空间。

### (三) 外部规模经济 (external scale economies)

所谓外部规模经济是指随着产业生产规模扩大，产量增加，各厂商平均生产成本下降的现象。在其他条件相同的情况下，拥有外部规模经济的行业生产相对集中于少数几个区域，不仅能给区域内厂商提供专业化的劳动和服务，还能促进知识外溢和技术扩散，增加整个区域内厂商的规模收益。与厂商凭借扩大自身生产规模实现平均生产成本下降的内部规模经济不同，外部规模经济是厂商凭借产业规模扩大实现的成本优势。此外，由于在外部规模经济中厂商不需要扩大自身生产规模即可实现成本降低，因此外部规模经济条件下的市场结构类似于完全竞争市场，这也与内部规模经济容易产生垄断或寡头的情形完全不同。

外部规模经济能使产业生产规模扩大，并使生产成本下降，因此外部规模经济也可成为一国某一产业比较优势的来源。在外部经济条件下，产业内厂商的成本竞争优势会导致其市场和需求不断扩大，供给进一步扩张，整个产业生产效率持续提升，产业平均生产成本下降。同时，产量持续增加，生产者不断积累经验，产品质量上升，成本下降，学习曲线 (learning curve) 效应出现，实现了动态外部规模经济。因此，外部规模经济有随着时间发展而不断自我增强的特征。

由于外部规模经济一般与一国的要素禀赋、消费偏好、技术水平没有密切的关系，某一产业最初在哪里建立、在哪一国的生产规模最大，主要取决于历史机遇或政府推动。因此克鲁格曼认为，在许多条件下，比较优势来自自我增强的外部规模经济，而不是潜在的资源条件。后进国家在某一产业发展起来的动态外部规模经济可能会使领先国丧失依据资源条件建立起来的比较优势,① 因此克鲁格曼认为，广阔的国内市场对产业形成比较优势至关重要，一些具有要素禀赋优势的国家之所以不能在丰裕要素密集型的产业部门形成比较优势，很有可能是该国这一产业部门还未形成规模经济，没有占领较大的国内市场份额，也没有形成外部规模经济

① ［美］保罗·克鲁格曼著，张曦译:《流行的国际主义》，中信出版社 2010 年版，第 106～108 页。

优势，对此该国政府应在政策干预下实现产业聚集，并通过推动“干中学”（learning by doing）来发展具有外部规模经济的产业。

将外部规模经济看作比较优势的来源之一，最大的意义在于提供了政府干预产业的理论依据，因为在外部规模经济条件下，产业的比较优势可以通过后天扶持和培育形成。对发展中国家而言，在工业化早期阶段发展知识、技能密集型的高新技术产业，会遭遇到来自发达国家强有力的竞争，如果政府不进行干预，那么发展中国家的高新技术产业在国际分工体系中只能处于这一行业的边缘，生产不重要的零部件，无法掌握核心自主技术，也不能获得知识、技能垄断带来的收益，最终只能居于为核心国家加工制造、赚取低微加工费的地位。实行政府干预，通过提供政府补贴或进行贸易保护等手段对知识、技能密集型的高新技术产业进行扶持，就有可能使这一产业建立竞争优势。建立高新技术产业竞争优势对发展中国家意义重大，因为高新技术产业的资本和技术密集度要比现存产业高，并且具有较高的正外部经济性，其发展对社会技术进步的贡献也要比现存产业大，即便对高新技术产业的保护会带来暂时的福利和资源配置损失，但是从动态和长期观点来看，这种保护是势在必行的。

需要注意的是，尽管政府干预有助于形成外部规模经济，但是如何界定具有外部规模经济的产业难度较大，尤其在选择保护时机上，更不容易把握。在实践中，一些发展中国家保护的或者是一些落后低效产业部门，或者是为某些利益集团的寻租行为提供的有利空间，不但不能形成外部规模经济，还浪费了大量的资源。因此政府在利用外部规模经济理论干预产业时，要防止保护不当的问题。

### 三、简要评价

以上对比较优势概念和来源的认识，表明对比较优势的分析不仅已经成为现代经济增长理论和国际贸易理论发展的重要组成部分，而且也成为联系传统贸易理论与现代贸易理论的重要纽带。实践中，着重分析静态比较优势的传统贸易理论与强调规模经济和不完全竞争的动态比较优势理论是同时并存和发挥作用的，只是在不同国家和不同发展阶段的表现方式和作用有所不同。在自由竞争时期，建立在完全竞争前提下的静态比较优势理论强调了市场竞争和自由市场价格的资源配置基础性作用，该理论对各国产业选择、分工和贸易格局有决定性作用；到了垄断竞争时期，不完全竞争市场结构导致市场失灵，为政府干预产业实现规模经济提供了理论依据。应该看到，自由竞争市场的资源配置效率是最佳的，在不完全竞争市场中实行政府干预的目的是提高资源配置效率。因此政府干预并不是目的，政府干预的目的是最终降低市场失灵对资源配置效率的影响，从不完全竞争市场努力向完全竞争市场靠近。显然比较优势理论虽然强调了劳动力自由流动对提高资源配置效率、实现规模经济的作用，但是并未涉及二元经济转型的分析，没有将农业劳动力转移与工农业部门均衡发展联系起来，也没有将农村劳动力转移与比较优势提升联系起来。

笔者重新理解比较优势的概念、细化比较优势来源是出于以下几个方面的考虑：（1）比较优势演变是本书研究的中心问题之一，我国作为发展中国家，要素禀赋依然是决定我国比较优势的重要因素，考察生产要素在产业间流动对比较优势的影响，是本书的一个研究重点。（2）比较优势概念和理论涉及了古典贸易理论、新古典贸易理论和新贸易理论，但本书研究的比较优势并不局限于以上理论，而是将比较优势的发展演变放在开放经济背景下的二元经济转型视角中进行研究，最终落脚点仍将是经济增长。

## 第三节 20世纪80年代以来国内外相关研究的理论综述

### 一、国内外有关二元经济转型研究的理论进展

自从1954年刘易斯提出二元经济理论模型以后，发展中国家二元经济转型问题研究经历了古典主义二元经济理论研究、新古典主义和凯恩斯主义二元经济理论研究、组织制度二元经济理论研究三个阶段，形成了一个体系庞大的二元经济理论体系。①

古典主义二元经济理论以20世纪五六十年代的刘易斯、费景汉和拉尼斯的二元经济理论为代表。20世纪60年代初到80年代初的新古典二元经济理论的典型代表是乔根森模型和托达罗模型。以上刘易斯模型、费—

① 张桂文：《从古典二元论到理论综合基础上的转型增长——二元经济理论演进与发展》，载于《当代经济研究》2011年第8期，第39~45页。

拉模型、乔根森模型和托达罗模型的主要内容和观点在本章第一节已有阐述，这里不再赘述。这里重点分析凯恩斯主义二元经济理论和组织制度二元经济理论。

20 世纪 60 年代初到 80 年代初期，一些发展中国家的农业剩余劳动力尚未转移完毕，遭遇了严重的需求约束，导致二元经济转型缓慢。有学者将二元经济理论研究重心从供给方面转移到需求层面，将凯恩斯有效需求思想引入二元经济转型，形成了以有效需求管理为核心的凯恩斯主义二元经济理论，代表性理论是卡尔多模型和拉克西特模型。卡尔多模型考察了农业剩余对二元经济发展的意义，指出现代工业部门扩张受到源于供给和需求的双重约束。模型的主要观点包括：（1）在一个农业部门占据重要地位的二元经济中，对工业品的有效需求不仅来自工业部门内部，还来自农业部门。因此农业部门的收入决定着工业部门的收入和增长水平。（2）农业剩余增长是工业扩张的基本条件，只有农业剩余增加了，才能产生对工业品的有效需求。（3）随着工业化发展，人均收入水平提高，两部门对农产品的收入需求弹性下降，对工业品的收入需求弹性上升，将导致经济结构出现变动。① 拉克西特 1982 年出版的《劳动剩余经济：一种新凯恩斯主义的思路》一书中，重点研究了发展中国家有效需求不足的原因。第一，商品市场不发达容易产生交易障碍，加大了交易的成本，增加了有效需求不足的可能性。第二，信贷市场的无组织性使利率的波动形成对总需求不对称的影响，经济增长受到需求不足的制约。第三，信贷和金融中介机构缺乏，导致信贷市场上超额需求和超额供给并存，大量资金被储藏起来，生产者放弃和削减生产投资项目，减少了有效投资和储蓄数量，也就减少社会总需求。第四，土地不可流动性和不可分割性的特性一方面使土地市场无法把买卖双方的交易意愿对应起来，降低了土地的成交率和人们对土地的投资需求；另一方面土地的不可流动性会降低人们对土地进行改良、修筑和其他新建设的投资需求，也会降低有效需求。当经济存在有效需求不足时，可以利用凯恩斯的刺激投资需求的政策实现经济短期和长期均衡，一旦两部门产出水平增长，收入提高，就能解决有效需求不足的问题。②

进入 20 世纪 80 年代以中期以后，对二元经济理论的研究从生产技术二

① 郭庆旺：《卡尔多经济增长模型述评》，载于《财经问题研究》1990 年第 2 期，第 55 ~ 58 页。

② 王检贵：《劳动与资本双重过剩下的经济发展》，上海三联书店 2000 年版，第 38 ~ 51 页。

元性转向组织制度二元性，在以下几个方面取得了重大进展：（1）在二元制度结构分析方面，拉·明特（Hla Myint）1985 年利用产品价格差异、政府行政组织效率和金融机构运行效率的差异说明了欠发达经济体组织制度的二元性，并认为发展中国家其他二元结构均源于组织制度二元性。[①]之后高塔姆·博斯（Gautam Bose，1996）、[②] 顾伟和矢口诗美（Gu Wei and Shigemi Yabuachi，2006）[③] 等人研究了劳动力市场的二元性及其对劳动力转移的影响，主要观点集中体现为：城乡劳动力市场存在明显分割，农业部门工资水平低，农业工人对现行工资比较敏感。增加农业部门工资水平尽管可以增加劳动力的储蓄水平，但是会影响农业雇主的长期收益，因此农业雇主的理性选择是降低工资水平。工业部门的工资水平高于农业部门，而且工业部门工资变化会影响农业部门的工资水平，当工业部门工资上升，扣除乡城转移成本之后，如果城市工业部门的工资水平对农业劳动力有较强的吸引力，将加快农业劳动力向城市非农部门转移，农业劳动力的乡城转移会减少两部门实际工资差别。（2）新兴古典二元经济模型。杨小凯（2003）的新兴古典二元经济结构形成及转换模型表明，二元经济形成及转换是分工演进和专业化水平提高的结果。一个社会的专业化程度越高，生产效率也越高，同时商品交易种类及规模也越大，在其他条件不变的情况下，交易费用也就越多。为提高交易效率，分工结构会从自给自足转为半专业化的农民和工业品生产者。由于工业品生产者聚集在城市能降低交易费用，促进专业化水平、生产率和收入水平快速提高，因此工业品生产者最终实行完全专业化分工，与半专业化的农民分散在农村形成了城市和农村、工业和农业相分离的二元经济结构。当交易效率持续提高时，农业生产也实现专业化，二元经济结构消失，城乡的生产力水平、商业化程度，以及商业化的收入将趋于一致。[④]（3）理论综合基础上的转型增长。费景汉和拉尼斯在 1997 年的《增长和发展：演进观点》一书中提出了以二元经济转型为核心的经济增长理论，该理论秉承了古典主义传统，运用新古典生产函数理论推导出了一般经济增长方程。他们利用这一

---

① 汪小勤：《二元经济结构发展理论述评》，载于《经济学动态》1998 年第 1 期，第 73 ~ 78 页。

② Gautam Bose. Agrarian efficiency wages in a dual economy. Journal of Development Economics, 1996, 49 (2): 375 -386.

③ Gu Wei and Shigemi Yabuuchi. Imperfect Labor Mobility and Unemployment in a Dual Economy. Review of International Economics, 2006, 14 (4): 698 -708.

④ 杨小凯、张永生：《新兴古典经济学与超边际分析》，社会科学文献出版社 2003 年版，第 113 页。

经济增长方程，结合生产技术二元性和组织制度二元性分析了发展中国家二元经济转型，强调技术创新、技术类型选择、制度创新与政府政策选择对实现二元经济转型和经济增长的重要作用，并系统论证了实现二元经济转型和经济增长的条件。

我国作为一个人口众多的发展中大国，受长期计划经济体制影响，广大农村存在大量剩余劳动力，城乡二元经济结构现象表现得更为突出和明显。因此，刘易斯等人的二元经济转型理论与模型对促进我国农村剩余劳动力转移，促进我国比较优势升级具有重要的借鉴意义和参考价值。近年来越来越多的学者开始关注中国农村劳动力转移问题，研究领域涉及面广，研究题材日益丰富。这些研究成果主要集中在：（1）对中国二元经济转型发展阶段的分析。高铁梅和范晓非（2011）从农业劳动边际产出、制造业和建筑业劳动力供给、收入差距等角度建立了计量经济模型，结论表明中国劳动力市场已在2005年后越过刘易斯第一转折点（即短缺点），进入劳动力有限供给阶段。[①] 张桂文（2012）的研究从中国工业化、城市化、农业现代化与市场化的发展进程角度进行考察，结果也表明中国已进入“短缺点”与“商业化点”之间的刘易斯转折区间。[②]（2）分析影响二元经济转型的难点问题。周乔治（Chow George，1993）分析了中国农村劳动力转移与工业部门资本积累之间的相互作用，指出目前制约农村劳动力转移的主要因素是资本积累偏低，因此加快资本积累是实现中国经济增长和就业增长关键因素。[③] 蔡昉（2001）研究了影响农村劳动力转移的制度因素，认为传统经济发展战略以及户籍制度限制了潜在的转移行为，因此加快制度创新对推进二元经济转型和农村劳动力流动意义重大。[④] 张桂文和袁晖光（2012）认为目前中国二元经济转型面临着产业结构升级与劳动密集型产业发展的两难抉择、资源环境与市场需求的双重约束、市场与政府的双重失灵等诸多难点问题，必须通过工业化、农业现代化与城市化相互促进、良性循环的多元化道路，以及以多元化发展道路为核心的对策

---

① 高铁梅、范晓非：《中国劳动力市场的结构转型与供求拐点》，载于《财经问题研究》2011年第1期，第22~31页。

② 张桂文：《二元转型及其动态演进下的刘易斯转折点讨论》，载于《中国人口科学》2012年第4期，第59~68页。

③ Chow，G. C.. Capital Formation and Economic Growth in China. Quarterly Journal of Economics，1993，108：809-842.

④ 蔡昉：《劳动力迁移的两个过程及其制度障碍》，载于《社会学研究》2001年第4期，第44~51页。

体系来破解以上难题。[1]（3）影响农村劳动力转移决策的因素。高国力（1995）基于托达罗预期收入模型，认为区域经济发展不平衡产生的收入差距是农村劳动力转移决策的重要影响因素之一，区域经济发展水平越高，劳动力转移越活跃，其转移水平也越高。[2] 赵耀辉（1999）的研究结果表明，正规教育对劳动力从农业转移到非农产业有显著的影响；城镇地区的劳动力需求主要偏向男性；已婚使转移概率降低 2.8%；转移的概率随着年龄增加而降低。[3] 朱农（2002）发现女性比男性更不喜欢转移；教育仅对男性的迁移决策有正影响；婚姻状况对转移有显著的负影响。[4]（4）二元经济转型对城乡劳动力市场的作用。约翰·奈特和宋丽娜（John Knight and Lina Song，1995）考察了中国从管制的劳动力市场和工资体系向波动的劳动力市场过度中的“体制内就业”和“体制外就业”现象，探讨了农村劳动力流动对城乡劳动力市场二元割据的影响。[5] 姚洋（Yang，Yao，1999）就中国改革开放以后农村劳动力向东南沿海地区流动的现象分析了农村劳动力流动对东南沿海劳动力市场整合的作用。[6] 李陈华和柳思维（2006）利用经典二元经济理论模型分析了农民工进城、城市失业、城乡收入差距、社会不平等（基尼系数）等问题，构建了一个分析发展中国家城乡劳动力二元市场的模型，指出实现城乡劳动力市场一体化的关键在于推行“发展农村经济、增加农民收入”的政策体系。[7]

## 二、国内外有关比较优势的相关研究

近年来国外在比较优势理论的研究上，主要突出了三个方面的研究：第一，进一步扩展研究了比较优势理论，如贝拉·巴拉萨（Bela

---

① 张桂文、袁晖光：《中国二元经济转型的难点及其破解思路》，载于《当代经济研究》2012 年第 11 期，第 71 ~ 77 页。

② 高国力：《区域经济发展与劳动力迁移》，载于《南开经济研究》1995 年第 2 期，第 31 ~ 34 页。

③ Zhao，yaohui. Migration and Earnings Difference：The Case of Rural China. Economic Development and Cultural Change，1999（4）：767 – 782.

④ 朱农：《论收入差距对中国乡城迁移决策的影响》，载于《人口与经济》2002 年第 5 期，第 10 ~ 17 页。

⑤ John Knight，Lina Song. Towards a Labor Market in China. Oxford Review of Economic Policy，1995（11）：97 – 117.

⑥ Yang，Yao. Rural Industry and Labor Market Integration in Eastern China. Journal of Development Economics，1999（55）：463 – 496.

⑦ 李陈华、柳思维：《城乡劳动力市场的二元经济理论与政策——统筹城乡发展的洛伦兹分析》，载于《中国软科学》2006 年第 3 期，第 30 ~ 42 页。

Balassa，1979）分析了经济发展中随着物质资本和人力资本的积累，比较优势模式的变化过程。① 谢尔比·D. 亨特和罗伯特·M. 摩根（Shelby D. Hunt and Robert M. Morgan，1995）提出"竞争比较优势理论"是比较优势理论的新发展，并将其与新古典的完全竞争理论进行了微观与宏观比较。② 阿诺·科斯蒂诺（Arnaud Costinot，2009）运用互补性的数学方法，扩展了李嘉图多要素模型，提出预测国际分工模型的要素生产率和要素供给的条件，形成了"基本新古典经济学"。③ 第二，对比较优势的构成因素对比较优势的影响进行了研究。如克里斯汀·M. 陈等（Christine M. Chan et al.，2010）的研究结果表明，在次中央区域形成本国企业对外竞争比较优势方面，新兴经济体国家比发达国家具有更强的表现。④ 林毅夫和张夏准（Justin Lin and Ha－Joon Chang，2009）通过一系列辩论，对发展中国家国际经济发展政策中的一些特定问题进行了阐述。⑤ 亚历杭德罗·库克斯和马克·J. 梅利茨（Alejandro Cuñat and Marc J. Melitz，2012）探讨了经济波动、劳动力市场灵活性和国际贸易的关系，认为各国劳动力市场规制的差别影响了企业对特定冲击的适应效果，这些制度差别和部门具体差别共同形成新的比较优势，此外，劳动力市场更为灵活的国家经济增长更具活力。⑥ 第三，将一国比较优势升级与产业结构转换联系起来。赤松要（1932）的"雁行形态理论"、⑦ 小岛清（1978）的"边际产业扩张理论"、⑧ 弗农（1966）的"产品生命周期理论"、⑨ 雷布

---

① Bela Balassa. The Changing Pattern of Comparative Advantage in Manufactured Goods. The Review of Economics and Statistics，1979，16（2）：259－266.

② Shelby D. Hunt，Robert M. Morgan. The Comparative Advantage Theory of Competition. Journal of Marketing，1995，59（2）：1－15.

③ Arnaud Costinot. An Elementary Theory of Comparative Advantage. econometrics，2009（4）：1165－1192.

④ Christine M. Chan，Shige Makino & Takehiko Isob. Does Subnational Region Matter? Foreign Affiliate Performance in The United States and China. Strategic Management Journal，2010，31（11）：1226－1243.

⑤ Justin Lin，Ha－Joon Chang. Should Industrial Policy in Developing Countries Conform to Comparative Advantage or Defy it? A Debate Between Justin Lin and Ha－Joon Chang. Development Policy Review，2009，27（5）：483－502.

⑥ Alejandro Cuñat，Marc J. Melitz. Volatility，Labor Market Flexibility，and the Pattern of Comparative Advantage. Journal of the European Economic Association，2012，10（2）：225－254.

⑦ Kanami Akamatus. The Synthetic Principles of the Economic Development of Our Country. The Journal of Economic，1932（6）：179－220.

⑧ ［日］小岛清著，周宝廉译：《对外贸易论》，南开大学出版社 1991 年版，第 56～58 页。

⑨ Raymond Vernon. International Investment and International Trade in the Product Cycle. The Quarterly Journal of Economics，1966，80（5）：190－207.

津斯基（1955）的“雷布津斯基定理”、[①] 邓宁（1988）的“国际生产折中理论”[②] 指出，随着世界经济与科学技术的发展，一国产业结构发生调整变化，会导致固有的比较优势产业在国际分工中的地位也发生变化，如果较为落后的国家发生了技术进步，缩小了与技术先进国之间的发展差距，技术先进国的比较优势将逐渐弱化。如果一国继续强化固有的比较优势产业，有可能会导致本国出口贸易条件不断恶化。要想保持一国持久的比较优势地位，关键在于不断进行技术创新。

我国学者对比较优势决定产业结构的看法有争议，一些学者认为遵循比较优势进行产业选择是合理的，而且二者之间可以相互促进。例如，王岳平和葛岳静（2007）把比较优势作为影响产业结构升级的内生变量加以分析，指出产业结构总体上决定一国比较优势，而比较优势又反过来有利于促进产业结构的合理化和高度化。[③] 杨明（2006）指出，一个国家或地区产业结构的形成受其比较优势制约，而比较优势随着经济发展而变化，并决定产业结构升级。因此国家应通过市场竞争机制，充分利用现有比较优势产业，加快高级生产要素积累，最终实现产业结构升级。[④] 朱书军和赵进（2001）认为，一国要想实现经济发展，必须依据其比较优势的变化制定本国的产业结构政策。[⑤] 但是另外一些学者反对按照静态比较优势进行产业选择。例如，聂建忠和王敏（2009）认为推行“比较优势战略”不利于提高我国知识技术竞争力，使我国产业结构趋于低级化，并被锁定在了全球产业链的低端。[⑥] 陈依慧（2003）认为合理的产业发展战略必须立足在比较优势之上，而比较优势是动态变化的，因此产业发展战略应根据比较优势的动态变化及时调整，否则容易落入“比较优势”陷阱。因此改造传统产业，强化劳动密集型产业的比较优势，大力发展高新技术产

---

① Tadeusz Rybczynski. The Influence of Factor Endowments Change on International Trade. Journal of Economics, 1955, 48 (3): 185 – 210.

② John H. Dunning. Trade, Location of Economic Activity and The Multinational Enterprise: A Search for an Eclectic Approach [A] Explaining International Production. Unwin Hyman, London, 1988: 13 – 40.

③ 王岳平、葛岳静：《我国产业结构的投入产出关联特征分析》，载于《管理世界》2007 年第 2 期，第 61 ~ 68 页。

④ 杨明：《比较优势战略、外国直接投资与产业结构升级》，载于《天津师范大学学报（社会科学版）》2006 年第 2 期，第 67 ~ 74 页。

⑤ 朱书军、赵进：《比较优势与我国的产业结构政策》，载于《江苏理工大学学报（社会科学版）》2001 年第 6 期，第 45 ~ 48 页。

⑥ 聂建中、王敏：《比较优势战略与产业结构升级》，载于《当代经济》2009 年第 1 期，第 73 ~ 78 页。

业，实现新的竞争优势，是中国产业发展两条并行不悖的路径。[①] 乔真真（2007）认为中国应该充分利用现有的比较优势，快速积累资本，使真正决定产业结构的比较优势结构得到提升。[②] 李蕊来和黄丽萍（2011）认为中国目前的比较优势格局致使资源配置逐渐靠近传统低度产业，如劳动力密集的加工贸易行业。如果中国产业结构按照静态比较优势进行资源配置，其结果极可能发展为对外贸易中的“贫困化增长”。[③]

## 三、简要评价

综上，国内外学者在二元经济转型的经典理论模型下对农村劳动力转移的一般规律、刘易斯转折点的判断与衡量、影响二元经济转型的因素等问题进行了较为深入的探讨，不仅弥补了原有理论模型的不足，而且根据现实经济发展需要，将古典经济学、新古典经济学、新制度经济学、演化经济学等理论的相关研究方法引入进来，丰富和推动了二元经济理论研究体系。总的看来，20 世纪 80 年代中期以前的二元经济各种理论均存在忽视对发展中国家二元制度结构的分析，不能很好地解释二元结构的形成及演变，也无法给出令人信服的政策主张。20 世纪 80 年代中期以后的二元经济理论开始将发展中国家的生产技术二元性与组织制度二元性结合起来，向理论交叉融合的方向发展，不仅可以较好地解释二元经济结构的动态演进过程，而且还可以用来分析发展中国家的二元组织制度结构及其由传统农业社会向现代社会的经济转型问题。但是不可否认的是，二元经济理论研究中仍有些是目前尚未被触及、缺乏深入研究的领域，比如缺乏制度与技术在二元经济转型中相互作用的内在激励研究、土地非农使用对二元经济转型的作用与影响研究、农村劳动力非农转移的过渡阶段研究、二元经济转型中的比较优势演变研究等。

相比较而言，关于比较优势的理论研究主要是从解释国际贸易产生的动因、贸易格局以及贸易利益分配等问题出发的，从比较成本理论到要素

---

① 陈依慧：《比较优势与中国产业发展战略选择》，载于《商业经济与管理》2003 年第 4 期，第 53 ~ 57 页。

② 乔真真：《中国产业结构优化的战略选择——基于对外贸易视角》，载于《经济问题》2007 年第 1 期，第 45 ~ 49 页。

③ 李蕊来、黄丽萍：《中国对外贸易与产业结构升级》，载于《中国集体经济》2011 年第 16 期，第 13 ~ 15 页。

禀赋论再到现代比较优势理论，[①] 比较优势理论一直是国际贸易理论的核心，但是将比较优势理论应用到经济发展中，探讨一国/地区比较优势演变的尝试并不多见，特别是从欠发达经济体二元经济转型角度分析比较优势演变和提升的研究更是罕见。实际上在我国目前所处的二元经济转型阶段，农村劳动力持续大量向城市非农产业部门转移，导致城市非农产业部门资本积累速度加快，制度创新和技术进步取得了较大进步，在一定程度上已经使中国的生产要素禀赋格局发生了变化，这种变化是否相应改变了我国的比较优势格局，需要将二元经济转型的理论模型与比较优势理论结合起来，从理论和实证两方面进行分析和把握。本书的研究初衷，就是试图在二元经济理论研究框架中寻找解释比较优势演变的内在机制，把握未来我国二元经济转型中比较优势的演变趋势，提出促进我国二元经济进一步转型与实现比较优势演变的相关建议。

① 对现代比较优势可以从两个思路进行理解：一个是通过成本、技术、要素禀赋的动态变动解释比较优势演变；另一个是从规模经济和分工、交易成本的角度去分析比较优势产生的原因。参考资料：郭界秀：《比较优势理论研究综述》，载于《社科纵横》2007 年第 1 期，第 64 ~ 67 页。

# 第三章

# 二元经济转型中比较优势演变的理论模型

在二元经济转型初期阶段，相对于固定的土地、稀缺的资本，发展中国家农业劳动力严重过剩、价格低廉。这种要素禀赋格局使农业部门和工业部门选择节约资本，密集使用劳动力的生产技术，并形成了劳动力密集型产业的比较优势。随着二元经济转型不断推进，农村剩余劳动向城市工业部门转移，不仅加快了城市工业部门资本积累速度，使资本要素丰裕度逐渐提高，同时农业劳动生产率上升，工资水平不断提高，农业劳动力从无限供给转为有限供给，甚至出现短缺。要素禀赋格局的改变迫使生产者选择节约劳动的生产技术，扩大资本密集型产业的生产规模，比较优势逐渐从劳动力要素密集型产业转变为资本要素密集型产业。因此，在二元经济转型中，生产要素积累和要素禀赋格局的变化会对工业部门和农业部门的要素使用结构产生影响，并导致比较优势演变。

关于发展中国家在二元经济转型中比较优势演变的理论模型，并无系统的研究和整理，美国经济学家威廉·阿瑟·刘易斯 1954 年在《曼彻特学报》上发表的《劳动无限供给条件下的经济发展》一文,[①] 被认为是正式论述二元经济转型的开山之作。在这篇文章中，刘易斯提出两个发展中国家实现经济增长的模型：第一个是解释封闭条件下发展中国家二元经济发展机制及其运行问题的模型；第二个是解释发展中国家与发达国家之间贸易条件确定问题的开放经济模型。本章以该篇论文为基础，结

① W. A. Lewis. Economic Development with Unlimited Supplied of Labor. The Manchester School of Economic and Social Studies, 1954, 22 (2): 139 – 191.

合刘易斯的《无限劳动：进一步的说明》（1959）、①《对无限劳动的反省》（1972）、②《再论二元经济》（1979）③ 三篇论文，以及拉尼斯和费景汉在《增长和发展：演进观点》④ 一书中对刘易斯二元经济转型理论的补充与发展，参考发展经济学、国际贸易学的相关理论，分别对封闭条件下和开放经济条件下的二元经济转型中比较优势演变问题进行分析，并形成中国二元经济转型中比较优势演变模型。

## 第一节　封闭条件下的二元经济转型中比较优势演变模型

二元经济转型理论表明，封闭条件下，在二元经济转型初期阶段，发展中国家土地数量较为固定，资本稀缺，但存在大量农业剩余劳动力。劳动力无限供给的压力使农业部门和工业部门的工资水平均为生存工资水平。如前所述，由于城市工业部门的生存工资包含了城市高于农村的生活费用、乡城转移的迁移成本、激励性收入等费用，因此城市工业部门的生存工资水平一般高于农业部门的生存工资水平，吸引了农业剩余劳动力向城市工业部门转移。在到达“短缺点/刘易斯第一转折点”之前，工农业部门的劳动力工资水平保持固定不变。因此劳动力无限供给和低廉的工资水平是发展中国家形成劳动密集型产业比较优势的坚实基础。随着二元经济转型不断深入，到达“短缺点/刘易斯第一转折点”以后，发展中国家劳动力无限供给转为有限供给，劳动力工资和物价水平上升，开始进入中等收入阶段，⑤ 劳动力低成本优势逐渐丧失，在劳动密集型产品市场上无法与其他尚处于二元经济转型初期阶段有无限农业剩余劳动力供给的发展中国家相抗衡，而在资本密集型产品和技术密集型产品市场上，又会因为

① W. A. Lewis. Infinite Labor: Further Instructions. The Manchester School of Economic and Social Studies, 1959, 26 (1): 1-32.

② W. A. Lewis. To Reflect on the Infinite Labor. International Economy and Reflection. New York: Academic Press, 1972: 121-133.

③ W. A. Lewis. Re-discussing on Dual Economy. The Manchester School of Economic and Social Studies, 1979, 47 (3): 221-229.

④ ［美］费景汉、古斯塔夫·拉尼斯著，洪银兴等译：《增长和发展：演进观点》，商务印书馆2004年版，第360~361页。

⑤ 按照世界银行2009年标准，人均国内生产总值（GDP）小于995美元（当年价）的国家为低收入国家，996~3945美元为中低收入国家，3946~12195美元为中高收入国家，而超过12195美元则为高收入国家。

研发能力和人力资本制约，难以与高收入国家竞争。在这种情况下，如果不能及时转变生产方式，该国二元经济转型过程会因为经济增长丧失动力而陷入停滞，落入“中等收入陷阱”。[①]

要避免陷入“中等收入陷阱”，就必须对二元经济转型中比较优势的发展趋势有一个清楚的认识，针对在转型中比较优势可能出现的变化，及时调整生产方式，加大技术创新力度，引导产业结构由劳动密集型向资本密集型和技术密集型转变，形成新的比较优势，最终实现经济发展方式转变。

## 一、模型的前提假设

封闭条件下二元经济转型中比较优势演化模型的前提假设沿用了刘易斯、费景汉和拉尼斯封闭条件下的二元经济转型模型的前提假设，主要包括以下几点。

（1）欠发达经济体的要素禀赋包括土地、劳动力和资本。经济中有两个部门：一个是较为弱小，市场化程度高，以现代化方法进行生产，追求利润最大化的现代城市工业部门；另一个是较为庞大，以传统生产方式为基础，劳动生产率十分低下的传统乡村农业部门，其市场化程度低。农业部门生产函数的投入中包括土地和劳动力，其中土地是固定的，因此劳动力是决定农业产出的唯一因素；工业部门生产函数的投入包括资本和劳动力，技术中性发展，因此资本积累和劳动力投入规模决定工业部门的生产规模；劳动力要素可以在两个部门间自由流动。

（2）由于农业部门土地数量固定，随着人口不断增加，劳动力供给远大于土地对劳动力的需求，导致该部门“劳动的边际生产率很小或等于零，甚至为负数”，[②] 因此在到达“短缺点/刘易斯第一转折点”之前，农业部门的工资水平是由劳动平均生产率决定的，是一种维持劳动者生存最

① “中等收入陷阱”概念正式提出，是在世界银行2007年发布的《东亚复兴：关于经济增长的观点》和《东亚与太平洋地区报告：危机10年后的状况》两份报告中。报告指出，历史表明，许多经济体常常都能迅速地达到中等收入的发展阶段，但只有很少的国家能够跨越这个阶段，许多拉美和中东经济体数十年都停留在中等收入水平。参考资料：Ohno，K. 2009 Overcoming the Middle-Income Trap：The Challenge for East Asian High Performers. Working Paper，Presented at WB Conference。

② ［美］威廉·阿瑟·刘易斯著，施炜等译：《二元经济论》，北京经济学院出版社1989年版，第8页。

低水准的生存工资或制度工资,[①] 并保持固定不变。同时，由于农村剩余劳动力无限供给，工业部门的最低工资水平是农业部门的生存工资，考虑转移到城市以后生活费用上升、从农村迁移到城市的成本，再加上适当的激励性收入，一般地，城市工业部门的工资水平会比农业部门的工资水平高。但是城乡之间的工资差距不会太大，因为过于悬殊的工资差距会鼓励农村劳动力大量迁入城市，甚至远远超过城市工业部门的劳动力需求，最终会迫使城市工业部门工资水平下降。刘易斯估计的城市工业部门的工资水平比农业部门的工资水平高出 30% 左右。[②] 从这个意义上说，在刘易斯转折点到来之前，工业部门的工资也属于生存工资。农业与工业部门的工资差异，是推动农业过剩劳动力向工业部门转移的根本原因。

（3）资本家把利润全部用于资本积累。城市工业部门按照利润最大化原则进行生产，劳动生产率较高，由利润转化来的资本积累增加，工业部门生产规模扩大，对劳动力的需求上升，吸引农业劳动力不断转移到工业部门。

## 二、封闭条件下二元经济转型中比较优势演变的机制

一般地，发展中国家在二元经济转型初期，劳动力要素相对丰裕而资本要素相对稀缺，由要素禀赋所决定的产业结构表现出明显的劳动密集型特征。传统农业部门、轻工业、纺织工业、服装工业、玩具工业等是劳动力密集型产业的典型代表。

二元经济转型的核心问题是农业剩余劳动力向城市非农部门转移，劳动力转移过程也是资本积累的过程。在达到“短缺点/刘易斯第一转折点”之前，工业部门和农业部门劳动者的工资均为生存工资，且基本保持不变。在二元经济转型过程中，农业过剩劳动力不断向城市工业部门转移，导致工业部门生产规模扩大，由工业利润转化而来的资本积累不断增多。达到“短缺点/刘易斯第一转折点”之后，工资水平会上升，其原因是：第一，在农业劳动生产率提高的幅度低于劳动力减少带来的农产出下降幅度时，劳动边际生产率大于零的农业劳动力转移会造成农产品供不应求，

① 称为生存工资是因为这种工资水平仅够其维持生存，称为制度工资是因为这种工资是在农户家庭内部以血缘关系为基础，对家庭成员按照非商品化分配的分享制分配原则给予的补偿。

② ［美］威廉·阿瑟·刘易斯著，施炜等译：《二元经济论》，北京经济学院出版社 1989 年版，第 10 页。

从而带动工资水平上涨；第二，农业平均劳动生产率上涨，生存工资水平会随之上升，而资本要素相对价格水平会由于资本积累增多而相对下降。一方面由于劳动者收入水平上升，会带动需求结构的变化，人们对资本密集型产品的需求相对增加；另一方面在供给结构上，劳动力价格水平上升所引发的“规模效应”和“替代效应”会降低工业部门对劳动力投入，增加资本投入。所谓“规模效应”是指工资水平上升会导致生产成本和产品价格上升，引起产品的市场需求下降，进而会使企业缩小生产规模，造成对劳动力需求的减少。“替代效应”是指由于劳动力相对于资本的价格水平上升，资本家会用相对廉价的资本来替代劳动，导致要素使用结构中资本投入比例上升，劳动力投入比例下降，也会相应地降低劳动力需求。最终企业倾向于更多使用资本，更少使用劳动力，从而会带动产业结构升级，相应地比较优势会转向钢铁业、冶金业、造船业等资本密集型产业。

当二元经济转型到达“商业化点/刘易斯第二转折点”，即劳动边际生产率低于制度工资的农业剩余劳动力全部转移到城市非农产业部门时，劳动力工资水平出现了较大幅度和持续性的上涨，劳动力稀缺程度进一步上升。一方面资本密集型产业的资本积累能力和技术创新能力不断强化，要素禀赋格局中资本要素和技术要素的丰裕程度不断上升；另一方面由于劳动者收入的提高，消费需求向高层次与多样性发展。上述两方面因素共同作用，导致进入二元经济转型后期，产业结构再次优化升级，比较优势转向电子信息业、半导体产业、电子设备制造业、通信设备制造业等高加工度和高新技术产业，以及生产性服务业，产业结构日益呈现出技术密集型特点。

目前所有的经典二元经济理论都认为二元经济转型进入“商业化点/刘易斯第二转折点”，就标志着一个国家或地区由二元经济转型为现代化的一元经济。张桂文（2012）认为这种认识不符合各国二元经济转型的实际。二元经济转型进入“商业化点/刘易斯第二转折点”只是意味着工农两大部门劳动者的工资均由劳动边际生产率决定。但由于工业部门的聚焦效应、规模效应，以及产品需求弹性等因素的影响，进入“商业化点”之后，其劳动边际生产率依然会高于农业部门，农业劳动力还会继续向城市非农产业转移，甚至这种转移的速度还会上升。从这个意义上讲，二元经济转型远未结束，农业劳动力转移会一直持续到农业现代化完成，在工农两大部门劳动边际生产率大致相等时停止，该国家或地区也就进入了高收入国家行列，二元经济转型才真正结束。[①] 因此张桂文（2014）把“短缺点/刘易斯第一转折点”到“商业化点/刘易斯第二转折点”之间的时间段定义为刘易斯转折阶段，从而将二元经济转型划分为三个阶段：二元经济转型初期（“短缺点/刘易斯第一转折点”之前）—刘易斯转折阶段—二元经济转型后期（“商业化点/刘易斯第二转折点”到高收入阶段）。相应地二元经济转型中比较优势的演变表现为从劳动密集型产业为主向资本密集型产业为主和技术密集型产业为主的依次更迭。而比较优势的演变机制可以概括为：农业剩余劳动力转移→资本积累→{要素禀赋变化和需求结构变化}、{要素相对价格的变化和产品价格的变化}→企业行为选择的变化→比较优势演变。[②]

由于二元经济转型中比较优势的变化是一个动态演变过程，研究这一问题有两点需要特别注意：一是虽然与二元经济转型从一个阶段进入另一阶段相适应，比较优势表现为从劳动密集型产业向资本密集型产业和技术密集型产业的依次演变过程，但这种演变趋势与二元经济转型不同阶段并非绝对、完全的一一对应，劳动力密集型比较优势向资本密集型比较优势的转变或许早于刘易斯转折阶段到来或者晚于刘易斯转折阶段到来，但总会在刘易斯转折阶段基本完成这一转变；从资本密集型比较优势向技术密集型比较优势转变也可能早于或晚于“商业化点/刘易斯第二转折点”的到来，但通常会在二元经济转型后期基本完成这一转变。二是劳动密集型、资本密集型、技术密集型的产业划分是相对的，从资本使用的角度看，技术密集型产业也可以被看作是资本密集型的；资本—劳动力比的提高不仅仅是资本使用比例提高的结果，而且也往往是技术水平提高节约劳动的结果。因此，在资本密集型与技术密集型产业之间，还会存在着资本—技术密集型的产业，如一些高加工度产业很难完全被界定为资本密集型或技术密集型。

能够在二元经济转型中较为顺利地实现比较优势演变并带动生产方式转变的国家或地区，都会成功地实现二元经济转型，进入发达国家行列；反之，则会陷入“中等收入陷阱”。从历史上来看，日本、韩国等国家在进入“刘易斯转折点”之后，劳动力工资水平快速提高，进入中等收入阶

---

① 张桂文：《二元转型及其动态演进下的刘易斯转折点讨论》，载于《中国人口科学》2012年第4期，第59~66页。

② 张桂文：《二元经济转型中人力资本投资与产业结构演进的动态耦合》，载于《辽宁大学经济学系工作论文》2014年第6期，第17~24页。

段后，及时根据比较优势变化调整产业结构，推动经济发展方式转型，将国内的劳动密集型产业向海外转移，国内积极发展资本密集型和技术密集型产业。最终日本用了大约 12 年时间、韩国用了大约 8 年时间实现了人均国民收入突破 10000 美元关口，成功地从中等收入国家转变为高收入国家。而拉美和东南亚一些国家进入中等收入阶段以后，新的比较优势难以形成，沿用传统经济发展方式，经济发展停滞，长期陷入“中等收入陷阱”。如泰国在 1996 年的人均 GDP 就已经达到 3032 美元，但此后经济增长速度不断下滑，2006 年的人均 GDP 仅为 3154 美元，与 1996 年没有太大的变化。墨西哥自二战结束一直到 20 世纪 70 年代中期，基本保持了 6% 左右的经济增长速度，顺利进入中等收入国家行列，被称为“墨西哥奇迹”。但从 80 年代开始，经济增长徘徊在 3% 左右，人均 GDP 与民众储蓄率等指标几乎没有实现增长，被认为陷入“中等收入陷阱”。阿根廷则在 20 世纪 90 年代末人均 GDP 就达到了 8000 多美元，但 2002 年下降到 2000 多美元，2008 年上升到 8236 美元，难以跨进高收入国家行列。①

## 三、封闭条件下二元经济转型中比较优势演变的条件

一国二元经济转型中能否实现比较优势演变，需要满足一定的条件。一般地，二元经济转型的目的是实现劳动力要素的重新配置，因此应满足以下条件：第一，要求允许劳动力自由流动，而劳动力自由流动是提升比较优势的必要条件。第二，要求实现农业部门和工业部门的协调发展。要素重新配置会引发产业结构调整，实现农业与工业部门的协调发展，特别是加快农业部门的发展、提高产出水平是二元经济转型跨越“短缺点”的关键，也是提升比较优势的重要保障。第三，要求收入分配差距应控制在适度区间，以克服有效需求约束。缩小贫富差距不仅有助于工业部门实现产品价值，加快利润转化为资本的速度，推进企业规模扩张，而且还有助于消除生产过剩危机，使需求结构与供给结构相适应，产业结构优化升级有相应的有效需求相配合。第四，技术创新是推进二元经济转型和比较优势提升的根本途径。这是因为，技术创新一是可以通过劳动生产率的提高降低单位产品的用工成本，在产业结构升级的同时扩大就业需求；二是可以新的产品扩大市场需求，从而突破有效需求不足的约束。对封闭条件下

① 王一鸣：《跨越中等收入陷阱的战略选择》，中国投资网，http：//www. chinainvestment. com. cn/www/NewsInfo. asp? NewsId = 3520。

二元经济转型中比较优势演化条件的具体分析如下。

### （一）劳动力自由流动

劳动力在城乡之间、农业与非农产业间自由流动，是推进二元经济转型和实现比较优势提升的必要条件。农业剩余劳动力自由流动有助于提高农业边际劳动生产率，推进农业技术创新和制度创新，推动农业现代化发展；有助于非农业部门扩大生产规模，加快资本积累，实现要素禀赋及比较优势的提升。那些在二元经济转型中限制劳动力流动的做法，只能延缓二元经济转型和比较优势提升过程，加深社会经济的二元结构。以菲律宾为例，由于在二元经济转型中没有鼓励劳动力从农业部门向城市工业部门转移，国内没有小规模的工业活动，农村非农产业没有发展起来，导致菲律宾的资本密集型产业对劳动力需求停滞，城市存在大量失业，人均生活水平低下，并成为向美国移民率最高的国家之一。[①]

### （二）工农业两大部门均衡发展

农业部门是工业部门和其他非农部门存在的基础，不仅为工业和其他非农部门扩张提供所需要的劳动力，还提供维持这些部门生存和发展的农业剩余。费景汉、拉尼斯认为，农业剩余还会通过影响工资水平制约工业和其他非农产业部门的扩张速度和农业劳动力的转移速度。因此要实现二元经济向一元结构转换，工业和农业必须平衡发展。工农业部门均衡发展的关键是提高农业劳动生产率，如果农业劳动生产率的提高足以弥补农业劳动力转移带来的农业总产出损失，工业部门就不会出现贸易条件恶化，其扩张也不会受阻。当工农业部门持续平衡增长时，工业部门的劳动力供求达到均衡，“短缺点”和“商业化点”不断靠近并最终重合，从而实现二元经济结构向一元经济结构的转换。

### （三）收入分配差距控制在适度区间

在二元经济转型初期阶段，社会生产力发展水平较低，产品供给能力严重不足，同时农业劳动力供给充分，资本要素稀缺，农业部门的收入水平低于工业部门。随着农业劳动力转移，工业部门扩大资本积累和生产规模，吸纳更多农业劳动力，提高产品供给能力。进入中等收入阶段以后，

---

① ［美］费景汉、古斯塔夫·拉尼斯著，洪银兴等译：《增长和发展：演进观点》，商务印书馆2004年版，第360~361页。

产品供给能力大幅度提升，收入差距有增大的趋势。收入分配差距过大会制约消费需求的增长，影响社会稳定。这时就需要利用收入分配调节机制进行干预，使城乡、工农之间的收入差距缩小，并控制在适度范围内。收入分配调节机制包括初次分配和再分配两个环节。初次分配是指直接与生产要素相联系的分配。再分配是在初次分配的基础上，政府通过直接税和转移支付等手段对国民收入在全社会范围的第二次分配，目的是弥补初次分配的不足，把收入差距控制在有利于效率与公平相互促进的适度区间。保证收入分配差距控制在适度区间，不仅有助于工业部门实现产品价值，加快利润转化为资本的速度，推进企业规模扩张和资本积累，而且还有助于消除生产过剩危机，使需求结构与供给结构相适应，推进二元经济转型和提升比较优势。

### （四）加快技术创新

技术创新是推进二元经济转型和比较优势提升的根本途径，这是因为：一是技术创新产生了新的生产工具、新的生产工艺和生产方法、新材料、新的管理和新市场，导致劳动生产率大幅度提高，降低生产资源消耗水平，突破要素供给限制，从而降低现有生产的相对成本，扩大生产规模，形成新的就业需求，最终改变一国的供给结构和比较优势。二是技术创新产生的新产品和新产业能形成新的市场需求，突破原有产品市场有效需求不足的制约。

## 四、封闭条件下二元经济转型中比较优势演变模型的构建

以“刘—费—拉模型”为基础，结合比较优势演变的机制和条件，可以得出以下封闭条件下二元经济转型中的比较优势模型，如图 3 – 1 所示。

在图 3 – 1 中，经济中包含两个部门：农业部门和工业部门。农业部门的劳动力除了从事农业生产的 $L_A$，还包括可向工业部门转移的 $L_A$。在土地和生产技术水平不变时，农业部门产出 $C_A$ 可用于农业部门和工业部门消费，工业部门产出 $C_I$ 可用于农业部门和工业部门消费。在二元经济转型初期，在允许劳动力自由流动条件下，较之农业部门，工业部门较高的工资水平会吸引农业剩余劳动力源源不断地流入。那些边际劳动生产率等于零的农业过剩劳动力流出并不会影响农业总产出，而工业部门产出 $C_I$ 中的经济剩余或利润会转化为资本积累，用于投资扩大工业部门生产规

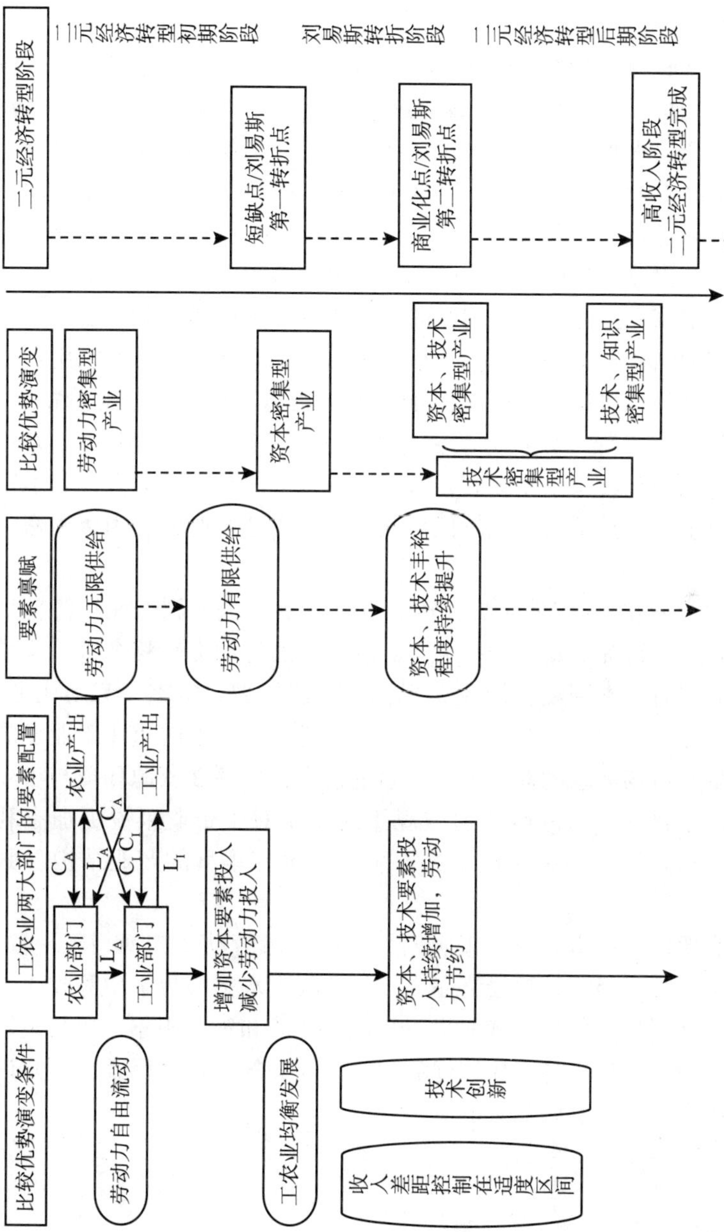


**图 3–1　封闭条件下二元经济转型中比较优势演变模型**

注：图中$L_A$为农业部门劳动力，$C_A$为农业部门产出，$L_I$为工业部门劳动力，$C_I$为工业部门产出。

模，增加了对农业劳动力的需求。在二元经济转型初期阶段，要素禀赋的基本特征是劳动力无限供给与资本稀缺，基于要素禀赋的比较优势表现为劳动力密集产业。

二元经济转型继续推进，到达“短缺点/刘易斯第一转折点”之后，进入刘易斯转折阶段，农业中边际劳动生产率大于零的劳动力持续转移，会降低农业产出水平，引发粮食短缺和工资上升，使二元经济转型进程放慢。因此提高农业劳动生产率，实现工农两大部门协调发展就是推动二元经济转型持续进行的必要条件，即必须对农业进行投资。在刘易斯转折阶段，生产要素禀赋的特征表现为劳动力有限供给和资本稀缺性下降。一方面，农业资本家和工业资本家均倾向于选择用资本替代劳动、改变生产技术和要素使用结构。劳动力工资水平出现持续上升势头，资本家用资本替代劳动力的过程也将持续，同时由于劳动密集型工业产品相对价格上升，消费者对其需求下降，导致劳动密集型工业部门生产规模缩小。另一方面，劳动者工资和收入水平提高，对资本密集型产品需求上升，资本密集型工业部门生产规模扩大。比较优势从劳动密集型产业转变为资本密集型产业。

到达“商业化点/刘易斯第二转折点”之后，进入到二元经济转型后期阶段，农业中边际劳动生产率大于制度工资的劳动力转移会进一步推高工资水平，同时资本密集型产业大规模、快速发展，资本—劳动比上升，导致资本边际收益递减，利润率下降。加之资本密集型的重化工业发展受到资源环境和市场需求的双重约束，通过技术创新突破资源环境与市场需求的约束，缓解资本边际收益递减规律的作用对于企业来说更加有利可图，企业选择的结果最终形成了这一阶段技术密集型的产业结构（张桂文，2014）。[①]

当农业现代化基本完成，工农两大部门边际劳动生产率趋于一致时，发展中国家的二元经济转型最终完成，人均收入水平跨越了中等收入水平阶段，各国之间的竞争越来越取决于知识、技术和资本积累，尤其是知识创新日益成为当今世界各国比较优势和竞争优势的决定性因素，而知识密集型产业也将会成为各国竞争的制高点。

① 张桂文：《二元经济转型中人力资本投资与产业结构演进的动态耦合》，载于《辽宁大学经济学系工作论文》2014 年第 6 期，第 17 ~ 24 页。

## 第二节　开放经济条件下二元经济转型中比较优势演变模型

### 一、开放经济条件下二元经济转型的背景

如前所述，二元经济转型中比较优势演变是通过农业剩余劳动力转移、资本积累来实现的。在封闭条件下，一国二元经济转型受到的主要制约是资金积累不足和有效需求不足。前者产生的主要原因是发展中国家农业部门劳动生产率低，缺少资金积累能力，而工业部门尚处弱小，资金积累能力有限。后者产生的主要原因是发展中国家居民收入水平较低，且存在较为严重的贫富分化，绝大多数人收入水平低，尽管边际消费倾向较高，但难以形成有效的消费需求，无法完全实现社会产品价值。因此，解决经济增长所面临的国内资本积累不足与有效需求不足是发展中国家顺利实现二元经济转型的关键。从理论上，在本章第一节的封闭条件下二元经济转型中比较优势演变模型的分析中，我们已经获知，可以通过劳动力自由流动、农业和工业部门均衡发展、保证收入分配差距的适度空间，以及推进技术进步来克服国内资本积累不足与有效需求不足的双重约束，但是从二元经济转型的实践情况来看，世界上没有哪一个国家是在封闭条件下实现二元经济转型和比较优势演变的。英、美、日等发达国家和韩国等新型工业化国家在二元经济转型中都借助于开放经济，利用对外贸易差额和从国外引进资本加快国内资本积累速度，突破国内市场有效需求不足约束；先行工业化国家还利用海外移民迅速将本国农业过剩劳动力转移，既减轻了国内非农产业就业压力，又较快地实现了农业现代化，提高了农业劳动生产率，完成了二元经济转型和比较优势提升。有关各国在二元经济转型中实现比较优势提升的分析，将在第五章详细解释。开放条件下各国在二元经济转型中提升比较优势的经验，与刘易斯、费景汉、拉尼斯提出的开放条件下二元经济转型模型有较为密切的关系，本节首先对开放条件下刘易斯、费景汉和拉尼斯在二元经济转换理论中提出的开放条件下二元经济转型的新增路径进行分析，之后提出开放条件下二元经济转型中比较优势演变模型。

## 二、开放条件下二元经济转型的新增路径

刘易斯1954年在《曼彻特学报》上发表的《劳动无限供给条件下的经济发展》一文中也提出了开放经济条件下的二元经济转型模型。费景汉和拉尼斯（1997）的《增长和发展：演进观点》一书在封闭条件下的二元经济转型模型基础上，补充了开放条件对加快二元经济转型作用的分析，提出了可以通过国际贸易、引进外国资本、引进技术和向国外移民等途径缓解资金积累不足和有效需求不足的双重约束，实现二元经济转型。

### （一）国际贸易

国际贸易在劳动力过剩的二元经济转型中的作用是：从国外进口本国无法生产或产量不足的工业制成品，以满足国内一部分消费需求；从国外进口资本品和技术品，为生产函数提供了新的投入要素，使生产函数向外扩张，可以使一国在“不改变成本条件的条件下移动生产函数，提高效率”;[①] 将本国原先以原材料和/或非熟练劳动力形式存在的过剩资源转换成可进口的资源，缓解本国资金积累不足约束；将本国生产的工业制成品出口国外，解决国内有效需求不足和资金积累不足的限制。此外，国际贸易若存在顺差，那么贸易差额将作为国际收支的一部分，与该国吸引的外国投资共同成为开放条件下该国外来资本的来源。因此，国际贸易对二元经济转型中比较优势提升十分必要且具有重要意义。

### （二）引进外国资本

首先，引进外资可以“使欠发达国家获取国外公共的与私人的资本，以支撑本国经济的平衡增长过程”。[②] 引进外资可以弥补发展中国家的资金短缺，特别是在经济发展初期阶段，可以利用外资有效弥补发展中国家由于储蓄约束和外汇约束形成的“双缺口”,[③] 为扩大工业部门的生产规模、促进农业剩余劳动力转移创造条件。其次，引进外资通常还可以引进

---

① ［美］费景汉、古斯塔夫·拉尼斯著，洪银兴等译：《增长和发展：演进观点》，商务印书馆2004年版，第328页。

② ［美］费景汉、古斯塔夫·拉尼斯著，洪银兴等译：《增长和发展：演进观点》，商务印书馆2004年版，第322～325页。

③ H. Chenery and A. M. Strout. Foreign Assistance and Economic Development. American Economic Review，1966，56（8）：912－916.

先进的技术和管理方法，并通过溢出效应和加强企业竞争等途径，促进企业和行业提高技术和管理水平，驱使生产效率提升，带动比较优势提升和经济增长。最后，农业部门引进外资有助于提高资本有机构成，促进技术创新，提高农业劳动生产率，促进工农业两大部门均衡发展。因此，如果一国吸纳的外资规模较大，将极大丰富该国资本要素禀赋，该国资本积累和投资速度加快，同时资本替代劳动速度加快将推动该国要素使用结构从密集使用劳动力逐渐转向密集使用资本，从而使其比较优势从劳动力密集型产业转向资本密集型产业。

### （三）技术引进

对开放条件下的发展中国家而言，利用技术引进实现技术进步是十分必要的。当代发达国家垄断着现代科学技术的绝大部分成果，发展中国家由于自身研发能力低、资金不足、创新机制缺乏等原因，通过自主研发独立获得这些现代科技成果的成本大、难度高，所需时间漫长。因此利用引进技术实现技术进步是发展中国家的必然选择。引进技术需要考虑：首先是对引进技术进行改造。对引进技术进行改造，使其与发展中国家的生产能力相适应，可以使发展中国家在国内资本或劳动力存量不增加的情况下实现产出增长。其次是对进口技术的选择，即必须根据本国要素禀赋和生产状况进行适用技术选择。① 最后是对引进技术的创新应用。对引进技术加以学习、消化吸收，并将模仿创新的技术成果应用于工业和农业部门，不仅能增加该国技术要素丰裕程度，而且还能使产业部门的技术要素使用比例上升，推动比较优势从资本密集型产业向资本、技术密集型产业转变。

### （四）国外移民

从理论上看，发展中国家向国外移民的有效需求取决于本国劳动力的移民愿望和移民能力，② 但在实践中，向国外移民同时受到移出国和移入国两方面限制。从移出国角度看，如果某一发展中国家农业劳动力过剩，但是该国严格控制劳动力流动，也不积极发展农村非农经济，那么该国丰

---

① 一些发展经济学家认为，发展中国家应该引进倾向于节约资本的技术或工艺，但也有发展经济学家认为，选择资本密集型技术更加合理。随着讨论深入，大家一致认为技术的要素密集程度并不是技术选择的标志，一个国家应该根据自身的需要，因时因地选择或开发适用的技术。

② ［美］费景汉、古斯塔夫·拉尼斯著，洪银兴等译：《增长和发展：演进观点》，商务印书馆2004年版，第360～361页。

裕的劳动力资源得不到有效利用，劳动力收入和生活水平长期低下，该国劳动力的移民愿望将非常强烈，而移民能力受到收入增长缓慢的制约，移民有效需求并不高。从移入国角度看，如果人均收入水平较高的移入国吸引了过多的来自欠发达经济体的非熟练移民，一方面会加剧本国非熟练劳动力的就业压力，引起移入国工会组织抵制；另一方面外来非熟练移民由于语言、生活习惯和劳动技能等方面障碍，难以在较短时间就业，需要移入国为其提供社会福利、职业培训、医疗、住房和教育等保障支出，加大移入国财政负担和公共支出，因此移入国对非熟练劳动力移入往往都设置严格的限制措施。

## 三、开放条件下二元经济转型中比较优势演变模型的构建

开放经济下二元经济转型中比较优势演变模型是在封闭二元经济转型中比较优势演变模型基础上，沿用费景汉、拉尼斯（2004）在《增长和发展：演进观点》一书的基本观点，[①] 以土地供给不变为前提，扩充国际贸易、国外移民、引进外资和引进技术等途径来表述的，如图3－2所示。

显然，图3－2中的开放条件下二元经济转型中比较优势演变模型比图3－1中的封闭条件下二元经济转型中比较优势演变模型更为复杂，主要原因在于开放条件下，国际贸易、国外移民、引进外资和引进技术等新增途径并不是在二元经济转型的某一特定阶段所特有的，比如，对外贸易就有可能在开放条件下二元经济转型所有阶段均存在，引进外资和引进技术也存在类似现象。在开放条件下的二元经济转型中，促进比较优势演变的途径与比较优势演变机制相互影响、相互制约，增加了开放条件下二元经济转型中比较优势演变的分析难度。

## 四、开放条件下二元经济转型中比较优势演变途径的思考

如前所述，在开放条件下，通过国际贸易、国外投资、吸引外资和引进技术可以缓解制约发展中国家二元经济转型的有效需求不足和资本积累不足问题，但在实践中，需要考虑以上四种途径的适度性和选择性等问题，而且在二元经济转型的不同阶段，对适度性和选择性的考虑也应有所不同。

---

① ［美］费景汉、古斯塔夫·拉尼斯著，洪银兴等译：《增长和发展：演进观点》，商务印书馆2004年版，第331～335页。

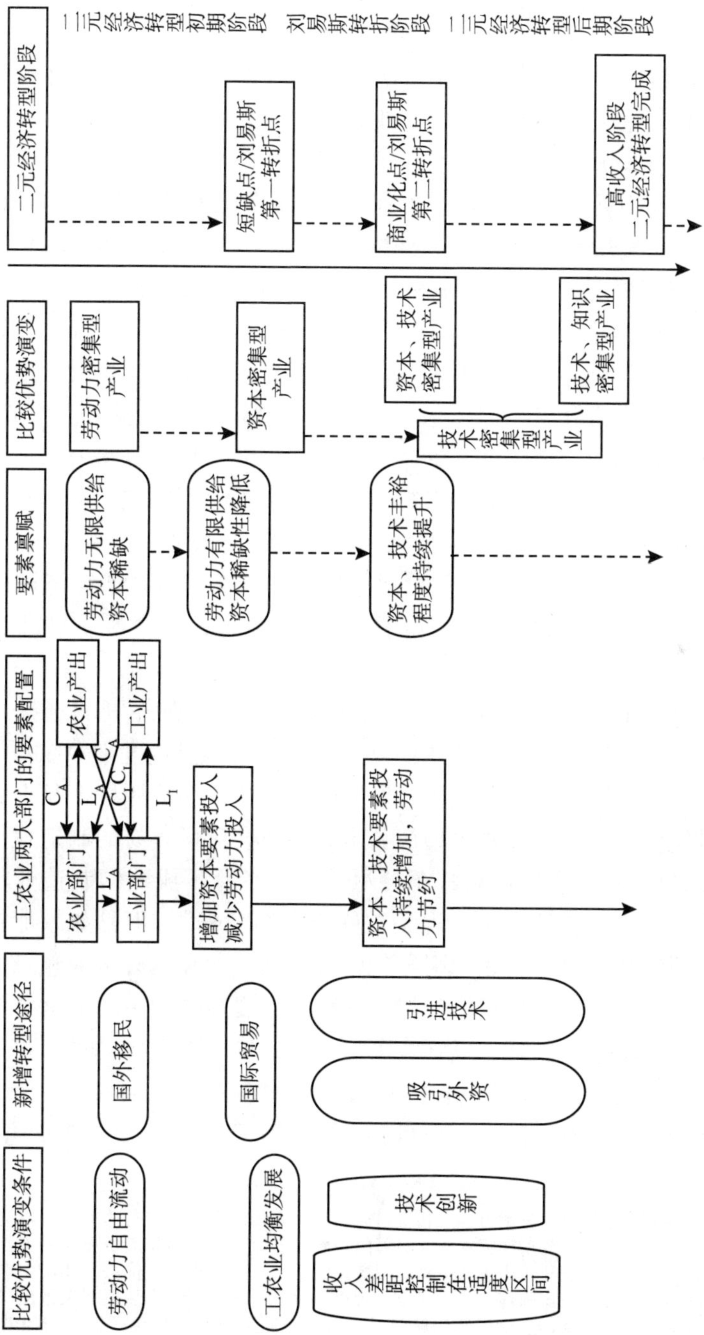


**图 3-2　开放条件下二元经济转型中比较优势演变模型**

注：图中$L_A$为农业部门劳动力，$C_A$为农业部门产出，$L_I$为工业部门劳动力，$C_I$为工业部门产出。

## （一）对吸引外资的思考

在二元经济转型中，发展中国家吸引外资时首先要考虑引进外资的数量要适度，必须把引进外资与解决农业剩余劳动力转移就业相联系。换言之，引进的外资与国内资本积累的性质相同，都是用于扩大非农产业生产规模、吸纳劳动力就业的，这样引进外资才能减轻发展中国家资本积累压力，实现经济平衡增长。如果引进外资数量过多，效果可能会适得其反。20 世纪 80 年代初期的拉美债务危机、90 年代初期的墨西哥金融危机、90 年代后期的亚洲金融危机、90 年代末期的巴西金融危机等，均表明如果盲目引进过多外资则会：（1）改变本国资本要素供给状况和相对价格，使企业倾向于选择劳动力节约的技术，导致农村剩余劳动力转移速度放慢。（2）增加本国货币供应量，加大通货膨胀压力，使央行部分丧失制定和执行货币政策的独立性，影响国内宏观经济稳定。（3）使本国劳动力、土地、能源和原材料价格水平过快上涨，扩大收入分配差距。同时过多资金流入房地产和证券市场，容易诱发泡沫经济。（4）使本国经济被外国资本控制和操纵，而短期投机性外国资本大量流入，更会严重破坏本国金融秩序。

其次，发展中国家还应有选择地引进外资，即存在外资的选择性问题。引进外资的选择性主要体现在：（1）引进外资不能过度集中在自然资源出口部门。在经济发展初期阶段，发展中国家往往在资源性产品上具有较强的出口优势，大力发展资源型产品出口往往会对可贸易的制造业部门产生“挤出效应”。[①] 一旦自然资源耗尽，该国发育不成熟的制造业将无法实现经济长期均衡增长。这一现象被称为“荷兰病”。但是如果能控制外资进入的领域和项目，有意识引导外资进入制造业和基础工业领域，就能起到扩大工业部门生产规模、加快资本积累、提高吸纳劳动力就业能力的作用，并能加快技术创新、增强竞争优势，即便自然资源耗尽，也不会影响经济长期平衡增长。（2）引进外资应设有相应的准入门槛。对于国外高污染、高能耗和低效率的外资项目，应当严格控制其进入。同时要鼓励

---

① 这种“挤出效应”可以从两方面分析。首先，从国内角度看，出口自然资源可以提高资源出口部门的收入水平，吸引劳动和资本流入该部门。而制造业部门就需要支付更高的工资来吸引劳动力，导致制造业成本上升，竞争力下降，生产规模缩小。当该国比较优势主要集中在自然资源部门时，对制造业的“挤出效应”尤为明显。其次，从国际角度看，自然资源大量出口会导致汇率升值，劳动力工资上涨，生产成本大幅攀升，对国内制造业部门也会产生“挤出效应”，造成经济重心偏离制造业。

外资投向高新技术产业、先进制造业、现代服务业、现代农业和环保产业等产业；注重引进高附加值、高辐射力、低能耗和处于产业链高端的外商投资项目，鼓励外商投资企业加强原材料、零部件本地化配套，延长价值增值链条。

最后，在二元经济转型的不同阶段，对引进外资的数量和质量应有所调整。二元经济转型初期，由于资本积累不足和巨大的农村剩余劳动力就业压力，对外资引进的数量限制应适度放宽，并有意识引导外资进入吸纳劳动力能力较强的纺织服装行业、电子业、玩具制造业等劳动力密集型行业，这样能促进二元经济转型速度加快和提升劳动密集型产业竞争力。到达刘易斯转折点之后，劳动力工资上升，资本积累能力增强，资本与劳动力的相对价格发生改变，引进外资将使资本相对价格更为低廉，出现资本替代劳动，劳动力需求下降。资本要素使用比例上升使资本密集型产业结构比重不断增加，资本密集型行业比较优势得到强化。

### （二）对引进技术的思考

开放条件下发展中国家从国外引进技术，应着重考虑技术的适用性。适用性技术并不是一种固定的技术实体，而是指一国/地区应该从本国、本地区的实际情况出发，把技术目标与社会经济目标整合起来进行选择的技术。这种技术既能够适应一国的要素禀赋状况，又能满足最优化生产决策。一般技术领先的发达国家向外输出的技术往往是在本国已经不具备比较优势的技术，但是对于发展中国家来说，由于生产要素数量与质量的差异、市场需求差异等原因，这些技术并不一定能够直接拿来使用，往往需要进行改造，才能使其成为“适用”技术。在实践中，发展中国家引进技术时过度偏向于技术的领先性，忽视了发展中国家与发达国家在资源要素禀赋、研发与生产能力等方面的差异，存在二次技术创新方向不明确、技术创新效率不显著等问题，结果导致引进的技术适用性不强、二次创新难度大、商业化和市场化程度较低、企业研发效率低下等问题，并未有效提升本国生产要素的利用效率，既不能提升本国的技术创新水平，也不能缩小与技术发达国家之间的差距。

### （三）对国际贸易的思考

传统国际贸易理论中的充分就业假设与发展中国家普遍存在失业和就业不足的现实并不相符。对于发展中国家而言，数目庞大的农业剩余劳动力有助于企业以较低成本扩大生产能力，提高国民生产总值水平，还可以为出口市场生产本国没有需求的产品，这种“剩余的出路贸易理论”① 鼓励发展中国家出口快速增长。但是发展中国家在二元经济转型中国际贸易过快发展，存在不利的影响：（1）对国内制造业和基础产业部门形成“挤出效应”。二元经济转型初期，发展中国家主要出口的是资源型产品和加工程度较低的劳动密集型产品，国际贸易发展过快，会吸引劳动力、资本等生产要素大量流向出口部门，导致制造业和其他基础产业部门发展缓慢。（2）发展中国家在经济发展初期的外贸战略，要么倾向于出口导向战略，要么倾向于进口替代战略，这些外贸战略及与之配套的外贸政策往往产生巨额贸易失衡，反而成为发展中国家国内经济不稳定的根源。（3）发展中国家的国际贸易增长速度受制于发达国家的经济增长。刘易斯在 1979 年诺贝尔经济学奖的获奖演说中指出，发达国家控制发展中国家经济增长的主要环节就是国际贸易。20 世纪 50 年代以后，随着技术进步、新材料和人工合成材料的出现，发达国家之间产业内贸易日渐增多，国际贸易对发展中国家经济增长的带动作用逐步衰减。发展中国家的出口尤其是以初级产品为主的出口则因为产品附加值低、技术进步缓慢、生产率长期停滞，增长速度持续下滑，对外贸易和国际收支逆差不断加大，出口部门的资本积累能力削弱，对其他产业的带动作用下降，制造业特别是资本密集型和技术密集型制造业难以发展，二元经济转型和农村剩余劳动力转移停滞。因此对于发展中大国来说，对外贸易是必要的，但经济发展还必须立足国内市场。如果国内产业结构升级滞后，那么对外贸易对发展中国家经济增长、二元经济转型和农村劳动力转移的作用是不断衰减的。

### （四）对国外移民的思考

二元经济转型的核心问题就是解决农业过剩劳动力非农就业，因此理论上讲，向国外移民可以加快农业剩余劳动力转移速度，减少发展中国家农业过剩劳动力就业压力，提高农业劳动生产率，改善工业部门资本有机构成，缩短二元经济转型进程。但由于农业剩余劳动力和非熟练劳动力向国外移民往往受到移入国的数量限制和移民有效需求限制，并不能成为农村剩余劳动力转移的主要渠道。在实践中，除了英国在二元经济转型初期较为成功地实施了国外移民，其他国家利用向国外移民解决农村剩余劳动

① Hla Myint. The Economy of the Developing Countries, $5^{th}$ ed. Australia: Hutchinson and Co. Ltd., 1980: 75 – 85.

力就业压力的成功经验较为罕见和短暂。①

## 第三节　中国二元经济转型中比较优势演变的特点

新中国成立以后，选择了“赶超发展”的工业化战略和城乡二元经济体制，经济社会二元特征不断得到强化，根据 2019 年《中国统计年鉴》可知，1979 年中国二元经济结构强度（农业与非农产业间的相对收入度量，数值越高二元经济结构特征越强）高达 6.08，而对一般发展中国家而言，该数值上限为 4 左右。改革开放以后，我国启动了二元经济转型，大力发展外向型经济，大量农村剩余劳动力从乡村向城市转移，开放城市、开放地区劳动密集型加工贸易产业成为主要的经济增长点和劳动力吸收地。但是，这样的转移进程保留了中国特有的“离土不离乡”和“进城不定居”的非城市化与半城镇化方式，农业劳动力尽管已经脱离了农业生产，但仍保留着农民身份。2018 年的中国第一产业的产值比重为 7.2%，第二、第三产业的产值比重已高达 92.8%，中国已经成为工业经济大国，但农业劳动力比重仍高达 26% 左右，农村常住人口仍占总人口的 40.42%。② 回顾中国二元经济转型历程，中国走过了一条既不同于经典二元经济转型模型的道路，也不同于英、美、日等发达国家二元经济转型模式。中国二元经济转型的特点主要表现为以下几方面。

### 一、劳动力转移的非城市化途径

20 世纪 90 年代之前，中国农村劳动力转移主要借助于乡镇企业，实现了“离土不离乡”的非城市化转移。乡镇企业作为连接传统农业和现代工业的纽带，在中国改革开放以后近 20 年的时间内充当了中国经济增长点，在吸引农村劳动力就业，形成区域经济发展中心方面发挥了重要作用。③ 其中，资源的市场化配置、劳动力成本低廉、相对有效的激励机制、

---

① 第二次世界大战之前，日本曾经通过发动侵略战争和向巴西、美国、中国、朝鲜移民来解决问题，但是战败以后，这些移民和复员军人被遣返国内，连同城市疏散人员进入农村，加剧了农村人地矛盾和农村剩余劳动力。

② 张桂文：《二元转型及其动态演进下的刘易斯转折点讨论》，载于《中国人口科学》2012 年第 4 期，第 59 ~ 67 页。

③ 费孝通：《锦绣江南的现代化蓝图》，南京大学出版社 1994 年版，第 13 ~ 15 页。

比较合理的决策模式和相对丰富的市场机会是乡镇企业取得成功的原因所在。[①] 仅在 1984～1988 年期间，全国乡镇企业累计吸纳农村转移劳动力 5566 万人，平均每年吸纳 1113 万人，年均增长速度为 23.11%，[②] 所吸纳的农村劳动力占农村劳动力转移总量的 60%，有的地方甚至高达 80% 以上。[③] 乡镇企业为农村剩余劳动力提供了"离土不离乡"的转移方式，成为吸纳农村剩余劳动力转移的最主要形式。此外，乡镇企业的发展还推动了以传统自然村落为基础的小城镇大量涌现，加速了工业化和城市化的进程，形成了城市工业和农村工业双重发展的工业化格局。利用乡镇企业推进我国工业化向农村地区延伸，解决农村剩余劳动力就业和推进城市化建设，是中国二元经济转型的一个创新。[④]

## 二、劳动力转移的半城镇化途径

20 世纪 90 年代后，随着对外贸易迅速发展，对劳动力流动的限制进一步放松，外出务工的农民工数量出现快速增长。[⑤] 由于现行户籍制度对外来人口落户限制较严，以及城市教育、医疗、文化等公共服务配套设施供给不足，在城市务工的农民工难以在城市定居并获得城市居民身份，无法享受与城市居民同等的社会保障和福利待遇，被迫选择非永久性乡城迁移。农村劳动力非永久性乡城迁移使我国二元经济转型中城市化发展滞后于工业化进程。李善同（2001）认为，城市化率与工业化率之比在 140%～250%之间是合理的，[⑥] 根据 2013 年《中国统计年鉴》可知，2012 年我国城市化率为 52.6%，第二产业增加值占 GDP 的比重为 45.3%，城市化率与工业化率之比为 116%，远远低于上述的合理区间。按照世界银行统计，1995 年全球高收入国家城市化率为 75%，中等收入

---

① 林毅夫：《中国农村工业发展的因素分析》，载于《中国农村经济》1996 年第 6 期，第 15～20 页。

② 李瑞芬、何美丽、郭爱云：《农村劳动力转移：形式与对策》，中国农业出版社 2006 年版，第 33～35 页。

③ 张雅丽：《中国工业化进程中农村劳动力转移研究》，西北农林科技大学博士学位论文，2008 年，第 62 页。

④ 胡汉昌：《乡镇企业与二元经济结构》，载于《中南财经政法大学学报》1993 年第 6 期，第 65～67 页。

⑤ 王玮、张霞：《我国农村剩余劳动力转移的现状分析》，载于《山西青年管理干部学院学报》2006 年第 5 期，第 55～58 页。

⑥ 李善同、侯志勇：《对城市化若干问题的再认识》，载于《城乡建设》2003 年第 2 期，第 33～35 页。

国家为60%。[①] 2018 年，我国城市化率为59.58%，仍远低于1995 年中等收入国家的平均水平。必须注意到，我国现有的城市化率统计口径中，包含了在城市生活6 个月以上但没有享受到和城市居民同等公共福利和政治权利待遇的农民工，也包括在乡镇生活但从事农业生产的农业户籍人口，如果扣除这部分人口，中国的城市化率要低得多。

## 三、二元转型存在区域差异

改革开放以后，东部和南部沿海开放地区率先进行了制度创新，逐渐打破了计划经济的限制，产品按照价值规律和供求关系定价，生产要素按边际产品价值获得相应报酬，收入分配打破了“大锅饭”的平均分配原则，工资水平上升。东部和南部沿海开放地区较高的工资吸引其他地区劳动力源源不断流入。

区域间劳动力流动能促进劳动力资源合理配置，在资源禀赋总体不发生较大变化的条件下实现经济增长，但同时区域间劳动力流动改变了各区域的要素禀赋格局，使各区域产业选择和产业结构状况发生相应变化，进而形成了区域经济增长差异。东部和南部沿海的开放地区利用“三来一补”形式从国外引进资本和技术，利用国内无限供给的劳动力资源发展劳动力密集型出口加工业，外向型经济不断深化，生产规模不断扩大，资本积累速度不断加快，经济快速增长。而广大中西部地区则扮演了向东部和南部沿海发达地区输出能源、原材料和劳动力的角色，长期维持着以原材料、能源采掘和粗加工工业、农业为主的产业格局，在整个国家产业分工体系中长期处于低端位置，生产力水平落后，资金积累能力匮乏，经济增长速度较慢，与东部和南部经济发达地区之间的发展差距不断拉大。

二元经济转型中区域发展不平衡固然不利于我国国民经济持续发展和社会公平，但这种不平衡也为进一步深化农村劳动力转移和全面提升比较优势提供了空间。将东南部沿海经济发达地区的劳动力密集型产业向中西部地区转移，能加快中西部地区发展劳动力密集型产业，推进产业结构升级，缓解城乡就业压力，缩小区域发展差距，促进二元经济转型；同时可以促进区域间产业梯度转移，优化工业区域布局，促进东南沿海经济发达地区产业结构优化升级，缓解原材料、能源、劳动力和土地等要素供给不

① 牛文元：《中国新型城市化报告（2009）》，科学出版社2009 年版，第118 页。

足的制约，降低经济发展的商务成本；另外又可以充分发挥中西部地区要素成本巨大优势，促进中西部地区的工业化进程。

## 第四节 中国二元经济转型中比较优势演变模型

### 一、比较优势演变一般模型的修正

中国的二元经济转型是在开放条件下推进的，因此符合前文所述及的开放条件下二元经济转型中比较优势演变模型，但同时中国二元经济转型具有自身独有的特征，因此可以根据中国实际情况，对一般二元经济转型中比较优势演变模型做以下两点修改。

#### （一）增加乡镇企业部门[①]

与经典二元经济两部门的转型模型不同，中国二元经济转型与农村劳动力转移表现出三部门特征：农业部门、乡镇企业、城市工业部门，利用乡镇企业实现农村劳动力“离土不离乡”转移是中国二元经济转型的特有现象。在二元经济转型初期，在这三个部门中，农业部门存在大量劳动边际生产率为零的过剩劳动力，劳动生产率较低，在国民经济中居主导地位。城市工业部门的特征表现为规模较小，劳动生产率较高，具有较大的发展潜力。乡镇企业居于二者之间，早期乡镇企业主要承担支援农业的任务，其发展对农业依赖性较强，乡镇企业的职工仍然保持了农民身份，但其劳动制度和分配制度体现出亦工亦农的特点。乡镇企业面向农业，但主要的产、供、销活动实行市场化经营，导致其劳动生产率比农业部门高但低于城市工业部门，相应地乡镇企业职工工资水平介于农业部门和城市工业部门之间。同时，早期乡镇企业多为中小加工制造业企业，研发能力较低，技术进步较为缓慢，资本有机构成较低，技术设备简陋。但在短缺型的社会经济环境下，乡镇企业产品供不应求，吸纳劳动力就业能力强劲。到了20世纪80年代初期，随着政策倾斜力度加大，以往对乡镇企业主体资格的限制，对原料、生产、销售区域的限制被打破，乡镇企业超常规发

① 乡镇企业是我国农村集体所有制的另一重要形式，是指农村集体经济组织或者农民投资为主，在乡镇举办的多形式、多层次、多门类、多渠道的合作企业和个体企业的统称。

展，出现了普遍的区域合作和外引内联等形式，表现出极大活力，吸引劳动力就业能力进一步增强。90 年代末期，我国社会经济转变为过剩经济，乡镇企业发展速度放慢，并出现了分化，一些规模小、素质较低、产品结构跟不上市场变化的乡镇企业出现了经营困难甚至破产倒闭的现象；另一些规模较大、研发和技术创新能力较强的乡镇企业及时根据市场环境变化调整产品结构，调整生产经营战略，增强了经济效益和竞争力，资本有机构成得以提高，开始从劳动密集型产业向资本密集型和技术密集型产业转变。

### （二）去除国外移民

改革开放以后，我国启动了二元经济转型，逐渐放松了劳动力流动限制，同时我国对外经济合作与交流项目不断增多，带动一部分劳动力走出国门，实行劳务输出。从 20 世纪 80 年代到 2003 年底，已有 294.4 万名劳务人员走出国门。① 自 2010 年后每年出境务工人数几乎保持在四五十万以上，截至 2018 年 12 月底，我国对外劳务合作派出各类劳务人员 900 多万人，② 散布在全球 180 多个国家和地区，涵盖建筑工程、服装加工、农林牧渔、电子装配、机械加工、远洋船员等诸多领域。更能体现劳动力永久性流动的是向国外移民。据《华侨华人分布状况和发展趋势（2011）》蓝皮书的数据显示，改革开放后的 30 年间，中国各类出国留学人员的总数为 162.08 万人，留学回国人员 49.74 万人。在国外接受完各类教育留在当地的出国人员有 112.34 万人，其中接受了国外高等教育后留在当地的有 30 多万，加上因配偶、子女探亲或移民等事由出境，通过留学途径出国并转为移民的人员总数在 160 万以上。③ 此外通过商业技术移民和投资移民途径向海外移民的数量可能达 450 万人以上。④ 截至 2011 年底，全世界华侨华人总数为 4543 万，绝对数量稳居世界第一。⑤ 尽管向国外移民，

---

① 张薇：《中国每年 50 万工人出国务工》，新浪网，http：//news. sina. com. cn/o/2004 - 06 - 25/11022905715s. shtml。

② 商务部对外投资和经合作司：《2018 年 1 ~ 12 月我国对外劳务合作业务简明统计》，http：//hzs. mofcom. gov. cn/article/date/201901/20190102829084. shtml。

③ 庄国土：《华侨华人分布状况和发展趋势》，载于《侨务工作研究》2010 年第 4 期，第 30 ~ 33 页。

④ 此外在 20 世纪八九十年代，为了赚外汇，我国沿海一些省份曾经出现过大规模偷渡，以福建长乐市为例，全市现有常住人口 70 万人，而海外侨胞有 50 多万，其中 80% 以上都是偷渡出去的。参考资料：冯军：《福建曾有大规模偷渡出国现象　目标是“赚外汇”》，载于《新京报》2012 年 12 月 6 日。

⑤ 丘进：《华侨华人研究报告 2011》，社会科学文献出版社 2011 年版，第 15 页。

实现永久性转移的人数在不断增加，但是这个群体与农村剩余劳动力的人数规模相比微乎其微。据国家统计局发布的《2018 年全国农民工监测调查报告》显示，2018 年全国农民工总量达到 28836 万人，是改革开放以后 40 年间我国向国外移民的 64.1 倍。[①] 因此在二元经济转型中，可以将我国向国外移民的劳动力转移忽略不计。

## 二、开放条件下中国二元经济转型中比较优势演变模型的构建

经过修改以后，开放条件下中国二元经济转型中比较优势演变模型可以用图 3 –3 表示。

与图 3 –2 相比，图 3 –3 最明显的特征是利用乡镇企业转移农村剩余劳动力，这一特点能很好地诠释我国比较优势的演变。

我国改革开放以后，乡镇企业按照“三就地”原则（就地取材、就地生产和就地销售），从农业部门吸纳劳动力 $L_A$，并利用农产品 $C_A$ 用于生产和消费，同时使用一部分工业产出 $C_I$ 用于消费和生产，生产出来的农副加工产品，进入市场进行销售，所获得的利润也主要用于资本积累和再投资。在 1984 年前，乡镇企业主要是在封闭条件下促进农村劳动力非农产业转移。1984 年党中央、国务院批转了《关于开创社队企业新局面的报告》，拓宽了乡镇企业的主体资格和经营范围，鼓励乡镇企业内引外联，支持区域乡镇企业之间的合作、城乡互助以及“三来一补”的发展形式，这意味着我国乡镇企业的生产方式发生了极大改变。首先，乡镇企业经营范围拓宽，就业人数迅速上升。1990 年乡镇企业就业人员为 17460 万人，占总体就业人数的 26.96%，2006 年乡镇企业就业人数达到 41818 万人，占总就业人数的 55.73%，[②] 这表明乡镇企业成为解决农村劳动力就业的最主要方式。其次，积极发展外向型经济，成为对外贸易主导力量。乡镇企业充分利用国内和国际两个市场，通过采取“三来一补”的加工贸易方式，在国际市场大量进口生产投资品，并大量出口加工贸易产品，成为带动我国对外贸易和经济增长的主要力量。最后，利用国际资本市场吸引外国投资，引进、吸收和改造国外先进技术，推动我国技术进步和产业

① 《2018 年全国农民工监测调查报告》，国家统计局网站，http：//www. stats. gov. cn/tjsj/zxfb/201904/t20190429_1662268. html。

② 周立群、谢思全：《中国经济改革 30 年 · 民营经济卷》，重庆大学出版社 2008 年版，第 85 页。

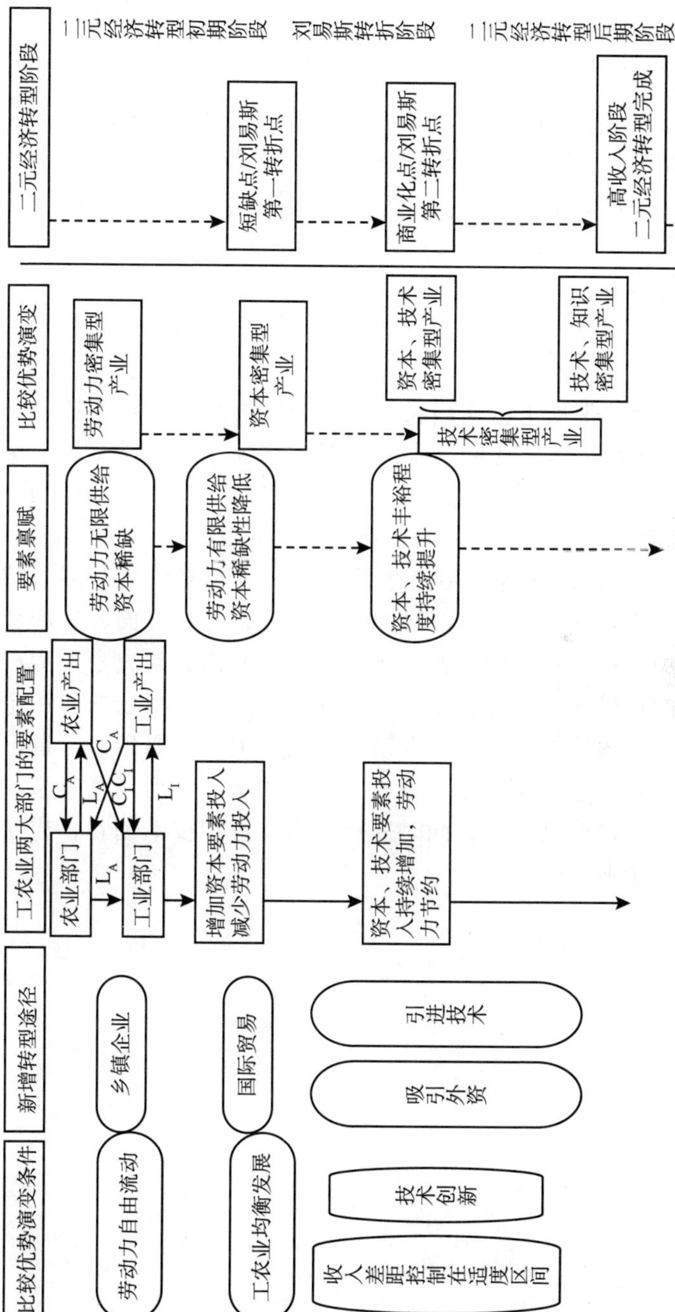


**图 3-3　开放条件下中国二元经济转型中比较优势演变模型**

注：图中$L_A$为农业部门劳动力，$C_A$为农业部门产出，$L_I$为工业部门劳动力，$C_I$为工业部门产出。

结构升级。以福建省厦门市为例，在2013年上半年乡镇企业与外资达成对接合同项目296项，投资总额1166亿元，比2012年增长44%，其中10亿元以上的项目有29个，投资总额达550.5亿元，占厦门市民营企业对接合同项目投资总额的47.2%，这些与外资对接的合同项目主要集中于通信设备、计算机及其他电子设备制造业，以及医药制造业运输仓储业、计算机服务业、科研服务业等行业，推动了产业升级和比较优势提升。① 不难看出，乡镇企业在开放条件下中国二元经济转型中比较优势演变模型中起到了沟通封闭与开放条件，联系农村劳动力转移、对外贸易、吸引外资和技术进步的作用，是中国推进二元经济转型与提升比较优势的重要渠道。

在乡镇企业的带动下，我国农村劳动力转移和资本积累速度不断加快，吸引外资规模也越来越大，对经济增长的贡献度也越来越高。劳动密集型产业成为我国二元经济转型初期阶段的比较优势产业。20世纪初期，我国进入刘易斯转折阶段，劳动力供给从无限供给转为有限供给，劳动者工资和收入水平上升，资本稀缺程度降低，资本相对价格下降。结果导致一方面消费者对资本密集型产品的需求上升；另一方面，生产者加大资本对劳动的替代，资本密集型产业部门逐渐取代劳动力密集型产业部门，成为新的比较优势产业。以发展劳动密集型产业为主的乡镇企业增长速度下降，亏损增加。一部分乡镇企业因亏损倒闭而破产，退出了市场；另一部分乡镇企业调整生产方式，缩小或撤出劳动力密集型产品生产，加大资本替代劳动力度，同时进行技术改造和技术创新，成功转型为资本密集型企业。

---

① 《上半年厦门利用外资和民企招商成效显著》，台海网，http：//www.taihainet.com/news/xmnews/szjj/2013~07~10/1097880.html。

# 第四章

# 中国二元经济转型中比较优势的形成与演变

新中国成立以后，我国率先进行了社会主义工业化建设，并形成了以重化工业为主导的产业结构，为了保证重化工业优先发展，我国严格限制农村劳动力流动，强化了城乡、工农二元经济格局。直至 1978 年改革开放，我国启动了二元经济转型，大规模农村剩余劳动力转移才拉开序幕。在开放条件下，无限供给的低成本农村劳动力流入东南沿海开放地区的出口加工贸易行业，促进了劳动密集型产业的发展，并使之成为我国经济增长和对外贸易的比较优势产业。近些年来，随着我国“人口红利”逐渐消失，劳动力工资整体上涨，人们开始关注我国是否进入“刘易斯转折点”，劳动力成本低廉的比较优势是否消失，是否需要对我国经济发展战略进行调整等问题。对以上问题的解答，需要对我国二元经济的动态发展历程进行整体把握，分析我国二元经济转型阶段性的发展特点，对我国是否进入刘易斯转折区间进行判断，并从要素禀赋格局、产业结构、出口结构等方面对我国比较优势演变进行实证分析和计量检验，才能得出有说服力的结论。

## 第一节　我国农村劳动力转移的阶段性特点

根据传统二元经济转型理论，在转型初期，农业部门较为庞大，但土地十分有限，农业劳动生产率极为低下，甚至有一部分劳动力的劳动边际生产率低到零，因此农业部门存在大量过剩劳动力，农业部门工人的工资水平也仅够维持自己和家庭最低限度的生活水平，即生计工资。工业部门较为弱小，以追求利润最大化为目标，工业部门的工资水平由传统农业部门的生计工资水平决定，并略高于生计工资水平，刘易斯估计约为30%①。工业部门的工资水平高于传统农业部门，将吸引农业劳动力向工业部门流动，由于农业部门存在极为丰富的农业剩余劳动力，只要工业部门能扩大生产规模，就能按现行不变工资水平雇佣到所需劳动力。只要工业资本家不断将利润转化为资本，就能扩大生产规模，吸引农业剩余劳动力。因此，在二元经济转型初期，无限供给的工资水平低廉的农业剩余劳动力是欠发达经济体的要素禀赋特征。发展劳动力密集型工业部门顺应这一要素禀赋格局，就能成长为该国的比较优势产业。

新中国成立以后，受特殊历史环境和苏联模式影响，我国迅速确立了“优先发展重工业”的赶超型发展战略，为了保障重工业发展所需要的资金、资源和劳动力，我国根据“高积累、低消费”原则，建立了一套包括统购统销、户籍制度和社会保障制度在内的以城乡隔离为特征的二元经济机制。这种“优先发展重工业”的赶超型发展战略，使我国在短期之内建立了一个相对完整的工业体系。但是这种工业体系背离了我国要素禀赋特点，不能大量吸收农村剩余劳动力，导致农业过剩劳动力转移缓慢，工农二元经济和社会格局深化。从1952～1977年，农业部门和工业部门劳动力就业比重从83.54∶7.39转变为74.5∶14.8，同期农业部门与工业部门的增加值之比从50.95∶20.88转变29.51∶46.85。② 这表明，在新中国成立以后近30年的经济建设中，绝大部分劳动力仍然滞留在农业部门，对国民经济的贡献不断下降。与农业产出相对下降相联系的是劳动力收入水平长期维持在生计工资水平，生活水平长期得不到改善。我国大规模农业劳动力转移发生在改革开放以后。

## 一、20世纪90年代中期之前，农村劳动力的转移特点

1978年底，安徽省凤阳县小岗村包产到户引发的家庭联产承包责任制从四个方面打破了农村计划经济模式，将亿万农民从政社合一的人民公社制度中解放出来：第一，在不改变土地等基本生产资料公有制的前提下，

---

① ［美］威廉·阿瑟·刘易斯著，施炜等译：《二元经济论》，北京经济学院出版社1989年版，第10页。

② 韩占兵：《中国农业劳动力的历史变迁与演化趋势分析》，载于《统计与决策》2016年第15期，第106～109页。

实行所有权归集体，经营权归农户，实现了劳动者和劳动资料的直接结合；第二，把家庭经营与集体经济结合起来，形成了以家庭经营为基础的双层经营体制；第三，打破了单一的集体所有制格局，形成了集体所有制与个人所有制相结合的混合所有制结构；第四，改变了平均主义分配制度，实行投入与收益密切结合的分配制度，体现了多劳多得、多投多得的新型分配原则。

家庭联产承包责任制极大地激发了农民生产的积极性，1978～1984年，我国农业劳动生产率提高了96%，剔除价格因素影响，实际提高了68%，[①] 大量农村剩余劳动力从“隐性”走到“显性”，亟须解决就业。同期粮食产量从30477万吨增加到40731万吨，增长了33.6%，[②] 达到历史最高峰值，1984年全国首次出现农民“卖粮难”问题。农产品产出迅速增加，使制约农业劳动力向城市迁移的粮食供给约束消失。此外，家庭联产承包责任制使家庭具有了生产经营自主权，家庭收入的多少取决于家庭成员的实际劳动生产效率，不再取决于家庭劳动力的数量和劳动力的劳动时间。随着劳动生产率提高和家庭收入的增加，单个成员对整个家庭收入增加的边际贡献下降，单个农民迁移的机会成本下降。此外家庭联产承包责任制推动了农产品统购统销制度改革，部分消除了农民自主流动的体制性障碍，因此，农村推行的家庭联产承包责任制在极大提高农业生产积极性的同时，使农村出现了大量需要转移的劳动力。由于在改革初期我国城市经济体制改革滞后，仍保持传统计划经济体制，没有自主经营权、决策权、分配权。[③] 在这种情况下，中国农村工业作为非国有经济主体的一种形式，抓住城乡改革错位契机，获得了超常规发展，使大批农业剩余劳动力以“离土不离乡”的形式实现了就地非农转移。

1979年9月，《中共中央关于加快农业发展若干问题的决定》提出，要加快发展社队企业，“凡是符合经济合理的原则，宜于农村加工的农副产品，要逐步由社队企业加工。城市工厂要把一部分宜于在农村加工的产品或零部件，有计划地扩散给社队企业经营，支援设备，指导技术。对社

① 周振华：《体制改革与经济增长：中国经验与范式分析》，上海三联书店、上海人民出版社1999年版，第378页。

② 杨峥嵘、杨省庭：《法律经济学视角下的我国农村集体土地权流转问题》，载于《中国农业经济》2007年第12期，第117～125页。

③ 1984年10月，党的十二届三中全会制定的《中共中央关于经济体制改革的决定》标志着我国经济体制改革重心从农村转移到了城市。城市改革与农村改革相比难度更大，也更为复杂，主要涉及国有企业改革、就业制度改革和非国有经济制度改革三大领域。

队企业的产、供、销要采取各种形式，同各级国民经济计划相衔接，以保障供销渠道能畅通无阻。”① 从实践来看，社队企业主要从事对土地“精耕细作”，开发农林牧副渔各业，实现农业从单一经营向多种经营转变，进行简单的农产品加工和销售。1979～1984 年间，农业剩余劳动力表现出无限供给特征，因此农业部门、工业部门和社队企业的劳动力均获得了生存工资水平的报酬，居民收入和消费水平仍然较低。

1984 年，党中央、国务院批转了农牧渔业部《关于开创社队企业新局面的报告》，将社队企业正式改名为乡镇企业，主体范围扩大到社队企业、联户办企业和户办企业，经营范围从主要是农副产品加工转为农、工、商、建、运、服同时并进，允许突破原来“三就地”（就地取材、加工和销售）的限制，广泛进行外引内联，拓宽市场。在政策、舆论、资金、税收等方面对乡镇企业给予大力支持，促发了乡镇企业超常规发展。1984～1988 年间，全国乡镇企业从业人员从 5028 万人增加到 9545.5 万人，增长了 89.8%；总产值从 1245.4 亿元增加到 4428 亿元，占全国工业总产值的 20%，增长了 2.6 倍，年均增长 37.3%。乡镇企业吸纳的农村劳动力占农村劳动力转移总量的 60%，有的地方甚至高达 80% 以上。② 此后农业剩余劳动力非农转移尽管有起伏，但总的来看，乡镇企业是我国吸纳农业剩余劳动力非农转移就业的主要阵地。1979～1997 年间，我国农业剩余劳动力非农产业转移累计总规模达到 13106 万人，转移到城市就业的只有 2729 万人，仅占农业劳动力转移总数的 20.8%，而同期转入农村非农产业就业的高达 10377 万人，占农业劳动力转移总数的 79.2%。③

进入 20 世纪 90 年代中期以后，我国国民经济从供不应求的短缺经济转为供过于求的过剩经济，有效需求不足成为制约经济发展的关键，一些乡镇企业的产品结构跟不上市场变化，难以适应激烈的竞争，生产经营困难，发展速度放慢。加上 1997 年亚洲金融危机爆发并通过多种渠道和方式将压力和影响向我国经济传递和渗透，导致我国外向型劳动密集型产业发展受阻，出口大幅度下降，吸引外资相对减少，亏损面扩大，出口部门吸纳劳动力就业能力下降，农村剩余劳动力非农产业转移速度放慢。在国

① 《中共中央关于加快农业发展若干问题的决定》，人民网，http://www.people.com.cn/GB/shizheng/252/5089/5103/5206/20010428/454999.html。

② 张雅丽：《中国工业化进程中农村劳动力转移研究》，西北农林科技大学博士学位论文，2008 年，第 62 页。

③ 张桂文：《中国二元经济结构转换的政治经济学分析》，经济科学出版社 2011 年版，第 95 页。

内市场和国外市场双重需求不足的约束下，乡镇企业的发展速度持续下滑。1997 年全国乡镇企业增加值增长了 18%，比“八五”平均水平低 24.3 个百分点；出口增长 16.5%，比“八五”平均水平低 47 个百分点；引进外资增长 12%，比“八五”平均水平低 61 个百分点。全国乡镇企业亏损面为 8%，1998 年又上升为 15%，从业人员比 1996 年减少 458 万人，1998 年乡镇企业就业人数又减少 522 万人。① 因此 20 世纪 90 年代中期以后，乡镇企业超速发展的条件不复存在了，面对国内城市国有工业部门的强有力竞争和国际国内市场有效需求不足限制，乡镇企业增长速度下降，亏损增加。一部分乡镇企业因亏损倒闭破产，退出了市场；另一部分乡镇企业在市场竞争压力下，加大对产业和产品的技术改造和技术创新力度，提高资本有机构成，相应减少了劳动力要素投入，不可避免地削弱了乡镇企业吸收农村剩余劳动力能力。农业剩余劳动力被迫寻求新的迁移方式，即“进城不定居”的非永久性迁移方式进入城市，寻找新的就业机会。

## 二、20 世纪 90 年代中期以后，农村劳动力的转移特点

20 世纪 90 年代以后，我国城市经济体制改革效果逐渐显现，主要体现在：（1）1992 年至今的社会主义市场经济体制建设，加快了国有经济部门产权制度和管理制度的更新改造，建立了一批具有“产权清晰、权责明确、政企分开、管理科学”特征的现代企业，国有经济部门技术研发和创新实力增强，经营自主性和市场化程度大幅提高，能够根据市场需求的变化开发产品、购买生产要素、安排生产和产品销售。（2）就业制度改革完成了双轨经济就业制度②向市场化就业制度的转变。企业拥有独立的用工自主权，按照生产要素边际生产率等于边际成本原则购买和投入生产要素，打破了计划经济时期的“平均主义”的收入分配原则，劳动者工资和收入水平明显上升，市场有效需求规模扩大，吸引外来劳动力流入。（3）非国有经济快速发展，在所有制结构上形成了以公有制为主体、多种所有制经济共同发展的格局。非国有经济包括城乡集体企业、私营企业、个体经济、外商独资企业，以及中外合资、合作经营和股份制经济中

---

① 贾大明：《我国“三农”问题的现状与 21 世纪的展望》，载于《经济研究参考》2001 年第 40 期，第 20 页。

② 双轨经济就业制度是 1984～1992 年间存在的一种劳动力市场的过渡改革形式，即国有企业逐步扩大用工自主权，从统分统配的用工制度向劳动合同制转化，而其他类型的企业基本按照市场经济原则在劳动力市场上自由招聘所需要的劳动力。

非国有控股企业等。非国有经济产生伊始就处于市场经济环境中，拥有独立的生产经营权、经营决策权、收入分配权和资产处置权，经营机制灵活，适应市场竞争能力强，发展速度较快，成为我国农村劳动力就业的新阵地。1991～2018 年，外出农民工总量从 1991 年的 4274 万人增加到 2018 年的 17726 万人，年均增长 498 万多人，年均增速为 5.41%。①②

城市经济体制改革速度加快，产生了对劳动力庞大的需求，大量农民工进入城市务工。但是这些农民工并没有在城市定居，而是选择了往返于工作所在地（城镇）和家庭所在地（乡村）之间具有明显的“两栖”特征的非永久性乡城迁移模式。导致这一现象的主要原因是：

首先，户籍改革在我国二元经济体制改革中仍属于薄弱环节。尽管从 20 世纪 90 年代开始，我国尝试户籍制度改革，对农村外出就业劳动力逐步实行流动就业证卡管理制度，允许已经在小城镇就业、居住并符合一定条件的农村人口办理城镇常住户口，鼓励农村劳动力向小城镇转移。但整体来看，户籍改革没有从根本上放松对劳动力流动的控制，进入城市的劳动力基于城镇文化教育、就业创业、医疗卫生等方面公共服务的差别考虑，并不大愿意在中小城市落户。而要在一线、二线大城市落户，又会受到居住、社保缴纳年限等条件的限制，在较长一段时间无法落户。户籍制度改革滞后大幅提高了农村劳动力向城市迁移定居成本，降低了迁移收益，弱化了农村劳动力在城市定居动机。③

其次，高度分散的小规模农户经营需要兼业化作为经济补充。我国二元经济结构转型滞后于工业化进程与经济发展，大量农业剩余劳动力仍然滞留在农业领域，导致我国农业生产仍然保持了小规模农户经营特征，即人均耕地面积小而散、农业投资少、农户兼业化现象普遍存在。2008 年我

---

① 《2018 年全国农民工监测调查报告》，国家统计局网站，http：//www.gov.cn/shuju/2019－04/30/content_5387773.htm。

② 顾乐民：《中国外出农民工历史的测算与未来的趋势》，载于《浙江农业科学》2015 年第 1 期，第 130～136 页。

③ 我国城乡区域间户籍迁移壁垒正在加速破除。一方面，我国加快推进城镇化建设速度。2016 年 9 月 30 日，国务院正式发布《推动 1 亿非户籍人口在城市落户方案》，提出“十三五”期间，年均转为城镇户籍的人口要达到 1300 万人以上。到 2020 年，全国户籍人口城镇化率将提高到 45%。另一方面，我国尝试用常住人口管理弥补户籍制度管理的不足。2019 年 4 月，国家发改委发布《2019 年新型城镇化建设重点任务》提出，超大特大城市要调整完善积分落户政策，大幅增加落户规模、精简积分项目，确保社保缴纳年限和居住年限分数占主要比例。同时，要推进常住人口基本公共服务全覆盖，确保有意愿的未落户常住人口全部持有居住证，鼓励各地区逐步扩大居住证附加的公共服务和便利项目。2020 年 4 月 9 日，中共中央、国务院下发的《关于构建更加完善的要素市场化配置体制机制的意见》中提出探索推动在长三角、珠三角等城市群率先实现户籍准入年限同城化累计互认，试行以经常居住地登记户口制度等户籍改革内容。

国耕地面积为12171.59千公顷，人口为13.28亿，平均人均耕地不足0.092公顷，全国近700个县的人均耕地面积不足半亩，已经接近或低于联合国测算的土地对人类生存最低保障警戒线0.8亩的标准。[①] 实行家庭联产责任承包制以后，由于承包的土地分布分散，小规模农户生产仍然是我国农户土地经营的主要特征。小规模农户经营条件下，农户的资源禀赋表现为土地和资金稀缺，劳动力资源充裕，加之小规模经营抗风险能力差，农户的理性选择是尽可能减少对农业的物质资本投入，增加劳动投入。在技术条件不变条件下，不断增加劳动力投入所带来的土地生产率极为有限。因此在小规模农户经营中，农民无法依靠土地实现充分就业，也无力对土地增加物质资本投资得到较高的经济收益。因此选择兼业化经营就成为农户的理性选择。据全国农村经济社会典型调查数据和全国农村固定观察点调查数据，1993～2012年纯农户的比重从49.9%持续减少到40.6%，下降了9.3个百分点；纯非农户的比重从4.86%持续增长到12.06%，增长了7.2个百分点；以农业为主兼营非农业户和以非农业为主兼营农业户的比重大体稳定，两者基本在44%左右。[②] 张桂文在2008年对全国17个省区所做的一份抽样调查表明，农户只从事农业生产的仅占样本总数的23.4%，兼业化农户比重高达76.6%。[③]

最后，土地是当前农民社会保障的主要手段。在我国农村土地“集体所有、家庭承包”的家庭联产承包责任制下，土地是农民社会和经济保障的重要手段，具有多种社会经济功能。第一，土地是一种生产手段，人们耕耘土地收获各种农产品，出售农产品还可获取收入，土地起食品和收入的保障作用。第二，土地是一种农耕劳动条件，有土地就意味着稳定的农业就业机会。第三，土地是一种财产，对集体来说，土地在被国家征用的情况下，可以得到征用补偿，从而实现一定程度的保值增值；对承包农户来说，不仅转让土地使用权可以得到一定的补偿（转包费或租金），而且通过获取土地使用权转让费，可以在一定程度上发挥土地对失业、丧失劳动力和养老的保障作用，因此土地又是一种提供失业保障、病残保障、养老保障的社会保障资源。1998年国家发布了延长土地承包期的政策，规定

① 原松华：《确保粮食安全：一项长期而艰巨的课题》，载于《中国发展观察》2008年第2期，第12～14页。

② 赵佳、姜长云：《兼业小农抑或家庭农场——中国农业家庭经营组织变迁的路径选择》，载于《农业经济问题》2015年第3期，第11～18页。

③ 张桂文：《中国城镇化进程中“农村病”和“城市病”及其治理》，载于《辽宁大学学报（哲学社会科学版）》2014年第3期，第18～24页。

一次承包30年不变，“增人不增地，减人不减地”。这一政策的实施，导致一部分农村新增人口丧失土地承包权，成为无地人口，他们也连带丧失了土地提供的各种社会保障权。另外，一些地方由于国家征地，使一部分农民成为失地人口，他们在获得部分失地补偿的同时，也丧失了土地提供的其他社会保障功能。因此在当前农村社会保障体系不健全的情况下，保留土地就成为农民抵御风险的重要手段之一。

因此土地小规模经营和农业收益较低使农民必然会寻求农业之外的收入增加途径，向城市和非农产业转移。但是土地具有的收益和社会保障功能，又使农民不可能完全放弃土地、放弃农民身份。同时户籍制度改革滞后增大了进城农民在城市定居的成本，迁移收益下降，弱化了农村劳动力在城市定居的动机，农村劳动力被迫选择了非永久性乡城迁移模式。非永久性乡城迁移与不迁移相比，有利于借助农业劳动力流动，优化资源配置，促进经济增长。但是，与永久性迁移相比，非永久性乡城迁移模式给经济发展带来一系列问题：首先，非永久迁移者往返于城镇和农村之间，没有真正融入城市，一方面加重了城市基础设施和公共服务负担，另一方面也增加了城市规划管理难度，且往往是社会不稳定的因素之一。其次，非永久迁移者仍然拥有农民身份，拥有农户家庭土地使用权，但是由于非永久性迁移者外出务工，他们的土地流转十分困难，农业生产主要靠留守家中的老弱妇孺，甚至会出现土地因无人耕种而撂荒，不利于农业发展。最后，非永久迁移者的收入水平已经接近于城市居民平均工资水平，但收入中相当一部分会汇往农村，由于无法定居城市，很难参照城市居民的消费水平来决定自己的消费倾向，所以绝大多数非永久迁移者仍然遵循着农村的消费模式，并保持着在农村时的消费水平。据调查，我国非永久迁移者生活质量的平均水平仅相当于城镇居民平均水平的53.2%，[①] 而这种消费倾向所产生的低消费模式不利于扩大市场内需。

## 第二节　刘易斯转折点的判断

根据“刘—费—拉模型”，“刘易斯转折点”包括“短缺点/刘易斯第一转折点”和“商业化点/刘易斯第二转折点”，前者是指农业劳动边际

① 贾晓华：《我国非永久迁移者边缘化问题探讨》，载于《商业时代》2009年第25期，第12～13页。

生产率从零转为正的拐点，即过了该转折点，农业劳动生产力转移将会引发农产品产出减少，粮食价格上升，劳动力工资水平上升。后者是指农业劳动边际生产率从低于制度工资转为等于制度工资的拐点，即过了该点，工农业部门劳动边际生产率大致相等，二元结构社会经济转型基本完成。在费景汉、拉尼斯看来，二元经济转型关键在于第二阶段，即农业劳动边际生产率大于零小于制度工资水平的劳动力转移阶段。因为进入到第二阶段以后，农村劳动力转移会使农业总产出减少，粮食短缺会引起价格水平和工业部门工资上升，引发工业部门的贸易条件恶化。农业劳动力转移越多，粮食短缺越严重，粮价越高，工业部门的利润和贸易条件越下降，导致工业部门扩张速度越慢，农业剩余劳动力转移难度越大，直至停止转移，欠发达国家经济发展和二元经济转型难以进入第三阶段。后来的研究者对费景汉、拉尼斯的这一观点广泛认同，因此判断“短缺点/刘易斯第一转折点”就成为分析二元经济转型发展阶段的重要依据。由于刘易斯、费景汉和拉尼斯在如何判断“刘易斯转折点”上没有给出清晰准确的判断标准，后来的研究者使用估算农村剩余劳动力、工资是否明显上升、农业部门制度工资比较、人口红利估算等方法来判断一国的“短缺点/刘易斯第一转折点”，这些方法虽然各有其经济学理论依据，但是得出来的结论大相径庭，甚至同一种方法估算出来的结果也有很大差别。比如蔡昉（2007）、[①] 吴要武（2007）、[②] 田岛俊雄（2008）、[③] 荣世芳（2009）、[④] 高铁梅等（2011）[⑤] 等人的研究表明，中国二元经济转型均已到达了“短缺点”，甚至有部分学者认为中国在 2015 年左右进入“商业化点”。持相反意见的学者，如王诚（2005）、[⑥] 樊纲（2007）、[⑦] 刘洪银（2009）、[⑧] 李朝

① 蔡昉：《中国人口与劳动问题报告 No. 8 刘易斯转折点及其政策挑战》，社会科学文献出版社 2007 年版，第 223 页。

② 吴要武：《“刘易斯转折点”来临：我国劳动力市场调整的机遇》，载于《开放导报》2007 年第 6 期，第 50 ~ 56 页。

③ ［日］田岛俊雄：《刘易斯转折点和中国的农业农村经济问题》，载于《中国经济发展模式学术研讨会论文集》2008 年 5 月 29 日。

④ 荣世芳：《刘易斯转折点：理论与检验》，载于《经济学家》2009 年第 2 期，第 69 ~ 75 页。

⑤ 高铁梅、范晓非：《中国劳动力市场的结构转型与供求拐点》，载于《财经问题研究》2011 年第 1 期，第 22 ~ 31 页。

⑥ 王诚：《劳动力供求“拐点”与中国二元经济转型》，载于《中国人口科学》2005 年第 6 期，第 2 ~ 10 页。

⑦ 樊纲：《企业家最重要的社会责任就是创造就业》，新华网重庆频道，http：//www.cq. xinhuanet. com/2007/2007 ~ 11/05/content_11588833. htm。

⑧ 刘洪银：《从中国农业发展看“刘易斯转折点”》，载于《西北人口》2009 年第 4 期，第 15 ~ 18 页。

晖（2011）[①] 等人则认为中国目前农村劳动力工资水平上升与农业劳动边际生产率之间是脱节的，中国农村仍存在数目可观的剩余劳动力，中国现阶段尚未真正进入“短缺点/刘易斯第一转折点”。

笔者认为，在农村剩余劳动力向城市非农转移过程中，农业劳动边际生产率变化是衡量刘易斯转折点的一个重要概念，农村剩余劳动力向城市非农产业部门转移与一国工业化、城市化、农业现代化、劳动力市场化等领域的活动关系密切。因此在判断我国刘易斯转折点时，就不能局限在农村剩余劳动力的非农转移的规模上，而应该根据“刘易斯转折点”定义，从农业劳动边际生产率变化、农业劳动力供求变化、农民实际收入水平变化、劳动密集行业的工资水平变化等方面进行考察，这样才能判断我国刘易斯转折点和二元经济转型的发展阶段。

## 一、农业劳动力就业和农民收入水平变化

根据经典二元经济转型模型，进入刘易斯转折点表示劳动力从无限供给向有限供给转变，由于农产品价格水平的上升和平均劳动率的上涨，农业劳动力的实际收入水平会上升。人们可通过考察农业劳动力就业人数的变化和农业劳动力实际收入水平的变化来初步判断我国农村劳动力转移中是否存在转折点以及转折点出现的时间。这一判断结果并不一定能准确指出“短缺点/刘易斯第一转折点”，但能为下一步准确判断“短缺点/刘易斯第一转折点”圈定出大致的时间范围。

农业劳动力就业数据选用农业从业人员数据，可以从历年《中国统计年鉴》获得；农业劳动力实际收入是利用农村消费价格指数（1995 年 = 100）从农业劳动力收入水平中剔除价格因素后得到的结果。农业劳动力收入水平是对农村纯收入总额按照农业从业人员数量进行平均的结果。以上描述可用公式表示如下：

$$\text{农业劳动力实际收入} = \frac{\text{农业劳动力名义收入}}{\text{农村消费价格指数}} = \frac{\dfrac{\text{农村年人均纯收入} \times \text{农村人口}}{\text{农业从业人员}}}{\text{农村消费价格指数（1995 = 100）}}$$

① 李朝晖：《“刘易斯第一转折点”尚未来临——兼论中国农业剩余劳动力的供给与发展趋势》，载于《中国农业观察》2011 年第 5 期，第 78 ~ 87 页。

经过整理，可用表 4 - 1 和图 4 - 1、图 4 - 2 反映 1995 ~ 2018 年我国农业从业人员和农业劳动力实际收入水平[①]变化情况。

**表 4 - 1　1995 ~ 2018 年中国农业从业人员与农业劳动力实际收入水平**

| 年份 | 农民居民人均纯收入（元） | 农村人口总数（万人） | 农业从业人员（万人） | 农村消费价格指数（1995 = 100） | 农业劳动力实际收入水平（元） | 农业从业人员增长速度（%） | 农业劳动力实际收入增长速度（%） |
|---|---|---|---|---|---|---|---|
| 1995 | 1577.7 | 85947 | 35530 | 100.0 | 3816.5 | | |
| 1996 | 1926.1 | 85085 | 34820 | 107.9 | 4362.0 | -2.0 | 14.3 |
| 1997 | 2090.1 | 84177 | 34840 | 110.6 | 4565.9 | 0.1 | 4.7 |
| 1998 | 2162.0 | 83153 | 35177 | 101.5 | 5035.1 | 1.0 | 10.3 |
| 1999 | 2210.3 | 82038 | 35768 | 97.5 | 5199.6 | 1.7 | 3.3 |
| 2000 | 2253.4 | 80837 | 36040 | 98.4 | 5136.5 | 0.8 | -1.2 |
| 2001 | 2366.4 | 79563 | 36399 | 100.7 | 5136.7 | 1.0 | 0.0 |
| 2002 | 2475.6 | 78241 | 36640 | 100.4 | 5265.3 | 0.7 | 2.5 |
| 2003 | 2622.2 | 76851 | 36204 | 101.2 | 5500.2 | -1.2 | 4.5 |
| 2004 | 2936.4 | 75705 | 34830 | 106.5 | 5992.9 | -3.8 | 9.0 |
| 2005 | 3254.9 | 74544 | 33442 | 107.1 | 6774.4 | -4.0 | 13.0 |
| 2006 | 3587.0 | 73160 | 31941 | 103.7 | 7922.8 | -4.5 | 17.0 |
| 2007 | 4140.4 | 71496 | 30731 | 107.0 | 9002.5 | -3.8 | 13.6 |
| 2008 | 4760.6 | 70399 | 29923 | 112.3 | 9973.4 | -2.6 | 10.8 |
| 2009 | 5153.2 | 68938 | 28890 | 106.2 | 11578.8 | -3.5 | 16.1 |
| 2010 | 5919.0 | 67113 | 27931 | 103.3 | 13767.9 | -3.3 | 18.9 |
| 2011 | 6977.3 | 65656 | 26594 | 109.6 | 15716.9 | -4.8 | 14.2 |
| 2012 | 7916.6 | 64222 | 25773 | 108.4 | 18198.2 | -3.1 | 15.8 |
| 2013 | 9429.6 | 62961 | 24171 | 105.4 | 23304.0 | -6.2 | 28.1 |
| 2014 | 10488.9 | 61866 | 22790 | 104.7 | 27195.1 | -5.7 | 16.7 |
| 2015 | 11421.7 | 60346 | 21919 | 103.1 | 30500.0 | -3.8 | 12.2 |

① 我国目前农业劳动力的收入包括务农收入、外出务工收入，以及国家各项补贴和转移支付等收入。

续表

| 年份 | 农民居民人均纯收入（元） | 农村人口总数（万人） | 农业从业人员（万人） | 农村消费价格指数（1995 = 100） | 农业劳动力实际收入水平（元） | 农业从业人员增长速度（%） | 农业劳动力实际收入增长速度（%） |
|---|---|---|---|---|---|---|---|
| 2016 | 12363.0 | 58973 | 21496 | 103.2 | 32865.5 | -1.9 | 7.8 |
| 2017 | 13432.0 | 57661 | 20944 | 103.2 | 35833.0 | -2.6 | 9.0 |
| 2018 | 14617.0 | 56401 | 20258 | 105.4 | 40695.7 | -3.3 | 13.6 |

资料来源：根据2019年《中国统计年鉴》数据计算整理而得。

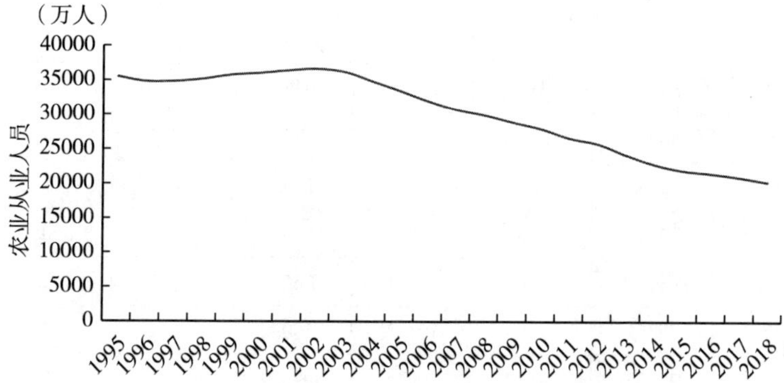


**图4-1　1995～2018年中国农业从业人员人数**

资料来源：根据表4-1数据绘制。

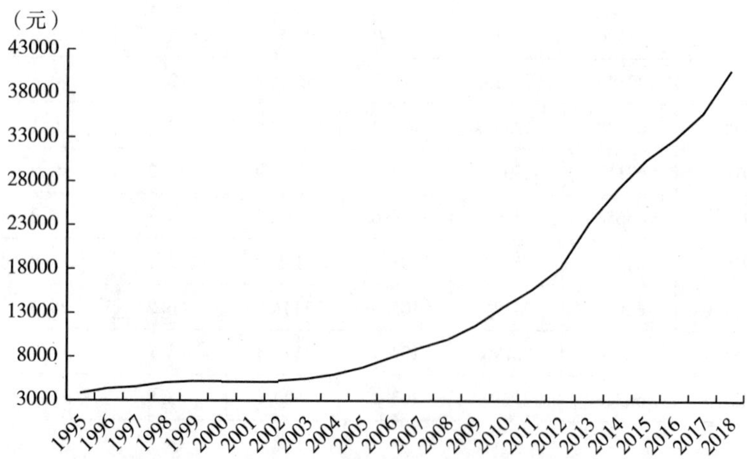


**图4-2　1995～2018年中国农业劳动力实际收入水平**

资料来源：根据表4-1数据绘制。

从表4－1和图4－1、图4－2可以看到，中国农业从业人数在1995～2004年间出现了小幅上升，2005年以后快速下落。与此同时，中国农业劳动力实际收入水平在2004年前保持较为平稳的态势。如果考虑中国农业从业人数的增长速度与中国农业劳动力实际收入水平的变化速度，可以得到图4－3。从图4－3中可以看到，在2003年前，农业从业人员增长速度较快，导致农业劳动力实际收入增长速度较为缓慢。2003年以后，这一趋势发生了根本性扭转，农业劳动力实际收入水平快速增长，而农业从业人数的增长速度持续快速下滑。

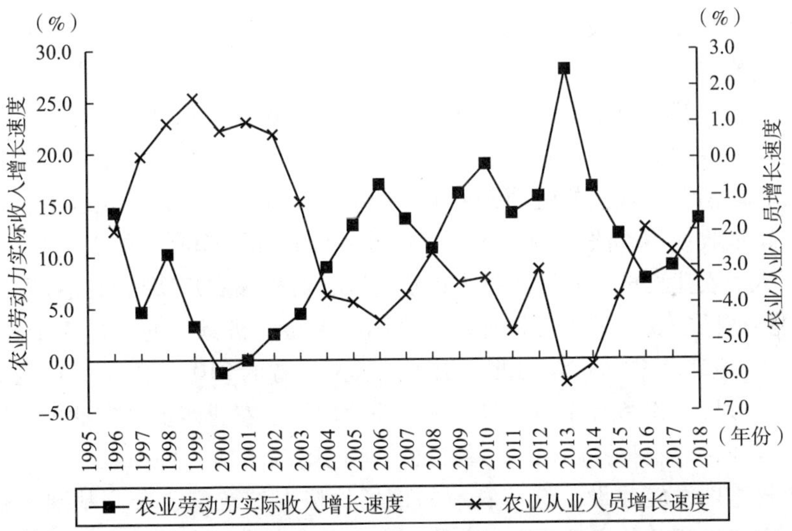


**图4－3　1995～2018年中国农业从业人数增速与农业劳动力实际收入水平增速**

资料来源：根据表4－1数据绘制。

上述我国农业从业人员和农业劳动力实际收入水平的发展变化，主要受以下因素的影响：

第一，20世纪90年代初中期的农村劳动力虽然可以在城乡进行转移，但是由于户籍制度改革滞后增大了进城农民在城市定居的成本，迁移收益下降，同时考虑到土地具有的收益和社会保障功能，农村劳动力在城市定居的动机较弱，被迫选择了非永久性乡城迁移模式，农业从业人数相对较为平稳。

第二，1996年以后我国粮食生产出现了剧烈波动和明显下滑，粮食总产量从1996年的50454万吨下滑到2003年的43070万吨，减产幅度高达14.6%。[①] 加之1992年开始的市场经济改革，国家全面放开了对过去发放票证、限额供应的商品限制，允许其根据市场供求关系自由定价，直接导致稍后时期物价水平普遍上涨，国内通货膨胀率普遍在两位数以上。城市生活成本压力增大，迫使一部分在城市没有找到工作和即使找到了工作但是收入报酬较低或者收入不稳定的农村劳动力返回农村，导致农业从业人数出现了回升。与此同时，为了增加粮食供应，控制物价水平，政府不仅大大增加了对农业的投入，并在1994年和1996年两次大幅度提高粮食的定购价水平，这就导致了从20世纪90年代中期到2004年间，农业劳动力数量出现回升，农业劳动力实际收入水平不但没有下降，反而出现缓慢上升的格局。

第三，2003年我国在全国展开了农村税费改革，取消乡统筹、农村教育集资等专门向农民征收的行政事业性收费和政府性基金、集资，取消屠宰税，取消统一规定的劳动义务工；调整农业税和农业特产税政策；改革村提留征收使用办法。2004年继续取消牧业税和除烟叶外的农业特产税，实行取消农业税试点并逐步扩大试点范围，对种粮农户实行直接补贴，对粮食主产区的农户实行良种补贴，对购买大型农机具户的农户给予补贴。2005年底28个省区市及河北、山东、云南三省的210个县（市）全部免征了农业税。2006年1月1日，中国完全取消了农业四税（农业税、屠宰税、牧业税、农林特产税），增加对农业的财政支出等各项惠农政策，加强农村基础设施建设。这些农产品市场价格保护政策、农业基础设施投资、农业生产补贴和各项支农政策一方面极大激发了农民生产积极性，使粮食产量从2005年的48402.2万吨增长到2017年的66160.7万吨，增长了36.7%。[②] 粮食产量连年增长，农业生产条件不断改善，再次出现农业剩余劳动力向外转移的趋势。另一方面，上述各项惠农支农政策对农业劳动力实际收入水平的影响更为直接和明显。因此2005年以后出现了农业就业人数持续快速减少和农业劳动力实际收入水平呈现快速增长的势头。

以上分析表明，我国农业劳动力实际收入水平一方面遵循了劳动边际生产率递减规律；另一方面，取消农业税、实施农产品市场价格保护政

---

① 张娉研、柳欣：《我国通货膨胀与粮食价格的实证分析》，载于《经济问题》2011年第3期，第16~20页。

② 刘博元：《农户化肥使用行为影响因素研究——以河南省孟津县为例》，河南农业大学硕士学位论文，2019年，第1页。

策、加大农业基础设施投资、实行农业生产补贴和各项支农政策对农业劳动力实际收入水平的影响更为直接和明显。这也从一个侧面说明我国农业生产仍需政府进行价格干预和补贴，而且由于农业基础设施和投资不足，在一定程度上影响了劳动边际生产率递减规律的作用。因此，图 4－1、图 4－2 和图 4－3 的分析只能表明在 2005 年、2006 年以后，我国农村劳动力实际收入水平上升速度明显加快，但对于导致农村劳动力实际收入水平上升究竟是因为农业劳动边际生产率上升所致，还是农产品价格保护政策、取消农业税、加大农业补贴等支农政策所致，并不能进行有效判断。从理论上严格来讲，只有源于农业劳动边际生产率提高导致的农村劳动力实际收入水平的上升才能说明刘易斯转折点的出现，因此在下一步分析中，将关注农业总产出、农业劳动平均产出和农业劳动边际产出的变化。

## 二、农业总产出、平均产出和边际产出的变化

根据“短缺点/刘易斯第一转折点”的定义，在“短缺点/第一转折点”到来之前，农业部门劳动边际生产率等于零甚至为负，“短缺点/第一转折点”之后，农业劳动边际生产率大于零，因此可以通过分析农业劳动平均产出和农业劳动边际产出来判断“短缺点/刘易斯第一转折点”。

我国农业生产函数中，除了劳动力和土地，国家财政对农村的公共支出[①]也是重要的投入要素。从经济学角度来看，随着生产要素投入的数量增多，农业生产规模和产出均会扩大。对劳动力要素而言，当其他要素投入既定时，随着劳动力要素投入不断增多，农业产出的增长速度将出现递减，即劳动的边际生产率递减。因此，可以将农业从业人数、土地灌溉面积和国家财政对农村的公共支出作为自变量，计量检验对农业总产值的回归关系。依据上述各变量之间的关系，可列出农业总产出曲线模型，并可得出农业劳动平均产出、农业劳动边际产出与农业总产出之间的关系，如公式（4－1）~公式（4－3）。

① 国家财政对农村的公共支出主要包括支援农村生产支出和农林气象等部门的事业费、农林基本建设支出、农业科技三项费用以及农业救济费四个主要部分，由中央财政和地方财政共同分担。2007 年以后财政对农村的支出范围扩大到包括固定资产投资（含国债投资和水利建设基金）、农业综合开发资金、财政扶贫资金、支援农村生产支出、农业科技投入等支出项目以及农业、林业、水利、南水北调和其他农林水事务支出。其中，“农业支出”是指大口径的农业方面的支出，具体包括种植业、畜牧业、渔业、兽医、农机、农垦、农场、农业产业化经营组织、农村和垦区公益事业等方面的支出。

农业总产出曲线模型方程为：

$$y_t = \beta_1 + \beta_2 l_t + \beta_3 l_t^2 + \beta_4 bm_t + \beta_5 gf_t + \varepsilon_t \quad (4-1)$$

农业劳动平均产出：

$$ay_t = \frac{y_t}{l_t} \quad (4-2)$$

农业劳动边际产出：

$$my_t = \frac{\partial y_t}{\partial l_t} = \beta_2 + 2\beta_3 l_t \quad (4-3)$$

其中，$y_t$、$l_t$、$bm_t$ 和 $gf_t$ 分别表示农业实际总产值、农业从业人数、播种面积和国家财政对农村的实际公共支出的时间序列。农业从业人数、播种面积的数据可以直接从历年《中国统计年鉴》获得；农业实际总产值由农业总产值（现价）除以农业总产值指数（1995 年 =100）得到；国家财政对农村的实际公共支出由国家财政对农村的公共支出（现价，亿元）除以农业总产值指数（1995 年 =100）计算得来。1995 ~2018 年中国农业实际总产值及相关变量如表 4 -2 所示。

**表 4 -2　　1995 ~2018 年中国农业实际总产值及相关变量**

| 年份 | 农业实际总产值（亿元） | 农业从业人数（万人） | 农业播种面积（千公顷） | 国家财政用于农业支出实际值（亿元） |
|---|---|---|---|---|
| 1995 | 20340.9 | 35530 | 149879 | 574.9 |
| 1996 | 20437.1 | 34820 | 152381 | 640.2 |
| 1997 | 20377.2 | 34840 | 153969 | 657.2 |
| 1998 | 21697.0 | 35177 | 155706 | 1021.9 |
| 1999 | 22092.9 | 35768 | 156373 | 978.3 |
| 2000 | 22970.4 | 36040 | 156300 | 1135.4 |
| 2001 | 24251.3 | 36399 | 155708 | 1349.4 |
| 2002 | 25058.9 | 36640 | 154636 | 1446.2 |
| 2003 | 27242.4 | 36204 | 152415 | 1609.7 |
| 2004 | 32445.3 | 34830 | 153553 | 2092.9 |
| 2005 | 34719.5 | 33442 | 155488 | 2156.4 |
| 2006 | 36631.9 | 31941 | 152149 | 2848.1 |

续表

| 年份 | 农业实际总产值（亿元） | 农业从业人数（万人） | 农业播种面积（千公顷） | 国家财政用于农业支出实际值（亿元） |
|---|---|---|---|---|
| 2007 | 44479.3 | 30731 | 153464 | 3950.9 |
| 2008 | 52936.9 | 29923 | 156266 | 5490.4 |
| 2009 | 54838.5 | 28890 | 158614 | 6706.1 |
| 2010 | 62833.1 | 27931 | 160675 | 7955.5 |
| 2011 | 71578.4 | 26594 | 162283 | 9531.2 |
| 2012 | 78392.6 | 25773 | 163416 | 11155.4 |
| 2013 | 85567.4 | 24171 | 164627 | 12672.5 |
| 2014 | 89322.9 | 22790 | 165446 | 12942.3 |
| 2015 | 92157.4 | 21919 | 166829 | 15719.8 |
| 2016 | 96951.5 | 21496 | 166939 | 16924.2 |
| 2017 | 100214.8 | 20944 | 166332 | 17497.2 |
| 2018 | 113970.0 | 20258 | 165902 | 21085.6 |

资料来源：根据历年《中国统计年鉴》整理计算所得。

利用 EViews 对模型进行 OLS 回归，结果为：

$$y_t = -116771.9 + 8.56 l_t - 0.000149 l_t^2 + 0.1235\ bm_t + 4.75\ gf_t \quad (4-4)$$

$$(-1.55) \quad (2.58) \quad (-3.39) \qquad (0.39) \quad (5.02)$$

$$R^2 = 0.99 \qquad F = 715.6 \qquad DW = 1.32$$

回归方程（4－4）中可决系数较高，$l_t$、$l_t^2$ 和 $gf_t$ 回归系数显著，F 检验结果显著，但是 $bm_t$ 的回归系数未能通过 5% 显著水平的 t 检验。而且对样本量为 23、3 个解释变量的模型、5% 显著水平查 DW 统计表可知，$d_L = 1.08$，$d_U = 1.66$，模型中 $d_U < DW < d_U$，不能确定模型（4－4）中是否存在自相关。对方程进行偏自相关系数检验，结果表明不存在自相关。

利用公式（4－2）、公式（4－3）计算农业劳动平均产出和农业劳动边际产出，结果如表 4－3 所示。再根据表 4－3，可以分别绘制 1995～2017 年中国农业实际总产值（见图 4－4）、1995～2017 年中国农业劳动平均产值（见图 4－5）和 1995～2017 年中国农业劳动边际产值（见图 4－6）。

表4-3　　1995～2018年中国农业劳动各种产值表

| 年份 | 农业劳动实际总产值（亿元） | 农业劳动平均产值 $ay_t = \frac{y_t}{l_t}$（亿元/万人） | 农业劳动边际产值 $my_t = \frac{\partial y_t}{\partial l_t} = \beta_2 + 2\beta_3 l_t$（亿元/万人） |
|---|---|---|---|
| 1995 | 20340.9 | 0.577 | -2.028 |
| 1996 | 20437.1 | 0.646 | -1.816 |
| 1997 | 20377.2 | 0.653 | -1.822 |
| 1998 | 21719.3 | 0.684 | -1.923 |
| 1999 | 22092.9 | 0.636 | -2.099 |
| 2000 | 22970.4 | 0.635 | -2.180 |
| 2001 | 24251.3 | 0.633 | -2.287 |
| 2002 | 25058.9 | 0.622 | -2.359 |
| 2003 | 27242.4 | 0.671 | -2.229 |
| 2004 | 32445.3 | 0.848 | -1.819 |
| 2005 | 34719.5 | 0.966 | -1.406 |
| 2006 | 36631.9 | 1.157 | -0.958 |
| 2007 | 44479.3 | 1.409 | -0.598 |
| 2008 | 52936.9 | 1.716 | -0.357 |
| 2009 | 54838.5 | 1.994 | -0.049 |
| 2010 | 62833.1 | 2.281 | 0.237 |
| 2011 | 71578.4 | 2.663 | 0.635 |
| 2012 | 78392.6 | 3.028 | 0.880 |
| 2013 | 85567.4 | 3.459 | 1.357 |
| 2014 | 89322.9 | 3.635 | 1.769 |
| 2015 | 92157.4 | 4.313 | 2.028 |
| 2016 | 96951.5 | 4.624 | 2.154 |

续表

| 年份 | 农业劳动实际总产值（亿元） | 农业劳动平均产值 $ay_t = \frac{y_t}{l_t}$（亿元/万人） | 农业劳动边际产值 $my_t = \frac{\partial y_t}{\partial l_t} = \beta_2 + 2\beta_3 l_t$（亿元/万人） |
|---|---|---|---|
| 2017 | 100214.8 | 4.813 | 2.319 |
| 2018 | 113970.0 | 5.626 | 2.523 |

资料来源：根据历年《中国统计年鉴》整理计算所得。

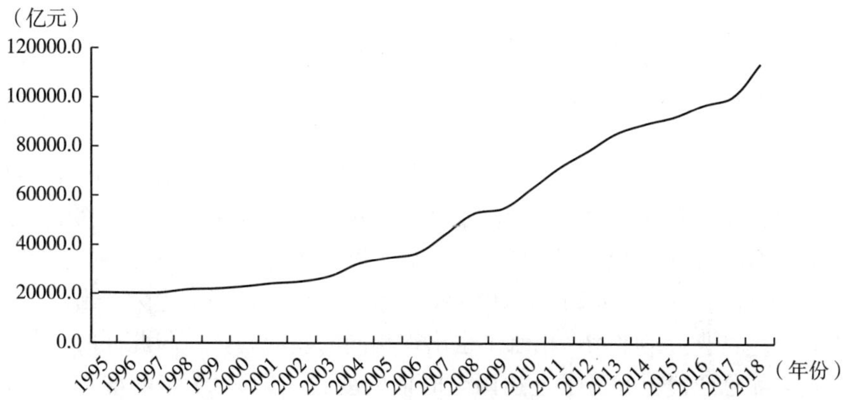


**图 4-4 1995~2018 年中国农业劳动实际总产值**

资料来源：根据表 4-3 数据绘制。

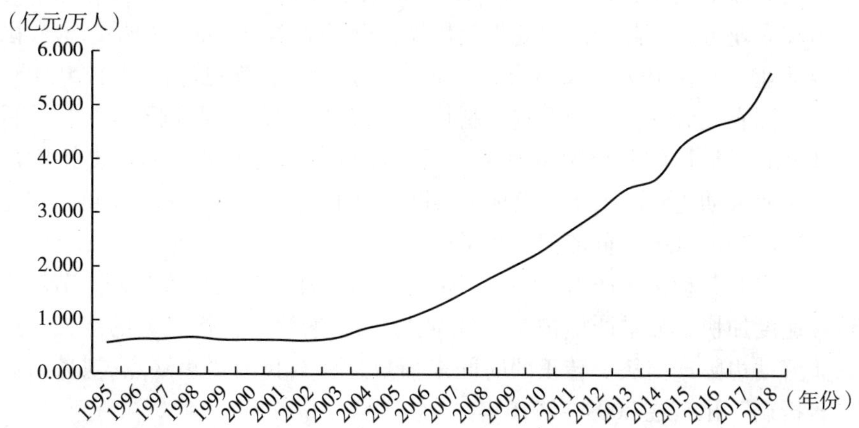


**图 4-5 1995~2018 年中国农业劳动平均产值**

资料来源：根据表 4-3 数据绘制。

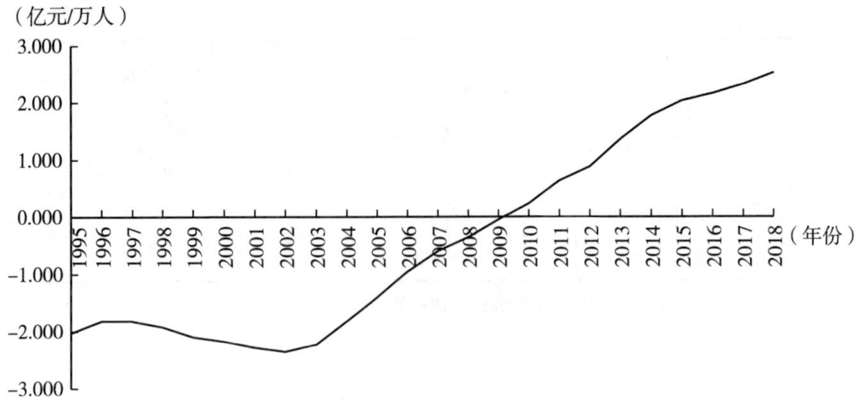


**图4－6　1995～2018年我国农业劳动边际产值**

资料来源：根据表4－3数据绘制。

从表4－3和图4－4、图4－5和图4－6中可以观察到：（1）在2004年之前，我国农业劳动平均产出水平一直徘徊在0.577～0.684亿元/万人之间，而导致这一现象的原因在于农业劳动边际产出水平在－2.359～－1.816亿元/万人。（2）从2004年开始，随着农业劳动边际产出水平迅速上升，农业劳动平均产出水平也出现相同的发展趋势。与此同时，我国农业实际总产值也经历了上述两个时期的变化，即2004年前增长速度缓慢，2004年以后增长速度加快。（3）2009～2010年，随着农业劳动边际产值转为正值，农业劳动平均产出水平和农业实际总产值增长速度均进一步加快。以上关于我国1995～2018年间农业实际总产值、农业劳动平均产出和农业劳动边际产出的变化趋势是符合经济学规律的。如果结合我国农业从业人数在1995～2004年间出现了小幅上升，就更能说明在2004年前，我国农业劳动力处于严重过剩状况。2003年以后，我国不断加快了旨在减轻农民负担的各项税费改革之后，农村劳动力向外转移速度持续加快，农业劳动边际产出水平出现了不断上升的趋势。2009～2010年，农业劳动边际产出水平由负转正，并保持了这一势头。

从农业劳动边际产出水平的变化看，2004年以后我国农村剩余劳动力转移速度加快，如果严格按照"短缺点/刘易斯第一转折点"的定义，用农业劳动边际产出从负转正的时间来衡量，那么我国"短缺点/刘易斯第一转折点"出现在2009～2010年。

## 三、劳动密集型行业劳动力供给和工资水平的变动分析

根据“刘—费—拉模型”，到达“短缺点/刘易斯第一转折点”之后，农业劳动边际生产率从零转为正，农业劳动力工资水平上升，相应地要求城市非农部门的工资水平也要有所提高，否则农民缺乏外出打工动机。考虑到改革开放以后我国向城市非农部门转移的农业劳动力具有文化素质较低、非农职业技能不熟练的特点，他们在城市就业主要集中在对技术、学历要求不高的部门，而且这些部门对劳动力在不怕脏、苦、累，能忍受长时间、高强度和高负荷等方面有一定要求。此外，由于户籍制度改革滞后所形成的二元就业结构，农村劳动力通过招工进入城市正式部门的机会非常渺茫，只能在城市非正式部门中就业。[①]

我国自2008年底建立了农民工统计监测调查制度，对全国农民工的总体规模、流向及地域分布，以及农民工群体的特点进行了统计分析，根据历年国家统计局发布的《全国农民工监测调查报告》，我国非农转移的农民工有80%～90%集中在制造业，建筑业，交通运输、仓储和邮政业，批发零售业，住宿餐饮业，居民服务和其他服务业六大部门，尤其是制造业、建筑业、批发零售业、居民服务和其他服务业这四个部门，更是集中了70%～80%的非农转移农村劳动力。这几个行业均属于劳动密集型行业，且劳动需求对实际工资变化十分敏感。因此这一部分将首先比较分析城镇劳动密集型行业正式部门与非正式部门的就业人数与工资水平之间的变动关系，以此来判断劳动力供给格局是否发生了改变。其次将比较分析城镇正式与非正式部门实际工资变动趋势，以此来判断是否出现了城镇劳动密集型行业的工资水平全面上涨且趋于接近。最后对城镇劳动密集产业正式部门与非正式部门劳动供给曲线斜率分析，进一步确定我国是否到达了“短缺点/刘易斯第一转折点”。

### （一）城镇劳动密集型行业正式部门与非正式部门的就业人数与实际平均工资变化的趋势分析

根据经济学理论，在一般情况下，劳动力供给与实际工资水平之间呈

① 根据我国现行的统计制度，城镇正式部门就业人员主要是指在城镇国有和集体单位就业的人员，包括各级国家机关、政党机关、社会团体及企业、事业单位中工作，取得工资或其他形式的劳动报酬的全部人员。城镇非正式部门就业人员主要是指在城镇私营和个体单位就业的雇工。

现正相关关系，但是当实际工资水平达到一定程度时，实际工资水平与劳动力供给呈现负相关关系，实际工资与劳动力供给之间满足二次曲线特征，由此可假设劳动力供给曲线模型为：

$$w_t = \beta_1 + \beta_2 L_t + \beta_3 L_t^2 + \mu_t \tag{4-5}$$

其中，$w_t$ 是行业平均实际工资，$L_t$ 是行业的从业人员数。

首先考虑城镇劳动密集型行业正式部门以及城镇制造业、建筑业、批发零售业、居民服务和其他服务业四大劳动密集型行业的正式就业与工资之间的关系，可得：

$$w_u = -136202.2 + 36.95346L_u - 0.001788L_u^2 \tag{4-6}$$

$$(-4.13) \quad (4.30) \quad (-3.40)$$

$$R^2 = 0.94 \quad DW = 0.55$$

$$w_u^m = -193872.2 + 94.77984L_u^m - 0.00906L_u^{m2} \tag{4-7}$$

$$(-3.32) \quad (3.26) \quad (-2.60)$$

$$R^2 = 0.90 \quad DW = 0.52$$

$$w_u^c = -21966.52 + 47.24386L_u^c - 0.007948L_u^{c2} \tag{4-8}$$

$$(-2.55) \quad (4.29) \quad (-2.74)$$

$$R^2 = 0.95 \quad DW = 0.57$$

$$w_u^r = 0.0077826L_u^{r2} \tag{4-9}$$

$$(15.60)$$

$$R^2 = 0.75 \quad DW = 0.49$$

$$w_u^s = -245361.7 + 7272.507L_u^s - 45.28597L_u^{s2} \tag{4-10}$$

$$(-3.11) \quad (2.98) \quad (-2.44)$$

$$R^2 = 0.94 \quad DW = 1.46$$

在式（4－6）～式（4－10）中，$w_u$、$w_u^m$、$w_u^c$、$w_u^r$ 和 $w_u^s$ 分别代表城镇劳动密集型行业正式部门平均实际工资、城镇制造业正式部门平均实际工资、城镇建筑业正式部门平均实际工资、城镇批发零售业正式部门平均实际工资和城镇居民服务和其他服务业正式部门平均实际工资，而 $L_u$、$L_u^m$、$L_u^c$、$L_u^r$ 和 $L_u^s$ 分别表示城镇劳动密集型行业正式部门就业人数、城镇制造业正式部门就业人数、城镇建筑业正式部门就业人数、城镇批发零售业正式部门就业人数和城镇居民服务和其他服务业正式部门就业人数。根据式（4－6）～式（4－10）可以模拟出城镇劳动密集型行业正式部门平均实际工资，以及城镇制造业、建筑业、批发零售业和居民服务和其他服务业等正式部门的平均实际工资，如图 4－7～图 4－11 所示。

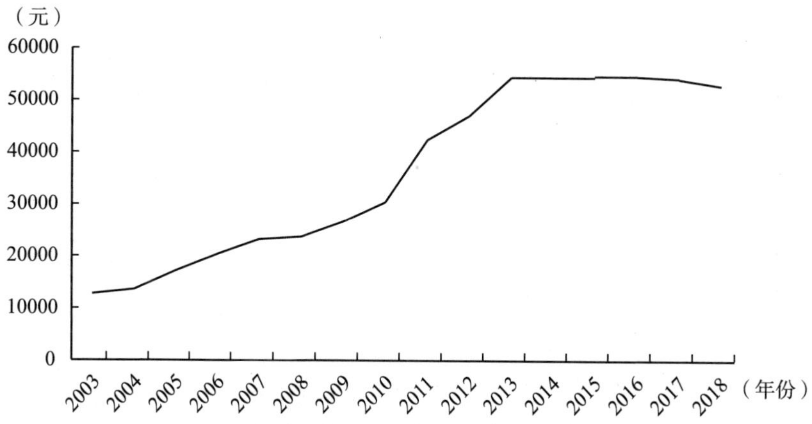


图 4－7　城镇劳动密集型行业正式部门的平均实际工资

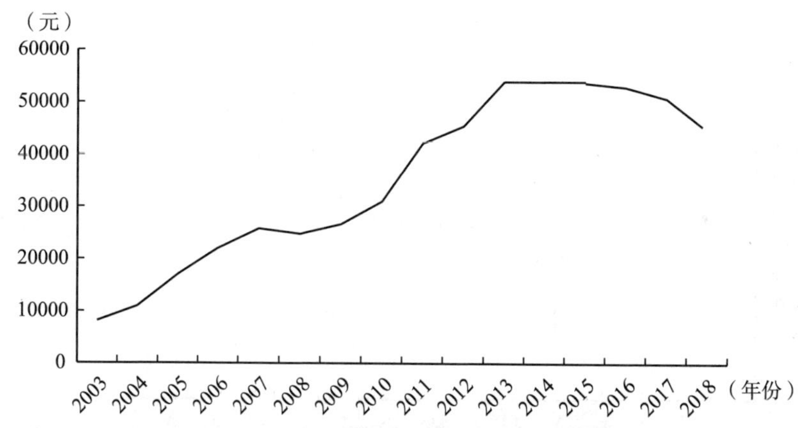


图 4－8　城镇制造业正式部门平均实际工资

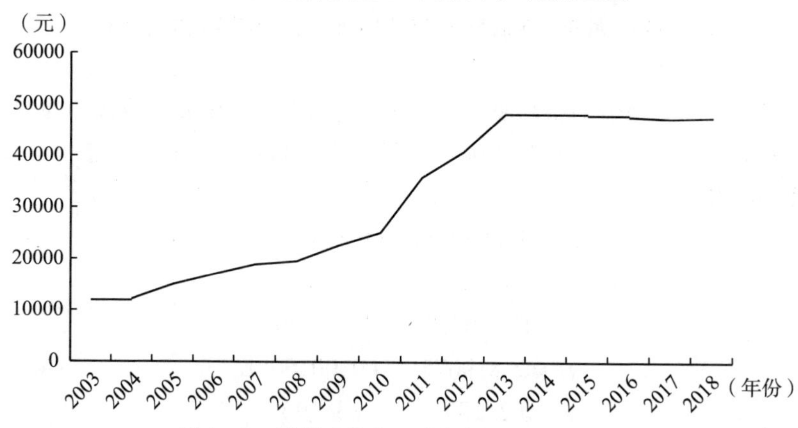


图 4－9　城镇建筑业正式部门平均实际工资

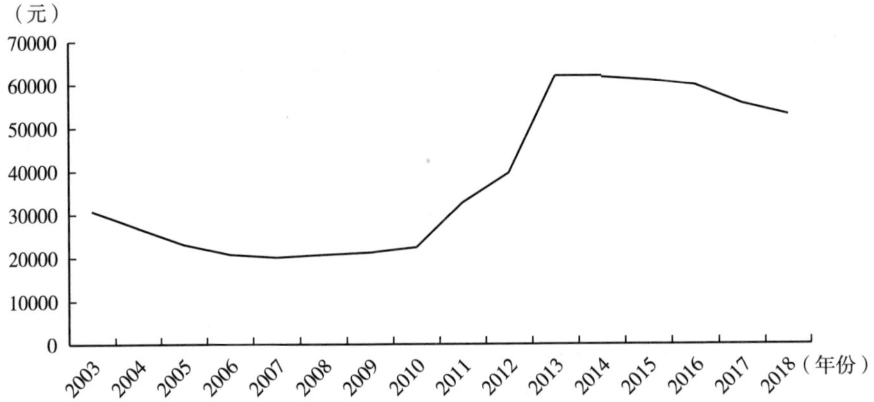


**图 4－10　城镇批发零售正式部门平均实际工资**

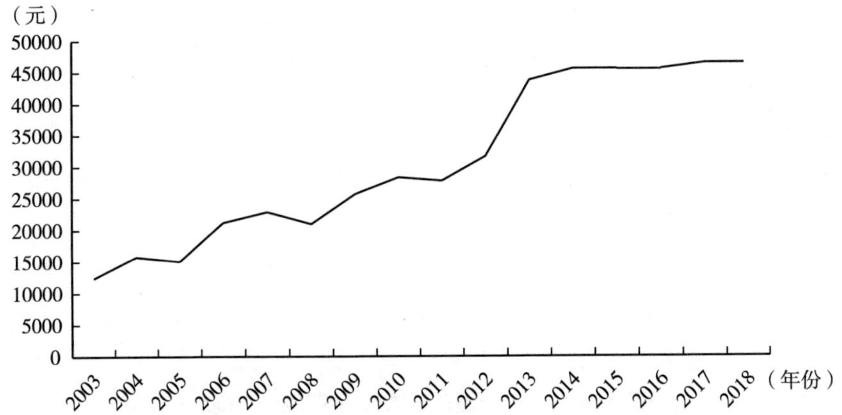


**图 4－11　城镇居民服务和其他服务业正式部门平均实际工资**

其次考虑城镇劳动密集型行业非正式部门以及城镇制造业、建筑业、批发零售业、居民服务和其他服务业四大部门的非正式就业与工资之间的关系，可得：

$$w_p = 1.693211L_p + 0.0000117L_p^2 \qquad (4-11)$$
$$(13.41) \qquad (1.80)$$
$$R^2 = 0.98 \quad DW = 1.49$$

$$w_p^m = 2.819675L_p^m + 0.001665L_p^{m2} \qquad (4-12)$$
$$(2.18) \qquad (3.19)$$
$$R^2 = 0.88 \quad DW = 1.37$$

$$w_p^c = 28.27681L_p^c - 0.008622L_p^{c2} \qquad (4-13)$$

$$(12.05) \qquad (-3.19)$$

$$R^2 = 0.92 \quad DW = 1.27$$

$$w_p^r = 3.028227L_p^r - 0.000109L_p^r \qquad (4-14)$$

$$(5.21) \qquad (-1.34)$$

$$R^2 = 0.45 \quad DW = 0.67$$

$$w_p^s = 15.72259L_p^s - 0.001477L_p^{s2} \qquad (4-15)$$

$$(14.26) \qquad (-11.73)$$

$$R^2 = 0.67 \quad DW = 0.62$$

在式（4－11）~式（4－15）中，$w_p$、$w_p^m$、$w_p^c$、$w_p^r$ 和 $w_p^s$ 分别代表城镇劳动密集型行业非正式部门平均实际工资、城镇制造业非正式部门平均实际工资、城镇建筑业非正式部门平均实际工资、城镇批发零售业非正式部门平均实际工资、城镇居民服务和其他服务业非正式部门平均实际工资，而 $L_p$、$L_p^m$、$L_p^c$、$L_p^r$ 和 $L_p^s$ 分别代表城镇劳动密集型行业非正式部门就业人数、城镇制造业非正式部门就业人数、城镇建筑业非正式部门就业人数、城镇批发零售业非正式部门就业人数、城镇居民服务和其他服务业非正式部门就业人数。根据式（4－11）~式（4－15）可以模拟出城镇非正式部门平均实际工资，以及城镇制造业、建筑业、批发零售业和居民服务和其他服务业等非正式部门的平均实际工资，如图4－12～图4－16所示。

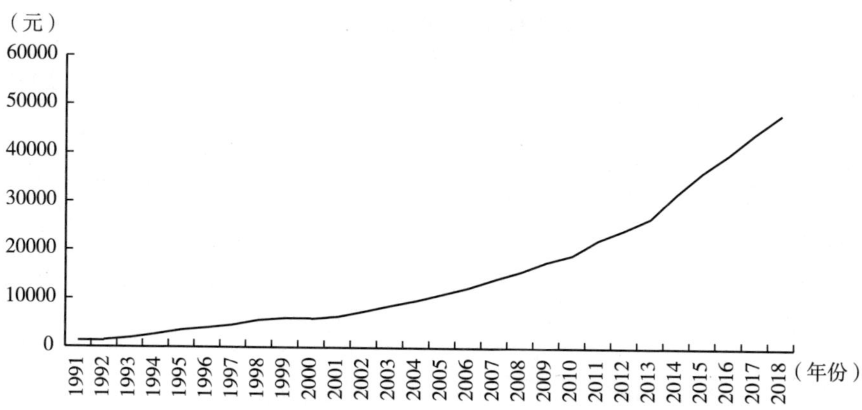


**图4－12　城镇劳动密集型行业非正式部门的平均实际工资**

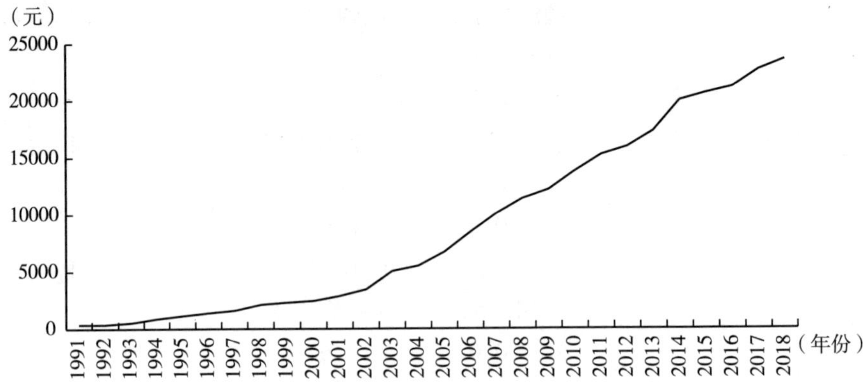


图 4－13　城镇制造业非正式部门的平均实际工资

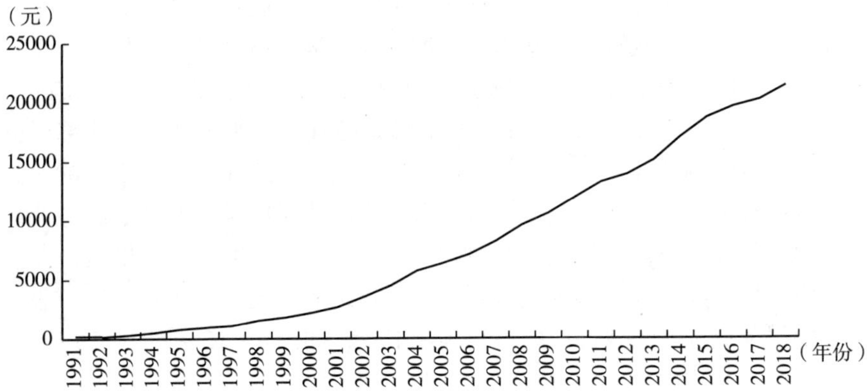


图 4－14　城镇建筑业非正式部门的平均实际工资

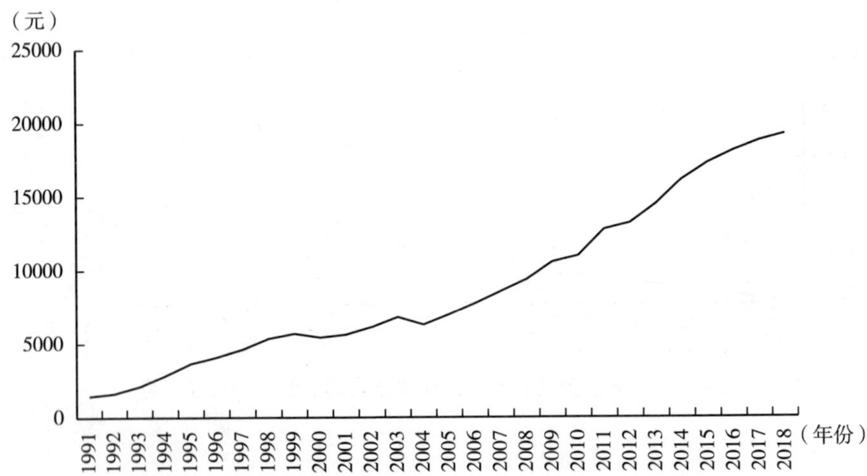


图 4－15　城镇批发与零售业非正式部门实际平均工资

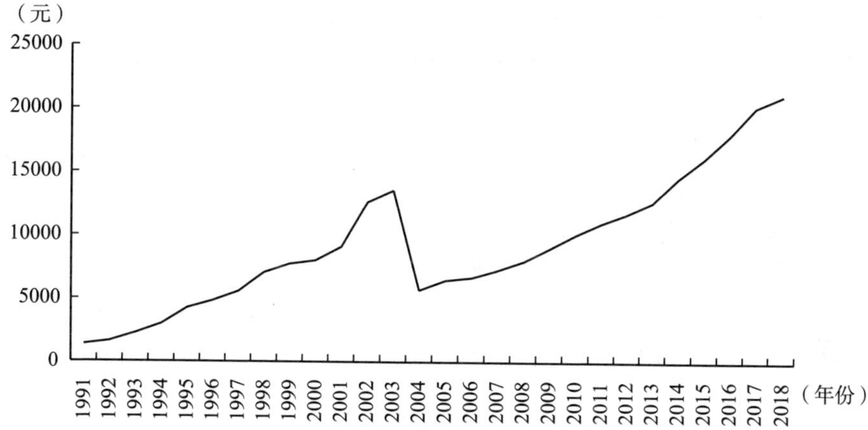


**图 4－16　城镇居民服务及其他服务业非正式部门的实际平均工资**

比较图 4－7 和图 4－12 可以发现：城镇劳动密集型行业正式部门的平均实际工资在 2008 年之前较为稳定，2008 年以后，随着城镇劳动密集型行业正式部门就业人数增加，实际工资水平是以递增的速度在增长，2013 年以后随着就业人数上升，该部门实际工资水平增长速度明显放慢。拐点出现在城镇正式部门就业人数为 10331 万人，即 2012～2013 年期间。而城镇劳动密集型行业非正式部门的平均实际工资在 2000 年之前较为稳定，2000 年后，随着城镇非正式部门就业人数增加，实际工资增长速度出现递增式增长。2013 年以后，城镇非正式就业部门的平均实际工资增长速度有所放慢，但还没有出现该部门的平均实际工资关系的拐点。

具体在制造业、建筑业、批发和零售业、居民服务及其他服务业四个行业中，城镇正式部门与非正式部门的平均实际工资之间的关系也存在明显差别。

**1. 城镇制造业部门**

城镇制造业正式部门的平均实际工资在 2007 年前基本保持较为稳定的增长速度，2008～2013 年呈现递增式增长速度，2013 年以后呈现递减式增长速度。拐点出现在城镇制造业正式部门就业人数为 5230.6 万人，即 2012～2013 年之间。

城镇制造业非正式部门的平均实际工资在 2003 年前保持相对平稳增长，2003 年以后持续保持较快增长速度。

**2. 城镇建筑业部门**

城镇建筑业正式部门的平均实际工资在 2008 年前基本保持较为稳定

的增长速度，2009～2013 年呈现递增式增长速度，2013 年以后呈现递减式增长速度。拐点出现在城镇制造业正式部门就业人数为 2972.1 万人，即 2013～2014 年之间。

城镇建筑业非正式部门在 2003 年前平均实际工资保持相对平稳增长，2003 年以后持续保持较快增长速度。

**3. 城镇批发零售业部门**

城镇批发零售业正式部门的平均实际工资在 2009 年前随着就业增加，实际工资水平保持低迷的增长速度，2009～2013 年实际工资呈现显著的递增式增长速度，2013 年以后，随着就业人数缓慢减少，实际工资增长速度出现缓慢下降。

城镇批发零售业非正式部门的平均实际工资在 2002 年前保持相对平稳增长，2003 年以后持续保持较快增长速度。

**4. 城镇居民服务及其他服务业部门**

城镇居民服务及其他服务业正式部门的平均实际工资在 2013 年前呈现震荡增长的态势，2013 年以后呈现平缓增长速度。

城镇居民服务及其他服务业非正式部门的实际工资持续保持了较快的增长速度，没有出现平均实际工资增长的拐点。①

### （二）城镇劳动密集产业正式部门与非正式部门实际工资变动趋势分析

一般而言，城市非农部门的实际工资水平只要能比在农村务工的收入高，能够弥补外出打工的成本费用，就会吸引大量农村剩余劳动力涌向城市，这是典型的农村剩余劳动力无限供给阶段的特征。20 世纪 80 年代中期以后到 90 年代中后期，农民工大量进入城市，在非正式部门就业的农村劳动力的实际工资相对稳定。② 1998 年开始，在非正式部门就业的农民工实际工资水平开始不断小幅上涨。2003 年沿海地区出现“民工荒”后，

---

① 2004 年我国对城镇居民服务及其他服务业非正式部门的统计范围发生了调整，在此之前统计口径为社会服务业和其他服务，2004 年以后与城镇居民服务及其他服务正式部门统计并轨。

② 我国由于长期以来城市非农产业部门发展不足，加之 20 世纪 90 年代中期以后我国宏观经济由短缺经济转为过剩经济，有效需求不足、城市第三产业发展不充分以及产业结构转型极大地削弱了城市非农产业部门吸纳劳动力就业能力。因此当 20 世纪 90 年代以后大量农村劳动力涌入城镇制造业、建筑业、批发零售业、居民服务和其他服务业等劳动密集型非正式部门时，一方面导致上述城镇劳动密集型行业正式部门的就业增长困难；另一方面，这些城镇劳动密集型行业非正式部门的工资水平仍然高于在农村的务农收入，而且进入门槛较低，对农村剩余劳动力仍然具有强大的吸引力。

农民工平均工资进入了一个快速的上升通道，2004～2007年期间一直保持在年增幅7%以上的水平。2007年金融海啸导致农民工平均工资深幅下挫，直到2009年才恢复上升势头。

利用图4－17进一步比较城镇劳动密集型行业正式部门和非正式部门的平均实际工资增长速度可以发现，2010年以后城镇劳动密集型行业非正式部门的实际工资增长速度明显高于城镇劳动密集型行业正式部门的实际工资增长速度，结果就是城镇劳动密集型行业正式部门与非正式部门的平均工资差距从2009年的1.77倍缩小到2016年的1.39倍。[①] 在城镇劳动密集行业非正式部门就业的农民工平均工资上涨加快，导致城乡居民收入比也发生明显变化。2010年我国农村居民人均纯收入实际增长10.9%，[②] 首次快于城镇居民。[③]

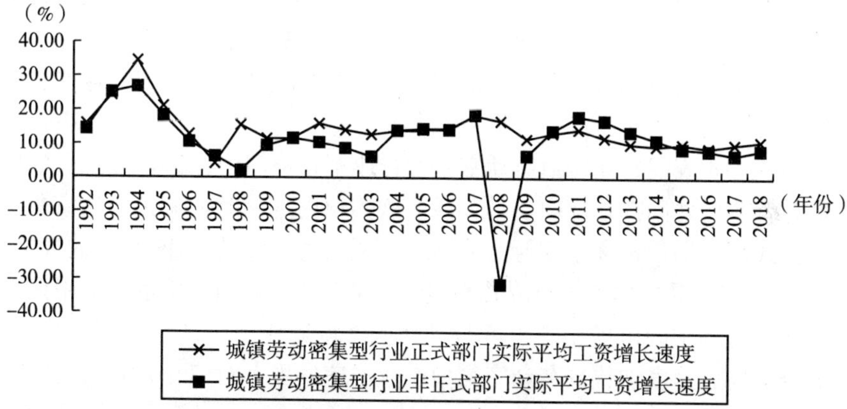


**图4－17　1992～2018年城镇劳动密集型行业正式与非正式部门实际工资增长速度**

资料来源：根据历年《中国统计年鉴》整理计算所得。

### （三）城镇劳动密集产业正式部门与非正式部门劳动供给曲线斜率分析

对城镇正式部门和城镇非正式部门的就业人数对实际工资变化的反应

① 赵宏波、王欣：《城镇非私营单位从业人员就业和收入现状的调查与分析——以河北省承德市为例》，载于《河北旅游职业学院学报》2017年第2期，第83～85页。

② 曹乐溪：《2010年农村居民人均纯收入增10.9%，工资性增长快》，中国网新闻中心，http：//www.china.com.cn/news/txt/2011－03/11/content_22107959.htm。

③ 进入21世纪以后，进城务工人员工资水平上涨的根本原因是城市劳动力需求与农村剩余劳动力供给之间的矛盾从劳动力供给全面过剩转为总量过剩与结构性短缺并存的格局；直接原因包括：城市生活成本不断上升；国家通过立法和行政手段维护农民工合法权益，加大对进城务工农民工的培训，等等。

进行分析，即当实际工资发生 1% 变化时，衡量就业量的反应程度，即对劳动供给曲线的斜率进行分析，可得模型（4－16）和模型（4－17），并可绘制出图 4－18 和图 4－19。

$$L_u = 12607.82 - 0.080242W_u + 0.00000251W_u^2 \quad (4-16)$$

$$(15.25) \quad (-1.18) \quad (2.64)$$

$$R^2 = 0.59 \quad DW = 0.37$$

$$dL_u/dW_u = -0.080242 + 0.00000502W_u \quad (4-17)$$

$$L_p = 0.31978W_p + 0.00000395W_p^2$$

$$(10.30) \quad (4.35)$$

$$R^2 = 0.97 \quad DW = 0.795$$

$$dL_p/dW_p = 0.31978 + 0.0000079W_p$$

模型（4－16）和模型（4－17）中的 $L_u$、$W_u$ 和 $L_p$、$W_p$ 分别代表城镇劳动密集行业正式部门就业人数、城镇劳动密集行业正式部门实际平均工资、城镇劳动密集行业非正式部门就业人数和城镇劳动密集行业非正式部门实际平均工资。

图 4－18 表明，在城镇劳动密集型行业正式部门中，2002 年前，实际工资与就业量之间存在反向变动关系。这体现出这一时期城镇劳动密集型行业正式部门即使提高了实际工资水平，劳动供给仍然不断减少的局面。21 世纪初期，受中国加入世界贸易组织（WTO）、亚洲金融危机对中国影响逐渐衰退、中国市场经济改革初步完成、城镇化建设加快等因素作用，我国经济发展速度加快，劳动密集型产业迅速发展，对劳动力需求大幅度

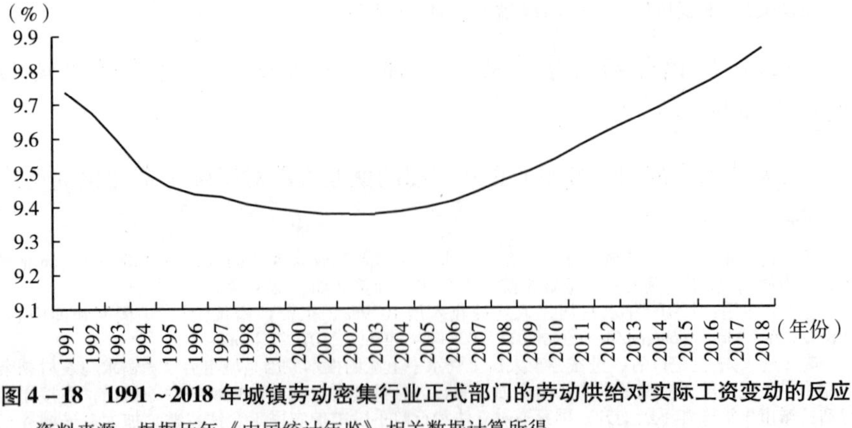


**图 4－18　1991～2018 年城镇劳动密集行业正式部门的劳动供给对实际工资变动的反应**

资料来源：根据历年《中国统计年鉴》相关数据计算所得。

增加，但是由于我国人口红利减少，劳动力转移规模和增速下降，在 2002 年后半年开始，劳动力供给曲线斜率由负转正，意味着城市劳动密集型产业正式部门需要依靠提高工资水平，才能雇佣到所需劳动力，即农村非熟练劳动力流动开始影响城市非农业部门的工资水平，劳动力从无限供给转为有限供给阶段。2002 年以后，城镇劳动密集型行业正式部门的就业人数与实际工资之间的关系呈现出同向变动的关系。

图 4 – 19 表明，从 1991 ~ 2018 年间，城镇劳动密集型行业非正式部门的就业与实际工资的变动呈现正向相关的关系，即当实际工资每上升 1 个百分点时，都能使城镇劳动密集型行业非正式部门的就业人数出现上升。仅在 2007 ~ 2008 年金融海啸期间，城镇劳动密集型行业非正式部门的实际工资与就业之间的关系出现过负相关，但是在 2009 年以后，城镇劳动密集型行业非正式部门的就业与实际工资继续呈现正向相关的关系。

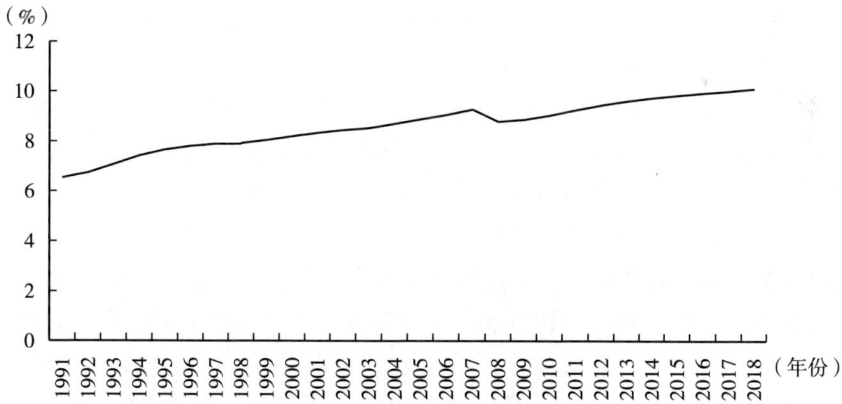


**图 4 – 19　1991 ~ 2018 年城镇劳动密集行业非正式部门的劳动供给对实际工资变动的反应**

资料来源：根据历年《中国统计年鉴》相关数据计算所得。

这一部分通过对城镇劳动密集型行业正式部门与非正式部门的就业人数与实际平均工资变化的趋势、城镇劳动密集产业正式部门与非正式部门实际工资变动趋势，以及城镇劳动密集产业正式部门与非正式部门劳动供给曲线斜率进行了分析，对我国是否达到“短缺点/刘易斯第一转折点”无法得出一个统一明确的结论。如果单独对城镇劳动密集型行业正式部门的收入和就业变动情况进行分析，“刘易斯第一转折点”出现在 2012 ~2013 年；对城镇劳动密集产业正式部门与非正式部门实际工资变动趋势考察，“转折点”出现在 2010 年左右；对城镇劳动密集行业正式部门的劳动供给对实际工资变动的反应所做的分析表明，“转折点”出现在 2012 ~2013 年之间。以上分析表明我国城镇劳动密集型行业的正式部门在 2013 年以后进入了“刘易斯转折区间”。但是如果对城镇劳动密集型行业的非正式部门的就业和实际收入的关系进行考察，并未表现出明确的转折。

本节从“短缺点/刘易斯第一转折点”的定义出发，分别利用农业劳动力就业和农业劳动力实际收入水平变化、农业总产出、农业劳动平均产出和农业劳动边际产出变化、城镇劳动密集型行业正式部门与非正式部门的劳动力供给和工资水平变动等标准来判断，所得结论也不尽相同。农业劳动力就业和农业劳动力实际收入水平在 2003 年前后出现了较为明显的变化；从农业总产出、农业劳动平均产出和农业劳动力边际产出变化来判断，转折点出现在 2009 ~2010 年；而从城镇劳动密集型行业正式部门与非正式部门的劳动力供给和工资水平变动标准判断，结果表明仅有城镇劳动密集型行业的正式部门在 2013 年以后进入了“刘易斯转折区间”。这一局面证明，要对一国二元经济转型中的“刘易斯转折点”做出唯一的判断是不可行的。不仅不同分析方法会得出不同结论，甚至同一种分析方法使用不同时期资料也会有不同判断。就本书的研究结果来看，一方面对“短缺点/刘易斯第一转折点”判断的时间间隔相差较大；另一方面，在对我国农村劳动力非农转移的行业进行细分研究时，研究结论的分歧更大。考虑到本书对中国“刘易斯转折点”的研究是为比较优势的演进提供时间背景，就应重视农业劳动边际生产率变化，以及劳动供给对实际工资的反应，笔者认为，将我国二元经济转型中的“短缺点/刘易斯第一转折点”确定在 2010 年是比较适宜的。

## 第三节　对我国二元经济转型中比较优势演变的实证分析

1978 年改革开放不仅让我国从计划经济向市场经济转轨，而且也引发了二元经济向一元经济机构转型进程。随着市场经济体制改革从农村向城市深入，经济增长速度加快，约束农村劳动力流动的各种政策和管理制度也出现了松动。伴随着资本积累、劳动力流动以及技术进步，我国要素禀赋格局也悄然发生了改变。因此从本质上讲，二元经济转型过程也是生产要素重新配置的过程，生产要素禀赋是我国产业结构选择的重要基础，要素格局的变化也将引发产业结构出现调整，以产业结构为基础的出口结构也会出现相应的演变，即改革开放开启的经济体制转轨和二元经济转型推动了我国比较优势演变。本节将对我国在二元经济转型中的要素禀赋格局、产业结构和出口结构的变化进行分析，以此检验二元经济转型以来我国比较优势演变的程度，揭示比较优势未来的发展趋势。

## 一、二元经济转型中要素禀赋格局的变化

要素禀赋（factor endowment）是指一国所拥有的各种可用生产要素的相对丰裕程度。赫克歇尔—俄林提出来的要素禀赋理论的核心是一国要素禀赋决定了生产要素的相对价格，在产品生产技术和各种要素投入比例既定的情况下，生产要素的相对价格又决定了产品的生产成本和价格水平，进而决定了某种产品在不同国家间的价格比较优势和贸易格局。该理论强调了不同国家静态要素禀赋比较、产业选择和对外贸易格局，但就其理论核心而言，随着一国生产要素流动和积累，其要素禀赋供给格局会发生改变，相应地改变生产要素相对价格，进而影响企业技术选择、产业结构和对外贸易。因此关注二元经济转型中我国劳动力、资本和技术等生产要素的相对丰裕程度变化，就能从根本上抓住比较优势演变的最基本原因，并能对比较优势的演变趋势做出判断。

### （一）劳动力积累

根据统计资料显示，我国 1995～2018 年期间，全国年末总人口从 121121 万人增长到 139535 万人，经济活动人口从 45674 万人增长到 80567 万人，就业人口从 45295 万人增加到 77586 万人，整体规模都出现上升。但是就增长速度看，存在明显差别，人口自然增长率持续下降，2012 年开始小幅回升；就业人口增长率呈现明显下降趋势，但经济活动人口增长率在保持整体下行的同时，波动幅度较大，如表 4－4 和图 4－20 所示。

表 4－4　　1995～2018 年我国人口与劳动力积累

| 年份 | 年末总人口（万人） | 经济活动人口（万人） | 就业人口（万人） | 人口自然增长率（‰） | 经济活动人口增长率（‰） | 就业人口增长率（‰） |
|---|---|---|---|---|---|---|
| 1995 | 121121 | 68855 | 68065 | 10.55 | 23.93 | 12.89 |
| 1996 | 122389 | 69765 | 68950 | 10.42 | 13.22 | 13.00 |
| 1997 | 123626 | 70800 | 69820 | 10.06 | 14.84 | 12.62 |
| 1998 | 124761 | 72087 | 70637 | 9.14 | 18.18 | 11.70 |
| 1999 | 125786 | 72791 | 71394 | 8.18 | 9.77 | 10.72 |
| 2000 | 126743 | 73992 | 72085 | 7.58 | 2.01 | 1.72 |
| 2001 | 127627 | 73884 | 72797 | 6.95 | －1.46 | 9.88 |
| 2002 | 128453 | 74492 | 73280 | 6.45 | 8.23 | 6.63 |
| 2003 | 129227 | 74911 | 73736 | 6.01 | 5.62 | 6.22 |
| 2004 | 129988 | 75290 | 74264 | 5.87 | 5.06 | 7.16 |
| 2005 | 130756 | 76120 | 74647 | 5.89 | 11.02 | 5.16 |
| 2006 | 131448 | 76315 | 74978 | 5.28 | 3.01 | 2.72 |
| 2007 | 132129 | 76531 | 75321 | 5.18 | 2.83 | 4.57 |
| 2008 | 132802 | 77046 | 75564 | 5.17 | 6.73 | 3.23 |
| 2009 | 133450 | 77510 | 75828 | 5.08 | 6.02 | 3.49 |
| 2010 | 134091 | 78388 | 76105 | 4.87 | 11.33 | 3.65 |
| 2011 | 134735 | 78579 | 76420 | 4.79 | 2.44 | 4.14 |
| 2012 | 135404 | 78894 | 76704 | 4.79 | 4.01 | 3.72 |
| 2013 | 136072 | 79300 | 76977 | 4.95 | 5.15 | 3.56 |
| 2014 | 136782 | 79690 | 77253 | 5.21 | 4.92 | 3.59 |
| 2015 | 137462 | 80091 | 77451 | 4.96 | 5.03 | 2.56 |
| 2016 | 138271 | 80694 | 77603 | 5.86 | 7.53 | 1.96 |
| 2017 | 139008 | 80686 | 77640 | 5.32 | －0.10 | 0.48 |
| 2018 | 139539 | 80567 | 77586 | 3.81 | －1.47 | －0.70 |

资料来源：根据 1999～2019 年《中国统计年鉴》计算整理所得。

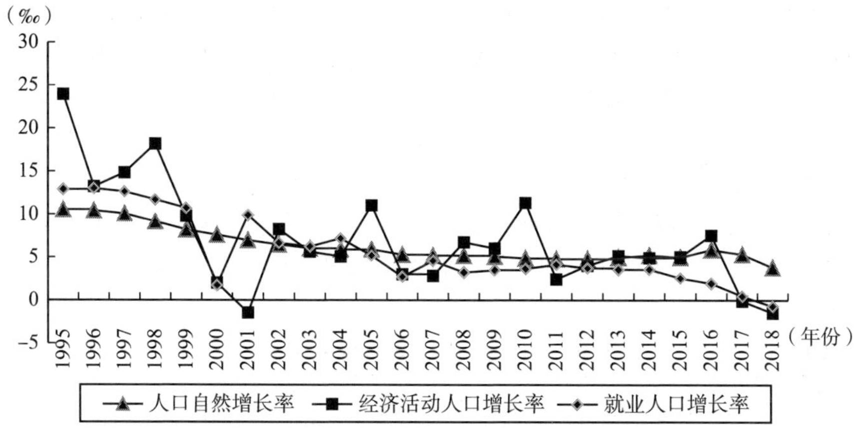


**图 4 – 20　1995 ~ 2018 年我国人口与劳动力增长率**

资料来源：依据表 4 – 4 数据绘制。

1995 年以来，我国人口出生率逐渐下降，而死亡率保持在一个较低的平稳水平，导致我国人口自然增长率出现下滑，人口总体规模上升的同时速度逐渐下降，这也意味着我国新生人口生产速度下降，人口老龄化加快。①

## （二）资本存量

在当前我国官方统计资料中并没有资本存量数据，需要进行估算，大多数研究使用国际通行的永续盘存法（perpetual inventory method）来计算资本逐年积累额，其基本公式为：

$$K_t = I_t / P_t + (1 - \delta) K_{t-1} \tag{4-18}$$

其中 $K_t$ 代表 t 年的资本存量，$I_t$ 代表固定资产投资，可以用全社会固定资本投资额代替，② $P_t$ 为固定资产投资价格指数，δ 为资本折旧率。按照范巧（2012）对永续盘存法中对资本折旧率的研究，资产折旧率按

① 2015 年 10 月，我国全面放开二孩生育政策，但是据 2018 年部分地方统计局摸底二孩政策效果的结果来看，各地普遍存在生育意愿不高的问题（尤其二孩生育意愿较弱），导致生育率依然维持较低水平。原因主要包括：一是生活压力较大，孩子的医疗、教育等成本过高，因而部分育龄人群不敢轻易生育二孩。二是人们的生育观念发生变化，更追求高的生活品质，而非传统意义上的“多子多福”。三是二孩政策对农村的出生率影响有限，基本上多数有意愿要二孩的都已经生育。资料来源：定军：《地方统计局摸底二孩政策效果：生育意愿疲软亟待政策激励》，新浪网，http：//news. sina. com. cn/c/2018 – 08 – 24/doc – ihicsiav 9795049. shtml。

② 郭玉清：《资本积累、技术变迁与总量生产函数》，载于《南开经济研究》2006 年第 3 期，第 79 ~ 88 页。

11.28%计算。[①] 当年资本存量既与当年的实际固定资产投资额有关，又与以往资本存量和折旧有关，是一个逐年累积的过程。本书利用历年《中国统计年鉴》的相关数据，并借鉴郭庆旺、贾俊雪（2004）、[②] 郭玉清（2006）和范巧（2012）年的研究结果，确定基期1995年的资本存量为32157.67亿元，再利用式（4-18），以及《中国统计年鉴》中的全社会固定投资、固定资产投资价格指数（1995年=100），整理计算出1995～2018年我国资本存量的变动情况，如表4-5和图4-21所示。

**表4-5　　1995～2018年我国资本存量估算结果**

| 年份 | 全社会固定资产投资（亿元） | 固定资产投资价格指数（1995年=100） | 实际投资（亿元） | 实际资本存量（亿元） |
|---|---|---|---|---|
| 1995 | 20019.3 | 100.0 | 20019.3 | 32157.7 |
| 1996 | 22913.5 | 104.0 | 22032.2 | 50562.5 |
| 1997 | 24941.1 | 105.8 | 23581.0 | 68440.0 |
| 1998 | 28406.2 | 105.6 | 26910.9 | 87630.9 |
| 1999 | 29854.7 | 105.1 | 28396.7 | 106142.9 |
| 2000 | 32917.7 | 106.3 | 30969.5 | 125139.4 |
| 2001 | 37213.5 | 106.7 | 34871.6 | 145895.3 |
| 2002 | 43499.9 | 106.9 | 40681.0 | 170119.3 |
| 2003 | 55566.6 | 109.3 | 50847.1 | 201776.9 |
| 2004 | 70477.4 | 115.4 | 61071.5 | 240087.9 |
| 2005 | 88773.6 | 117.2 | 75714.4 | 288720.4 |
| 2006 | 109998.2 | 119.0 | 92430.3 | 348583.0 |
| 2007 | 137323.9 | 123.6 | 111060.4 | 420323.3 |
| 2008 | 172828.4 | 134.7 | 128351.3 | 501262.1 |
| 2009 | 224598.8 | 131.4 | 170900.3 | 615620.1 |

① 范巧：《永续盘存法细节设定与中国资本存量估算：1952～2009年》，载于《云南财经大学学报》2012年第3期，第42～51页。

② 郭庆旺、贾俊雪：《中国全要素生产率的估算：1979～2004》，载于《经济研究》2005年第6期，第51～60页。

续表

| 年份 | 全社会固定资产投资（亿元） | 固定资产投资价格指数（1995 年 =100） | 实际投资（亿元） | 实际资本存量（亿元） |
|---|---|---|---|---|
| 2010 | 251683.8 | 136.2 | 184854.9 | 731033.0 |
| 2011 | 311485.1 | 145.1 | 214612.9 | 863185.4 |
| 2012 | 374694.7 | 146.7 | 255355.3 | 1021173.0 |
| 2013 | 446294.1 | 147.2 | 303240.7 | 1209226.0 |
| 2014 | 512020.7 | 147.9 | 346168.7 | 1418994.0 |
| 2015 | 561999.8 | 145.2 | 386923.4 | 1645855.0 |
| 2016 | 606465.7 | 144.4 | 420057.4 | 1880260.0 |
| 2017 | 641238.4 | 152.8 | 419794.1 | 2087960.0 |
| 2018 | 645675.0 | 161.1 | 400542.8 | 2252981.0 |

注："全社会固定资产投资"数据取自 2019 年《中国统计年鉴》；固定资产投资价格指数为 1995 年 =100 的估算结果。

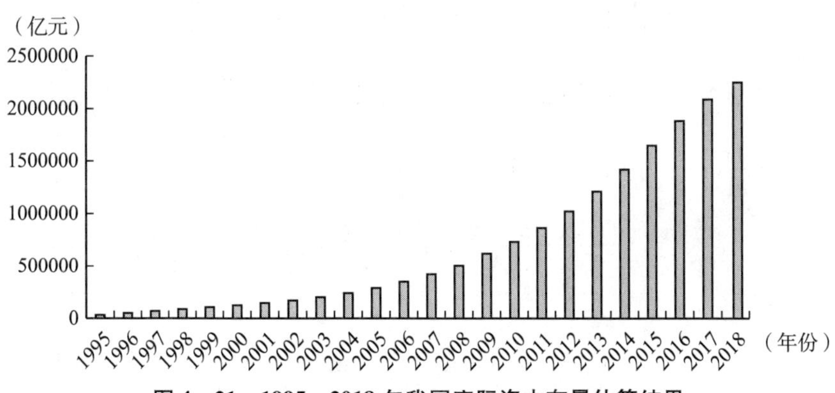


**图 4－21　1995～2018 年我国实际资本存量估算结果**

资料来源：根据表 4－5 数据绘制。

从表 4－5 数据可知，中国资本存量由 1995 年的 32157.7 亿元逐年累积至 2018 年的 2252981.0 亿元（1995 年不变价格），年均增幅达到 20.29%，超过同期国内生产总值年均 12.6% 的增幅。图 4－21 也表明，2008 年前我国资本存量在 500000 亿元以下，从 500000 亿元到 1000000 亿元用了不到 4 年时间，从 1000000 亿元到 1500000 亿元用了不到 3 年时间，从 1500000 亿元到 2000000 亿元用了 1 年多的时间。实际资本存量增长速度不断加快。较高的固定资产投资和资本形成率对支撑中国经济持续较快增长作用明显。

## （三）技术进步的估算

技术进步是指除了资本和劳动之外，任何导致生产函数向外移动的因素，例如制度创新、劳动力生产素质提高、新的生产方式和管理模式引入等。国内文献研究技术进步时，一般是从国内生产总值的增长率中扣除投入要素增长率，结果就是技术进步率，也叫“全要素生产率”，这是能反映一国投入生产的技术要素数量的最直接指标。在估算技术进步率时，一般将技术设定为希克斯（Hicks）中性技术，即技术要素保持要素边际替代率不变，产出变化主要取决于投入的要素数量的变化。这样就可以将生产函数写成：

$$Y = A(t)F(K,\ L) \tag{4-19}$$

其中 A(t) 代表一段时间的技术变化积累效应，对式（4－19）求全导数，可得：

$$\frac{dY}{dt} = \frac{dA}{dt}F(K,\ L) + A(t)\cdot\frac{dF}{dK}\cdot\frac{dK}{dt} + A(t)\cdot\frac{dF}{dL}\cdot\frac{dL}{dt} \tag{4-20}$$

在式（4－20）两端除以 Y，并且定义参数 $\alpha_k = \frac{\partial Y}{\partial K}\cdot\frac{K}{Y}$ 为资本产出弹性，$\alpha_l = \frac{\partial Y}{\partial L}\cdot\frac{L}{Y}$ 为劳动产出弹性，则有：

$$\frac{dY/dt}{Y} = \frac{dA/dt}{A} + \alpha_k\frac{dK/dt}{K} + \alpha_l\frac{dL/dt}{L}$$

或可写为：

$$\frac{\dot{Y}}{Y} = \frac{\dot{A}}{A} + \alpha_k\cdot\frac{\dot{K}}{K} + \alpha_l\cdot\frac{\dot{L}}{L} \tag{4-21}$$

变量上有点号的是该变量对时间的导数。$\frac{\dot{Y}}{Y}$ 为产出增长率，$\frac{\dot{A}}{A}$ 为技术进步率，$\frac{\dot{K}}{K}$ 和 $\frac{\dot{L}}{L}$ 分别为资本与劳动投入量的增长率。

其中 $\frac{\dot{A}}{A}$ 就是技术进步率，由于把技术设定为希克斯中性，规模收益不变，决定了 $\alpha_k + \alpha_l = 1$，函数 F(K，L）是一个一次齐次函数。再假定 $y = Y/L$，$k = K/L$，由于 $\alpha_l = 1 - \alpha_k$，$\frac{\dot{y}}{y} = \frac{\dot{Y}}{Y} - \frac{\dot{L}}{L}$，则式（4－21）又可

以写为：

$$\frac{\dot{A}}{A}=\frac{\dot{y}}{y}-\alpha_k\cdot\frac{\dot{k}}{k} \tag{4-22}$$

这时就可以根据单位劳动产出、单位劳动资本和资本收入份额估算技术进步率。

出于资料的可获得性考虑，笔者以国家统计局公布的2019年《中国统计年鉴》中的1995～2018年GDP作为总产出，以国内生产总值价格指数作为GDP消减指数，以1995年为不变价格，计算出实际GDP，以全部就业人员人数作为劳动投入数量，以表4－5的结果作为实际资本存量，考虑到资本份额一般在长期表现相对稳定，大约为0.61。[①] 经过计算，可得1995～2018年我国的技术进步率，如表4－6所示。

**表4－6　1995～2018年我国实际资本存量、就业人数与技术进步率**

| 年份 | 实际GDP（亿元） | 实际资本存量（亿元） | 就业人数（万人） | 人均产出（万元） | 人均资本（万元） | 技术进步率（%） |
|---|---|---|---|---|---|---|
| 1995 | 60356.6 | 32157.7 | 68065 | 0.8867 | 0.4725 | |
| 1996 | 64403.6 | 50562.5 | 68950 | 0.9341 | 0.7333 | －0.2835 |
| 1997 | 65663.2 | 68440.0 | 69820 | 0.9405 | 0.9802 | －0.1985 |
| 1998 | 64788.2 | 87630.9 | 70637 | 0.9172 | 1.2406 | －0.1868 |
| 1999 | 64138.7 | 106142.9 | 71394 | 0.8984 | 1.4867 | －0.1416 |
| 2000 | 65530.1 | 125139.4 | 72085 | 0.9091 | 1.7360 | －0.0904 |
| 2001 | 66744.1 | 145895.3 | 72797 | 0.9169 | 2.0041 | －0.0857 |
| 2002 | 67449.5 | 170119.3 | 73280 | 0.9204 | 2.3215 | －0.0927 |
| 2003 | 69509.6 | 201776.9 | 73736 | 0.9427 | 2.7365 | －0.0849 |
| 2004 | 74615.2 | 240087.9 | 74264 | 1.0047 | 3.2329 | －0.0448 |
| 2005 | 77180.5 | 288720.4 | 74647 | 1.0339 | 3.8678 | －0.0907 |
| 2006 | 80644.3 | 348583.0 | 74978 | 1.0756 | 4.6491 | －0.0830 |
| 2007 | 87277.4 | 420323.3 | 75321 | 1.1587 | 5.5804 | －0.0449 |

① 张军、施少华：《中国经济全要素生产率变动：1952～1998》，载于《世界经济文汇》2003年第2期，第17～24页。

续表

| 年份 | 实际 GDP（亿元） | 实际资本存量（亿元） | 就业人数（万人） | 人均产出（万元） | 人均资本（万元） | 技术进步率（%） |
|---|---|---|---|---|---|---|
| 2008 | 94409.5 | 501262.1 | 75564 | 1.2494 | 6.6336 | -0.0369 |
| 2009 | 93471.9 | 615620.1 | 75828 | 1.2327 | 8.1186 | -0.1499 |
| 2010 | 99675.1 | 731033.0 | 76105 | 1.3097 | 9.6056 | -0.0492 |
| 2011 | 107131.6 | 863185.4 | 76420 | 1.4019 | 11.2953 | -0.0369 |
| 2012 | 110366.2 | 1021173.0 | 76704 | 1.4389 | 13.3132 | -0.0826 |
| 2013 | 112062.1 | 1209226.0 | 76977 | 1.4558 | 15.7089 | -0.0980 |
| 2014 | 114019.3 | 1418994.0 | 77253 | 1.4759 | 18.3681 | -0.0894 |
| 2015 | 113519.0 | 1645855.0 | 77451 | 1.4657 | 21.2503 | -0.1027 |
| 2016 | 114748.4 | 1880260.0 | 77603 | 1.4787 | 24.2292 | -0.0767 |
| 2017 | 119544.8 | 2087960.0 | 77640 | 1.5397 | 26.8928 | -0.0258 |
| 2018 | 122647.4 | 2252981.0 | 77586 | 1.5808 | 29.0385 | -0.0220 |

从表 4-6 的整体来看，我国的技术进步对经济增长的贡献在不断加大，从 1995 年的 -0.2835 逐步上升到 2018 年的 -0.0220，表明我国技术研发和创新能力不断增强，新技术进入到生产领域的速度在加快。具体来说，20 世纪 90 年代初期市场化改革趋向日渐明确，经济转轨速度加快，资源利用效率大幅提升，技术进步率从 1995 年的 -0.2835 提升到 2008 年的 -0.0369。由于 2008 年全球金融海啸之后出现严峻的对外贸易滑坡和经济增长压力，我国政府采取了积极财政政策和货币政策，通过扩大货币供应量大幅降低利率水平刺激固定资本投资，通过扩大政府支出保证国内消费需求不出现大幅度下降，因此在 2008~2009 年，我国整体经济增速减缓，技术进步率对经济的拉动作用出现了倒退。2010 年以后，随着农村剩余劳动力向外转移进入了“刘易斯区间”，劳动力成本上升的压力倒逼技术创新步伐加快，技术进步率再次震荡提升。但是如果看技术进步率的绝对水平，可得出结论：技术进步对经济增长的贡献较小。

## （四）对我国要素禀赋变化的简要评价

**1. 从要素丰裕度上看**

从总量上来看，1995～2018 年我国劳动力和资本存量的积累规模不断增大，但是由于劳动力积累速度不断下降而资本存量积累速度在加快，因此通过考察要素丰裕度不难得出判断，以资本存量/就业人数表示的资本要素丰裕度也在不断增加，如图 4－22 所示。

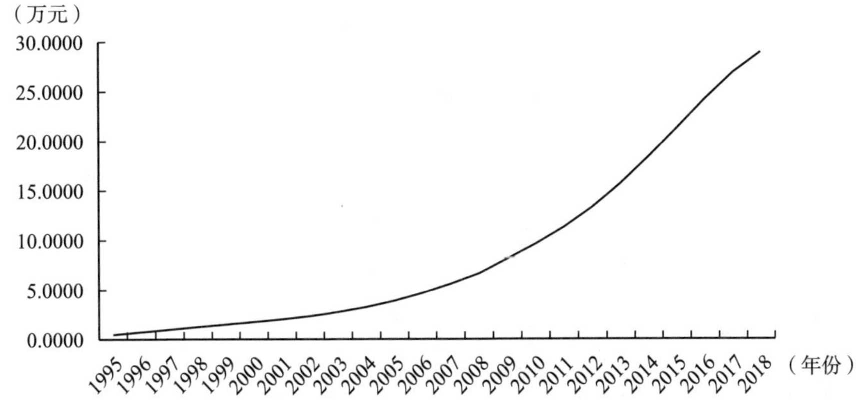


**图 4－22　1995～2018 年我国人均资本**

资料来源：根据表 4－6 数据绘制。

图 4－22 中，2007 年前我国人均资本存量增长缓慢，从不足 0.5 万元增长到 5 万元以上用了 12 年的时间，此后我国人均资本存量增长速度开始加快，从人均 5 万元达到人均 10 万元用了不到 5 年的时间，之后每跨越 5 万元资产存量所需要的时间越来越短。这意味着我国要素禀赋格局中，资本积累速度超过了劳动力积累速度，导致资本相对丰裕程度在不断提高。至于技术进步要素，尽管 1995～2018 年间技术进步率在不断提高，但是与同期 GDP 年均 12.6% 的增长速度相比，其对经济的贡献率很微弱，我国经济增长主要还是依靠要素投入驱动的增长模式。

**2. 从要素相对价格考察**

在完全竞争条件下，要素相对价格变动能在一定程度上能反映要素禀赋变化或要素的相对稀缺程度，因此可以用要素价格变动考察要素丰裕度变化。表 4－7 反映了 1995～2018 年名义利率和名义工资的变化趋势。

表 4-7 1995～2018 年名义利率和城镇非私营部门名义工资

| 年份 | 一年期存款利率（%） | 名义工资（元） | 年份 | 一年期存款利率（%） | 名义工资（元） |
|---|---|---|---|---|---|
| 1995 | 10.98 | 5348 | 2007 | 3.465 | 24721 |
| 1996 | 8.325 | 5980 | 2008 | 3.222 | 28898 |
| 1997 | 5.67 | 6444 | 2009 | 2.5 | 32244 |
| 1998 | 4.59 | 7446 | 2010 | 2.625 | 36539 |
| 1999 | 2.25 | 8319 | 2011 | 3.25 | 41799 |
| 2000 | 2.25 | 9333 | 2012 | 3.125 | 46769 |
| 2001 | 2.25 | 10834 | 2013 | 3.125 | 51483 |
| 2002 | 1.98 | 12373 | 2014 | 3.183 | 56360 |
| 2003 | 1.98 | 13969 | 2015 | 1.96 | 62029 |
| 2004 | 2.25 | 15920 | 2016 | 1.500 | 67569 |
| 2005 | 2.25 | 18200 | 2017 | 1.500 | 74318 |
| 2006 | 2.52 | 20856 | 2018 | 1.500 | 82413 |

资料来源：名义工资数据来源于历年《中国统计年鉴》；一年期存款利率数据根据中国人民银行网站公布数据计算整理所得。

从表 4-7 可以看到，1995～2018 年间，随着生产要素的积累，要素价格也发生了相应变化，资本要素的名义价格出现了下降趋势，而劳动力名义工资水平出现了明显上升趋势。对要素价格与要素禀赋之间的关系进行回归，取表 4-7 中的一年期存款利率与名义工资之比的对数为 LnZ，利用表 4-6 中的就业人数、资本存量数据计算人均资本存量（即资本存量与就业人数之比）的对数为 LnX，利用最小二乘法进行回归，结果为：

$$LnZ = -7.409199 - 0.967156LnX \qquad (4-23)$$

$$(-62.05895) \quad (-15.47713)$$

$$R^2 = 0.919399 \qquad \text{Adjusted } R^2 = 0.915561$$

$$D-W = 0.389822 \qquad F-\text{statistic} = 239.5417$$

回归结果式（4-23）表明要素相对价格与要素禀赋之间存在显著的相关性，LnX 的回归系数为 -0.967156 且 t 统计量显著，表明要素价格显著地受到了要素禀赋变动的影响，系数为负表明我国资本要素丰裕程度在不断增加，相对价格不断下降，而劳动的要素丰裕度在不断下降，相对价格在不断上升。资本要素丰裕度提高和相对价格下降，为我国调整生产和出口产业结构，推动比较优势演进提供了良好的基础。

## 二、二元经济转型中要素禀赋变化对产业结构的影响

改革开放以后，我国劳动力的增长与流动以及资本和技术要素积累在一定程度上改变了我国劳动力无限供给、资本要素稀缺和技术进步不足的局面，对我国产业结构调整演变产生了相应作用。从本质上讲，要素积累以及要素重新配置过程会通过直接和间接渠道决定产业结构优化和比较优势升级。从直接渠道来看，一般在经济发展初期，一国的产业结构选择是由要素禀赋格局决定的，但随着经济发展和要素积累变化，要素供给和相对价格的改变会通过影响产业技术选择、技术水平区间和发展方向决定产业技术变迁方向和演进速度以及产业技术结构和产业转化效率，最终实现产业结构升级。此外，要素禀赋变化对产业结构的作用还受到其历史条件的制约和外部经济环境、产业政策等因素的影响，等等。为考察我国二元经济转型中要素积累对产业结构和产业比较优势的影响，本部分借助于GDP 生产函数进行说明。

### （一）模型说明

GDP 生产函数模型（Gopinath and Kennedy，2000）是以有约束的利润函数为理论研究的起点，利用价格、按产业考察城乡就业人数、资本存量、税收与产业结构的关系，考察市场利润最大化问题和产业结构内部结构的变动。因此 GDP 生产函数模型可以用来解释要素积累与产业结构、产业比较优势的演变关系。根据我国实际情况，可以将 GDP 生产函数模型及其约束条件表述为：

$$\pi(p;\ v) = Max(p_A x_A + p_I x_I + p_S x_S) \quad s.t.\ x \in T(RL,\ UL,\ K,\ QT) \tag{4-24}$$

该模型把国民经济总体划分为第一产业、第二产业和第三产业，p 代表产业的最终产出价格，x 代表产业的最终产出，下标 A、I、S 分别代表第一产业、第二产业和第三产业。约束条件 v 是国内初始投入数量，充分考虑我国现实情况，v 由乡村就业劳动力 RL、城镇就业劳动力 UL、资本

存量 K 和税收税额 QT 四个部分组成。前三个变量是二元经济转型中的要素投入约束，最后一个变量是二元经济转型中的制度约束。

GDP 生产函数满足：（1）$\pi(p;\ v)$ 是非负的；（2）$\pi$ 对 p 是线性齐次的，即对于任何 $\lambda>0$，$\pi(\lambda p;\ v)=\lambda\pi(p;\ v)$；（3）$\pi$ 对 v 是线性齐次的，即对于任何 $\lambda>0$，$\pi(p;\ \lambda v)=\lambda\pi(p;\ v)$；（4）对于所有固定的 $v\leqslant 0$，$\pi$ 于 p 是凸的和连续的；（5）对于所有固定的 p，$\pi$ 于 v 是非增的；（6）对于所有固定的 p，$\pi$ 于 v 是凹的和连续的。

对式（4-13）做二阶对数的泰勒级数展开，可得：

$$\mathrm{Ln}\pi = \alpha_0 + \sum \alpha_i \mathrm{Ln}p_i + \sum \beta_i \mathrm{Ln}v_j + \frac{1}{2\sum\sum \gamma_{ik}\mathrm{Ln}p_i \mathrm{Ln}p_h} + \sum\sum \delta_{ij}\mathrm{Ln}p_i \mathrm{Ln}v_j + \frac{1}{2\sum\sum \varphi_{ik}\mathrm{Ln}v_j \mathrm{Ln}v_k} \tag{4-25}$$

其中，i，h = A，I，S；j，k = RL，UL，QT。

根据对称性约束：

$$\gamma_{ih}=\gamma_{hi},\ \varphi_{jk}=\varphi_{kj} \tag{4-26}$$

GDP 生产函数在 p 和 v 上是线性齐次的，即：

$$\sum \alpha_i = 1, \sum \beta_j = 1, \sum \gamma_{ih} = 0, \sum \varphi_{jk} = 0, \sum{}_i \delta_{ij} = 0, \sum{}_j \delta_{ij} = 0 \tag{4-27}$$

对式（4-25）两端求 $\mathrm{Ln}p_i$ 的导数，可以推导出三次产业最终产出的供给份额，以及国内初始投入的需求方程：

$$U_i = (p_i x_i/\pi) = (\partial \mathrm{Ln}\pi/\partial \mathrm{Ln}p_i) = \alpha_i + \sum \gamma_{ih}\mathrm{Ln}p_h + \sum \delta_{ij}\mathrm{Ln}v_j \tag{4-28}$$

$$U_j = (\lambda_j x_j/\pi) = (\partial \mathrm{Ln}\pi/\partial \mathrm{Ln}v_j) = \beta_j + \sum \delta_{ij}\mathrm{Ln}p_j + \sum \varphi_{jk}v_k \tag{4-29}$$

$U_i$ 就是三次产业增加值占 GDP 的份额，$U_j$ 为 v 的“报酬”在 GDP 中的份额。关于 p 的线性齐次性意味着 $\sum U_i = 1$，关于 v 的线性齐次性意味着 $\sum U_j = 1$。

### （二）数据描述

根据分析，经验分析所需要的数据包括：城乡就业人数、资本存量、税收数额、城乡劳动者和资本存量的收入在 GDP 中的份额、三次产业价格、各次产业增加值在 GDP 中的比重、技术进步率等数据。参考刘忠涛（2010）[①]的数据整理方法，利用表 4－6 中的 1995～2018 年的实际资本存量和技术进步率、表 4－8 中的 1995～2018 年的城乡就业人数、表 4－9 中的 1995～2018 年的城乡劳动者报酬、税收数额和净资本收益、表 4－10 中的 1995～2018 年中国三次产业价格指数，可以获得进行经验分析所需要的数据。

**表 4－8　　1995～2018 年的城乡就业人数**　　单位：万人

| 年份 | 城镇就业人数 | 农村就业人数 | 年份 | 城镇就业人数 | 农村就业人数 |
|---|---|---|---|---|---|
| 1995 | 19040 | 49025 | 2007 | 30953 | 44368 |
| 1996 | 19922 | 49028 | 2008 | 32103 | 43461 |
| 1997 | 20781 | 49039 | 2009 | 33322 | 42506 |
| 1998 | 21616 | 49021 | 2010 | 34687 | 41418 |
| 1999 | 22412 | 48982 | 2011 | 35914 | 40506 |
| 2000 | 23151 | 48934 | 2012 | 37102 | 39602 |
| 2001 | 24123 | 48674 | 2013 | 38240 | 38737 |
| 2002 | 25159 | 48121 | 2014 | 39310 | 37943 |
| 2003 | 26230 | 47506 | 2015 | 40410 | 37041 |
| 2004 | 27293 | 46971 | 2016 | 41428 | 36175 |
| 2005 | 28389 | 46258 | 2017 | 42462 | 35178 |
| 2006 | 29630 | 45348 | 2018 | 43419 | 34167 |

资料来源：根据历年《中国统计年鉴》整理所得。

**表 4－9　　1995～2018 年城乡劳动者报酬、税收额、净资本收益**　　单位：亿元

| 年份 | 城镇劳动者报酬 | 乡村劳动者报酬 | 税收数额 | 净资本收益 |
|---|---|---|---|---|
| 1995 | 8055.80 | 10494.13 | 6038.04 | 10953.56 |
| 1996 | 8964.40 | 13423.86 | 6909.82 | 13154.34 |

① 刘忠涛：《制度因素、要素禀赋与产业结构变化》，载于《中国农业经济》2010 年第 9 期，第 17～27 页。

续表

| 年份 | 城镇劳动者报酬 | 乡村劳动者报酬 | 税收数额 | 净资本收益 |
| --- | --- | --- | --- | --- |
| 1997 | 9602.40 | 16213.33 | 8234.04 | 12123.06 |
| 1998 | 9540.20 | 17977.51 | 9262.80 | 14601.33 |
| 1999 | 10155.90 | 18133.19 | 10682.58 | 12535.57 |
| 2000 | 10954.70 | 18215.81 | 12581.51 | 13081.37 |
| 2001 | 12205.40 | 18827.79 | 15301.38 | 13122.97 |
| 2002 | 13638.10 | 19369.58 | 17636.45 | 13713.71 |
| 2003 | 15329.60 | 20152.18 | 20017.31 | 14745.23 |
| 2004 | 17615.00 | 22230.02 | 24165.68 | 16782.54 |
| 2005 | 20627.10 | 24263.55 | 28778.54 | 21885.55 |
| 2006 | 24262.30 | 26242.78 | 34804.35 | 32906.71 |
| 2007 | 29471.50 | 29602.20 | 45621.97 | 42224.88 |
| 2008 | 35289.50 | 33514.29 | 54223.79 | 55035.90 |
| 2009 | 40288.20 | 35524.92 | 59521.59 | 56556.53 |
| 2010 | 47269.90 | 39724.25 | 73210.79 | 68687.31 |
| 2011 | 59954.70 | 45810.10 | 89738.39 | 98930.21 |
| 2012 | 70914.20 | 50841.86 | 100614.28 | 120552.51 |
| 2013 | 93064.30 | 56009.57 | 110530.70 | 109564.80 |
| 2014 | 102817.20 | 61197.85 | 119175.31 | 120664.73 |
| 2015 | 112007.79 | 65004.71 | 124922.20 | 129214.52 |
| 2016 | 120074.80 | 72910.73 | 130360.73 | 130754.11 |
| 2017 | 129889.06 | 77452.71 | 144369.87 | 137503.67 |
| 2018 | 141480.00 | 82441.34 | 156402.86 | 142514.38 |

资料来源：根据历年《中国统计年鉴》整理所得。

表 4 - 10　　1995 ~ 2018 年我国三次产业价格指数（1995 年 = 100）

| 年份 | 第一产业 | 第二产业 | 第三产业 | 年份 | 第一产业 | 第二产业 | 第三产业 |
|---|---|---|---|---|---|---|---|
| 1995 | 100.0 | 100.0 | 100.0 | 2007 | 114.4 | 115.2 | 105.8 |
| 1996 | 104.2 | 102.9 | 106.1 | 2008 | 130.5 | 123.2 | 112.0 |
| 1997 | 99.5 | 102.6 | 106.9 | 2009 | 127.4 | 116.5 | 110.7 |
| 1998 | 91.6 | 98.4 | 104.2 | 2010 | 141.2 | 122.9 | 114.1 |
| 1999 | 80.4 | 96.0 | 101.0 | 2011 | 164.5 | 130.3 | 119.7 |
| 2000 | 77.5 | 98.7 | 99.5 | 2012 | 169.0 | 128.1 | 122.1 |
| 2001 | 79.9 | 97.4 | 98.7 | 2013 | 174.4 | 125.6 | 123.8 |
| 2002 | 79.6 | 95.3 | 97.4 | 2014 | 174.0 | 123.3 | 125.0 |
| 2003 | 83.2 | 97.5 | 97.4 | 2015 | 177.0 | 116.8 | 125.1 |
| 2004 | 94.0 | 103.4 | 100.1 | 2016 | 183.0 | 115.2 | 126.1 |
| 2005 | 95.4 | 108.5 | 100.9 | 2017 | 176.6 | 122.5 | 127.4 |
| 2006 | 96.5 | 111.7 | 101.9 | 2018 | 175.0 | 126.7 | 129.9 |

资料来源：根据历年《中国统计年鉴》整理所得。

## （三）经验验证

由于 $\sum \gamma_{ih} = 0$，可知 $\gamma_{AI} = -\gamma_{AA} - \gamma_{AS}$，$\sum_i \delta_{ij} = 0$ 和 $\sum_j \delta_{ij} = 0$，$\sum U_i = 1$，$\sum U_j = 1$，可以利用式（4 - 28）、式（4 - 29）估计各次产业增加值占 GDP 的比重，以及相应生产要素报酬在 GDP 中的份额，具体为：

$$U_A = \alpha_A + \gamma_{AA}Ln(p_A/p_I) + \gamma_{AS}Ln(p_S/p_I) + \delta_{ARL}Ln(RL/QT) + \delta_{AUL}Ln(UL/QT) + \delta_{AK}Ln(K/QT) + \delta_{AT}t \tag{4-30}$$

$$U_S = \alpha_S + \gamma_{AS}Ln\left(\frac{p_A}{p_I}\right) + \gamma_{SS}Ln\left(\frac{p_S}{p_I}\right) + \delta_{SRL}Ln\left(\frac{RL}{QT}\right) + \delta_{SUL}Ln\left(\frac{UL}{QT}\right) + \delta_{SK}Ln\left(\frac{K}{QT}\right) + \delta_{ST}t \tag{4-31}$$

$$U_{RL} = \beta_{RL} + \delta_{ARL}Ln(p_A/p_I) + \delta_{SRL}Ln(p_S/p_I) + \varphi_{RLRL}Ln(RL/QT) + \varphi_{RLUL}Ln(UL/QT) + \varphi_{RLK}Ln(K/QT) + \varphi_{RLT}t \tag{4-32}$$

$$U_{UL} = \beta_{UL} + \delta_{AUL}Ln(p_A/p_I) + \delta_{SUL}Ln(p_S/p_I) + \varphi_{RLUL}Ln(RL/QT) + \varphi_{ULUL}Ln(UL/QT) + \varphi_{ULK}Ln(K/QT) + \varphi_{ULT}t \tag{4-33}$$

$$U_K = \beta_K + \delta_{AK} Ln(p_A/p_I) + \delta_{SK} Ln(p_S/p_I) + \varphi_{RLK} Ln(RL/QT) + \varphi_{ULK} Ln(UL/QT) + \varphi_{KK} Ln(K/QT) + \varphi_{KT} t \quad (4-34)$$

对式（4－30）~式（4－34）进行估计，结果如表4－11~表4－16所示。

**表4－11　　　　第一产业增加值占GDP的份额方程**

| $U_A$ | | | | | |
|---|---|---|---|---|---|
| 变量 | 系数 | | 标准差 | t－统计量 | |
| $\alpha_A$ | －16.9438 | | 13.7386 | －1.2333 | |
| $\gamma_{AA}$ | 0.8552 | | 8.0976 | 0.1056 | |
| $\gamma_{AS}$ | －7.7755 | | 22.7517 | －0.3418 | |
| $\delta_{ARL}$ | 32.4247 | | 15.2407 | 2.1275 | |
| $\delta_{AUL}$ | －44.0258 | | 19.5073 | －2.2569 | |
| $\delta_{AK}$ | 12.0704 | | 4.1136 | 2.9343 | |
| $\delta_{AT}$ | －1.3261 | | 1.7353 | －0.7642 | |
| $R^2$ | 0.9829 | 调整 $R^2$ | 0.9735 | D－W | 1.6178 |

**表4－12　　　　第三产业增加值占GDP的份额方程**

| $U_S$ | | | | | |
|---|---|---|---|---|---|
| 变量 | 系数 | | 标准差 | t－统计量 | |
| $\alpha_S$ | 89.6369 | | 23.0124 | 3.8952 | |
| $\gamma_{AS}$ | －8.2945 | | 13.5636 | －0.6115 | |
| $\gamma_{SS}$ | 27.5725 | | 38.1093 | 0.7235 | |
| $\delta_{SRL}$ | 34.7149 | | 25.5284 | 1.3599 | |
| $\delta_{SUL}$ | 47.2796 | | 32.6749 | 1.4470 | |
| $\delta_{SK}$ | 24.8214 | | 6.8903 | 3.6024 | |
| $\delta_{ST}$ | 2.4052 | | 2.9067 | 1.0596 | |
| $R^2$ | 0.9564 | 调整 $R^2$ | 0.9327 | D－W | 1.4135 |

表 4－13　　农村劳动力报酬占 GDP 份额

| $U_{RL}$ | | | | | |
|---|---|---|---|---|---|
| 变量 | 系数 | | 标准差 | t－统计量 | |
| $\beta_{RL}$ | －35452. 1700 | | 30721. 2000 | －1. 1540 | |
| $\delta_{ARL}$ | 9841. 2030 | | 18107. 2800 | 0. 5435 | |
| $\delta_{SRL}$ | 9994. 9960 | | 50875. 3900 | 0. 1965 | |
| $\varphi_{RLRL}$ | 60526. 4100 | | 34080. 0800 | 1. 7760 | |
| $\varphi_{RLUL}$ | －115515. 0000 | | 43620. 5700 | －2. 6482 | |
| $\varphi_{RLK}$ | 30664. 5200 | | 9198. 4740 | 3. 3337 | |
| $\varphi_{RLT}$ | －11289. 2600 | | 3880. 3530 | －2. 9093 | |
| $R^2$ | 0. 9914 | 调整 $R^2$ | 0. 9868 | D－W | 1. 5256 |

表 4－14　　城镇劳动力报酬占 GDP 份额

| $U_{UL}$ | | | | | |
|---|---|---|---|---|---|
| 变量 | 系数 | | 标准差 | t－统计量 | |
| $\beta_{UL}$ | －47425. 4500 | | 100341. 0000 | －0. 4726 | |
| $\delta_{AUL}$ | －15834. 9600 | | 59141. 6100 | －0. 2677 | |
| $\delta_{SUL}$ | 214146. 1000 | | 166168. 2000 | 1. 2887 | |
| $\varphi_{RLUL}$ | 83901. 4100 | | 111311. 7000 | 0. 7538 | |
| $\varphi_{ULUL}$ | －234468. 2000 | | 142472. 6000 | －1. 6457 | |
| $\varphi_{ULK}$ | 85563. 0000 | | 30043. 8700 | 2. 8479 | |
| $\varphi_{ULT}$ | －58554. 1400 | | 12673. 9300 | －4. 6200 | |
| $R^2$ | 0. 9955 | 调整 $R^2$ | 0. 9930 | D－W | 1. 5381 |

表 4－15　　资本存量报酬占 GDP 的份额

| K | | | |
|---|---|---|---|
| 变量 | 系数 | 标准差 | t－统计量 |
| $\beta_k$ | －215955. 6 | 255187. 9 | －0. 8463 |
| $\delta_{AK}$ | 32998. 7 | 150409. 4 | 0. 2194 |
| $\delta_{SK}$ | 462575. 4 | 422600. 2 | 1. 0946 |

续表

| K | | | | | |
|---|---|---|---|---|---|
| 变量 | 系数 | | 标准差 | t－统计量 | |
| $\varphi_{RLK}$ | 271712.2 | | 283088.7 | 0.9598 | |
| $\varphi_{ULK}$ | －641493.4 | | 362337.5 | －1.7704 | |
| $\varphi_{KK}$ | 233509.9 | | 76407.8 | 3.0561 | |
| $\varphi_{KT}$ | －126212.5 | | 32232.4 | －3.9157 | |
| $R^2$ | 0.9913 | 调整 $R^2$ | 0.9865 | D－W | 1.3688 |

根据以上估计结果，对第二产业相关参数进行估计，结果为：

**表 4－16　　第二产业增加值在 GDP 中的份额方程**

| $U_I$ | | | | | |
|---|---|---|---|---|---|
| 变量 | 系数 | | 标准差 | t－统计量 | |
| $\alpha_I$ | 27.3031 | | 18.4155 | 1.4826 | |
| $\gamma_{AI}$ | －9.3844 | | 10.8542 | －0.8646 | |
| $\gamma_{SI}$ | －35.3200 | | 30.4968 | －1.1582 | |
| $\gamma_{II}$ | 35.2756 | | 234.7281 | 1.98823 | |
| $\delta_{IRL}$ | 2.3913 | | 20.4290 | 0.1171 | |
| $\delta_{IUL}$ | －3.4539 | | 26.1480 | －0.1321 | |
| $\delta_{IK}$ | 12.7843 | | 5.5139 | 2.3185 | |
| $\delta_{IT}$ | 6.5149 | | 2.3260 | 2.8009 | |
| $R^2$ | 0.5627 | 调整 $R^2$ | 0.32423 | D－W | 1.9485 |

分析以上估计结果，可知：

（1）产业价格变动的影响。$\gamma_{AA}$、$\gamma_{SS}$和$\gamma_{II}$为正，表明各产业自身价格水平上升，都会使本产业增加值在 GDP 中的份额上升，而$\gamma_{AS}$、$\gamma_{AI}$和$\gamma_{SI}$为负，表明各产业自身价格水平上升会使其他产业增加值在 GDP 中的份额下降。

（2）要素初始投入变动的影响。$\delta_{ARL}$、$\delta_{IRL}$和$\delta_{SRL}$为正，表明乡村就业人数的增加会提高三次产业在 GDP 中的增加值份额。$\delta_{AUL}$和$\delta_{IUL}$为负而

$\delta_{SUL}$为正，表明城镇就业人数的增加会降低第一产业和第二产业增加值占GDP的份额，提高第三产业增加值占GDP的份额。$\delta_{AK}$、$\delta_{IK}$和$\delta_{SK}$为正，表明资本存量的增加会提高三次产业增加值占GDP的份额。国内初始投入变动之所以产生上述影响，主要是因为随着农村劳动力流动，第一产业除了长期存在的资本短缺，还出现了劳动力短缺现象，因此对第一产业增加农业劳动力和资本，都会使第一产业的GDP增加值份额上升。这表明第一产业部门边际劳动生产率为零的剩余劳动力已经输出完毕，继续向外输出劳动力会降低农业产出水平，因此需要使用资本要素进行劳动替代。第二产业整体技术水平不高，吸纳低成本的农村劳动力能增加第二产业增加值在GDP中的份额。如果第二产业用城镇劳动力替代农村劳动力，在既定技术水平和要素投入结构下，尽管城镇劳动力技术水平较高，但是其较高的用工成本将会增加企业生产成本，降低第二产业增加值在GDP中的份额。因此当前我国第二产业中技术水平较低的部门仍然占有较大比重，表现出非熟练劳动力密集度较高的特点。这些产业部门的技术创新较弱，不能很好地化解用工成本上升的压力。当农村劳动力从无限供给转为有限供给，劳动力价格水平上升时，高用工成本将使第二产业减少劳动力需求，缩减劳动密集型产业规模，倒逼第二产业调整产业结构，实现产业结构升级。第三产业表现出强劲的劳动力吸纳能力，农村劳动力和城镇劳动力投入量增加和资本增加均能使第三产业的GDP增加值份额上升。

（3）技术进步的影响。$\delta_{AT}$为负而$\delta_{ST}$、$\delta_{IT}$为正，表明技术进步对三次产业作用的方向和程度不同。在第一产业中技术进步作用缓慢，这对提升其在GDP中的增加值份额没有明显的帮助。但是技术进步对第二、第三产业的贡献是明显的（尤其是在第二产业中，技术进步作用显著），其对第二产业和第三产业的作用影响正在逐步增大。

以上研究结果表明：第一，城乡劳动力就业变化对三次产业的产出及其GDP增加值份额的影响不同，农村劳动力就业增加会对三次产业的产出及其在GDP增加值的份额产生显著的正向影响，[①] 因此加快户籍制度、社会保障制度和公共服务体系改革进度，消除农村劳动力向城市非农业产业部门流动的障碍，大力发展第三产业，对加快经济增长、推进城乡劳动力市场一体化建设、降低劳务价格有积极作用。第二，资本存量增加对三次产业的产出及其GDP增加值份额有积极影响，资本存量的变化受到上

① 由于技术进步对第一产业的GDP增加值份额作用不明显，因此在当前不考虑技术进步条件下，农业投入劳动力数量增多对提高农产品产出和GDP增加值份额有正向作用。

期资本存量、本期固定资本投资价格、本期固定资本投资额和折旧率影响，财税制度中税收科目和税率变化也会相应影响资本存量数额，因此在宏观调控中，增加社会资本存量需要综合考虑固定资本投资额、固定资本投资价格以及财税制度等因素。第三，技术进步对 GDP 的贡献程度整体上看尚不够明显，但是在不同产业，技术进步的作用表现不同。当前亟须加快第一产业部门的技术进步，使农业劳动生产率得到较大提升，加快释放农村剩余劳动力进入城市非农产业部门。加快第二产业技术创新能力建设，积极推动第二产业利用技术进步化解用工成本上升压力，同时加快第二产业从非熟练劳动密集型产业为主向资本密集和技术密集产业为主的转变，实现第二产业结构升级。

## 三、二元经济转型中出口结构的演变

改革开放以后，我国出口的商品和产业结构发生了明显改变，制成品与初级产品的出口比重从 1980 年的 49.7%∶50.3% 转变为 2018 年的 95.8%∶4.2%，就工业制成品内部结构来看，化学品、轻纺和机械设备的出口比重由 1980 年的 12.44%∶44.41%∶9.36% 转变为 2018 年的 6.73%∶16.27%∶48.57%，体现了出口产业内部结构的变化。从本质上看，出口结构变化趋势体现了我国出口产业生产要素密集度的变化，分析二元经济转型引发的生产要素禀赋格局变化对出口产业要素密集度的影响，有助于揭示二元经济转型中我国出口结构及比较优势变化规律。

反映要素禀赋与出口产业结构的传统理论是 H－O 理论。该理论指出，一国贸易格局与要素禀赋密切相关，各国将出口其相对丰裕要素密集型的产品，进口其相对稀缺要素密集型的产品。一般认为发展中国家的外贸格局和比较优势属于传统的产业间分工和交换，仍然取决于生产要素禀赋状况。在中国的出口结构中，制成品所占的比重很大，而且集中在美国、欧盟和日本等发达国家，这表明当前中国的贸易模式本质上仍属于南北贸易，要素禀赋仍然是决定中国出口结构的基础，因此可以用 H－O 理论对中国的出口结构和比较优势变化加以解释和衡量。

根据 H－O 理论，只考虑两种生产要素：劳动力和资本，设 k/l 为出口商品中资本密集型商品出口占比与劳动密集型商品出口占比的比值，K/L 为要素禀赋中的资本与劳动之比。按照联合国的标准国际贸易分类法（standard international trade classification，SITC），资本密集型产品主要包括第五类化学品及相关产品、第七类机械及运输设备，记作 $S_{57}$；劳动密集型产品主要包括第六类轻纺产品、橡胶制品、矿冶产品及其制品，第八类杂项制品，记作 $S_{68}$。因此 $k/l = S_{57}/S_{68}$。表 4 – 6 中已经计算整理出 1995 ~2018 年间的就业人数 L 与资本存量 K，可将 k/l 与 K/L 计算结果列为表 4 – 17。

**表 4 – 17　　1995 ~2018 年中国出口产业结构与要素禀赋**

| 年份 | $S_{57}$（资本密集型产品，亿美元） | $S_{68}$（劳动密集型产品，亿美元） | k/l | K（实际资本存量，亿元） | L（就业人数，万人） | K/L |
|---|---|---|---|---|---|---|
| 1995 | 405.01 | 867.88 | 0.47 | 32157.70 | 68065.00 | 0.47 |
| 1996 | 441.89 | 849.22 | 0.52 | 50562.50 | 68950.00 | 0.73 |
| 1997 | 539.36 | 1048.99 | 0.51 | 68440.00 | 69820.00 | 0.98 |
| 1998 | 605.38 | 1026.77 | 0.59 | 87630.90 | 70637.00 | 1.24 |
| 1999 | 692.09 | 1057.72 | 0.65 | 106142.90 | 71394.00 | 1.49 |
| 2000 | 946.98 | 1288.24 | 0.74 | 125139.40 | 72085.00 | 1.74 |
| 2001 | 1082.53 | 1309.23 | 0.83 | 145895.30 | 72797.00 | 2.00 |
| 2002 | 1423.01 | 1541.08 | 0.92 | 170119.30 | 73280.00 | 2.32 |
| 2003 | 2073.54 | 1951.06 | 1.06 | 201776.90 | 73736.00 | 2.74 |
| 2004 | 2946.20 | 2570.44 | 1.15 | 240087.90 | 74264.00 | 3.23 |
| 2005 | 3880.06 | 3233.04 | 1.20 | 288720.40 | 74647.00 | 3.87 |
| 2006 | 5008.73 | 4128.30 | 1.21 | 348583.00 | 74978.00 | 4.65 |
| 2007 | 6373.69 | 5167.22 | 1.23 | 420323.30 | 75321.00 | 5.58 |
| 2008 | 7526.76 | 5983.51 | 1.26 | 501262.10 | 75564.00 | 6.63 |
| 2009 | 6522.92 | 4845.63 | 1.35 | 615620.10 | 75828.00 | 8.12 |
| 2010 | 8678.41 | 6267.60 | 1.38 | 731033.00 | 76105.00 | 9.61 |
| 2011 | 10165.62 | 7789.30 | 1.31 | 863185.40 | 76420.00 | 11.30 |
| 2012 | 10779.27 | 8688.13 | 1.24 | 1021173.00 | 76704.00 | 13.31 |
| 2013 | 11581.52 | 9418.55 | 1.23 | 1209226.00 | 76977.00 | 15.71 |
| 2014 | 12050.48 | 10222.86 | 1.18 | 1418994.00 | 77253.00 | 18.37 |
| 2015 | 11886.98 | 9784.62 | 1.21 | 1645855.00 | 77451.00 | 21.25 |

续表

| 年份 | $S_{57}$（资本密集型产品，亿美元） | $S_{68}$（劳动密集型产品，亿美元） | k/l | K（实际资本存量，亿元） | L（就业人数，万人） | K/L |
|---|---|---|---|---|---|---|
| 2016 | 11061.41 | 8807.33 | 1.26 | 1880260.00 | 77603.00 | 24.23 |
| 2017 | 12236.23 | 9162.56 | 1.34 | 2087960.00 | 77640.00 | 26.89 |
| 2018 | 13752.53 | 9702.65 | 1.42 | 2252981.00 | 77586.00 | 29.04 |

资料来源：根据历年《中国统计年鉴》计算整理所得。

我们分别对 k/l 和 K/L 进行对数化处理。对数化处理不会改变时间序列的性质，能使时间序列更趋于线性化。我们将对数化处理之后的经济变量分别记作 LnY 和 LnX，进行回归，结果为：

$$LnY = -0.418 + 0.2639LnX \qquad (4-35)$$

$$(-7.11) \qquad (8.57)$$

$$R^2 = 0.7778 \qquad \text{Adjusted } R^2 = 0.7671$$

$$D-W = 0.1261 \qquad F-\text{statistic} = 73.49$$

从式（4－35）的回归结果看，中国出口产业要素含量比例（k/l）与要素禀赋之比（K/L）之间存在显著的正向相关关系，且（K/L）上升 1%，则（k/l）上升 0.2639%。这一结果表明，在 1995～2017 年间，我国劳动力积累速度不断下降，而资本积累速度明显加快，要素禀赋之比不断上升，带动出口结构中资本密集型产品增加与劳动密集型产品相对下降。

## 四、我国二元经济转型中比较优势演变的总结

改革开放以来，我国启动了由计划经济向市场经济和二元经济向一元经济转换的“双重转型”进程，推动了农村剩余劳动力大规模向城市非农产业转移，并于 2010 年前后进入了“短缺点”，劳动力边际生产率上升，与此同时资本积累和技术进步速度也在加快。通过对要素禀赋格局、产业结构和出口结构的考察与验证，我们可以得出以下几个结论。

（1）进入 20 世纪 90 年代以后，我国农村剩余劳动力向外转移速度加快，劳动力就业人数和资本存量规模不断增大，但是由于劳动力积累速度呈现逐渐下降的趋势而资本存量积累速度在加快，同时利率呈现下降趋势而劳动力平均工资水平在上升，因此无论用资本存量与就业人数之比还是

用利率与平均工资之比来衡量的要素丰裕度，都表现出我国在 1995～2018 年间资本存量要素丰裕度提高的趋势。这表明，支持我国长期经济增长的劳动力无限供给格局已经转变为劳动力有限供给，劳动力工资水平提高和资本利率水平下降，企业不得不进行技术创新，利用资本替代劳动力，使主要依靠密集使用劳动力投入的劳动力密集型产业的生产规模缩小，引发产业结构和出口结构发生相应改变。

（2）要素禀赋变化与要素重新配置过程可以通过影响产业技术选择、技术水平区间和发展方向，决定产业技术变迁方向和演进速度，以及产业技术结构和产业转化效率，最终实现产业结构升级。借助于 GDP 生产函数，我们发现：第一，某产业自身价格水平上升可以提高该产业在 GDP 增加值中的份额，但是会降低其他产业在 GDP 增加值中的比重。第二，当前三次产业增加低成本和低技术水平的农村劳动力投入数量，有助于增加其在 GDP 中的增加值比重，但是如果第一产业和第二产业投入较多的高用工成本、高技术水平的熟练劳动力，在不发生技术创新、不调整要素使用结构前提下，必然会降低第一、第二产业在 GDP 中的增加值比重，提高第三产业增加值占 GDP 的份额。这表明当前我国第一产业和第二产业的技术创新能力不高，仍然主要依靠投入非熟练劳动力要素来增加产出，仍然表现出非熟练劳动力密集度较高的特点。在现有技术水平和要素使用结构条件下，第一和第二产业对高用工成本和高技术含量的熟练劳动力吸纳能力有限。第三产业具有极强的劳动力吸纳能力，是我国当前最主要的解决就业的途径。因此加快户籍制度、社会保障制度和公共服务体系改革进度，消除农村劳动力向城市非农业产业部门流动的障碍，大力发展第三产业，对加快经济增长、推进城乡劳动力市场一体化建设、降低劳务价格有积极作用。第三，增加资本存量会提高三次产业增加值占 GDP 的份额。随着农村劳动力源源不断向外输出，第一产业中劳动边际生产率等于或小于零的过剩劳动力已基本输出完毕，农业劳动力短缺和长期存在的资本短缺都使农业产出下降，因此，采用资本替代劳动的生产技术成为提高农业产出水平的关键，即农业现代化产生了强劲的资本需求。第二产业目前表现出非熟练劳动力密集度较高的特点，需要投入大量资本用于更新机器设备，对劳动力进行职业和岗位培训教育，加快新产品、新工艺、新技术、新市场的研究与开发，扩大生产规模，加快产业技术创新速度，实现产业结构优化升级。第三产业不仅有很强的劳动力吸纳能力，而且也有很强的资本需求，主要原因是第三产业正处于规模扩张的发展阶段，新兴服务业特别是现代生产性服务业发展迅猛，与传统服务业相比，这些服务业所需的资本和技术更多。第四，技术进步对三次产业作用的方向和程度不同。在第一产业中技术进步作用缓慢，对提升其在 GDP 中的增加值份额没有明显帮助，但要实现我国二元经济向一元经济转型，就必须加快第一产业部门的技术进步，使农业劳动生产率得到较大提升，加快释放农村剩余劳动力进入城市非农产业部门。技术进步对第二、第三产业的作用正在日益增大，尤其在第二产业中，技术进步作用显著。这也从一个侧面反映了我国第二产业有较大的技术创新和提升空间，今后一段时间应加大人力资本投资和固定资本更新改造力度，增强第二产业技术创新能力，推进产业结构优化升级。

（3）要素禀赋所呈现出的资本要素丰裕度不断上升的特征在我国出口结构中也有所体现。根据实证分析结果可知，我国出口产业要素含量比例（k/l）与我国生产要素禀赋（K/L）之间存在显著的正向相关关系，表明在 1995 ~ 2018 年期间，我国劳动力积累速度不断下降而资本积累速度明显加快，要素禀赋之比不断上升，带动出口产业结构的资本要素含量也在不断上升，劳动力含量相对下降。这意味着我国出口结构中，劳动密集型产品的出口比重将会不断下降，而资本密集型产品的比重将会不断上升，这一变化趋势显示出我国长期以来坚持的劳动密集型产品出口战略正在面临着转型的要求。

（4）从根本上来看，增加技术要素使用量，改变传统粗放式经济增长方式是克服进入“短缺点”之后生产要素价格上升和环境资源制约的必然选择。随着我国二元经济进程不断深入，劳动力、原材料、燃料等生产要素相对价格水平不断上升，传统劳动密集型产业成本压力骤增，加之周边一些发展中国家也开始积极推行劳动密集型产业外向经济，提高经济开放程度，我国劳动力密集型产业成本低廉的比较优势逐渐丧失。因此，要促进国民经济持续健康发展，保持我国出口产品的国际竞争力，必须加快技术创新，促进产业结构升级，实现发展方式转变。当前加快技术自主创新能力尤为紧迫，但是由于市场机制缺陷，不能对从事技术研发和应用的企业的外部成本进行必要补偿，且企业自身研发（R&D）能力与资金缺乏，我国 R&D 整体水平仍然较低，2018 年全社会用于 R&D 活动的投入占 GDP 水平仅为 2.19%，[①] 这与发达国家平均 3% 的平均水平仍有较大差距。

① 国家统计局、科学技术部和财政部：《2018 年全国科技经费投入统计公报》，国家统计局网站，http://www.gov.cn/xinwen/2019-08/30/content_5425835.htm。

这就需要政府采取各种措施克服市场失灵，鼓励企业技术创新，提供优惠的财税政策，搭建知识产权交易平台，构建国家科技创新体系，通过形成创新人才成长环境和提高科技成果转化能力，为实现我国产业比较优势升级转型提供强劲技术保障。

# 第五章

# 二元经济转型中比较优势演变的国际比较

从历史上来看，英、美、日等发达国家和韩国等新型工业化国家都曾经历了从农业社会向工业社会的转型过程，在转型中不仅完成了农村劳动力转移的工业化和城镇化任务，而且还实现了比较优势的升级。但是也有一些国家在二元经济转型中长期陷入“中等收入陷阱”。本章主要考察了英、美、日、韩等典型国家的二元转型历史，以及拉美国家二元经济转型阻滞的教训。其中，重点分析了英、美、日、韩等典型国家在刘易斯转折区间比较优势的演变规律。但由于资料与数据限制，未能计算出典型国家的刘易斯转折区间，甚至也很难给出刘易斯第二转折点到来的准确时间。但对典型国家的二元经济转型进行历史考察，还是可以找出实现比较优势演变成功经验与失败教训，从而为我国促进二元经济转型及比较优势演变提供参考与借鉴。

## 第一节　发达国家二元经济转型与比较优势演变

根据经典的刘易斯—费景汉—拉尼斯二元经济模型，一国二元经济转型到达“短缺点/刘易斯第一转折点”，农业劳动边际生产率为零的剩余劳动力转移完毕，如果不能实现农业技术进步，农业部门剩余劳动力持续转移会导致农业产出下降、粮食短缺，引起价格水平和工资水平上升、工业部门的贸易条件恶化。农业劳动力转移越多，粮食短缺越严重，粮价越高，工业部门的利润和贸易条件越下降，导致工业部门扩张速度越慢，农业剩余劳动力转移难度越大，直至停止转移，经济发展停滞，并陷入“中等收入陷阱”。基于这一考虑，费景汉、拉尼斯将“短缺点/刘易斯第一转折点”到“商业化点/刘易斯第二转折点”之间的区间看作二元经济转型的关键阶段，而这一区间也被称为“刘易斯转折区间”。此外，农村剩余劳动力低成本、无限量供给使城市工业部门可以在低用工成本支持下，快速积累资本，扩大生产规模，并建立起以劳动力密集型产业为主的产业结构。但是进入“刘易斯转折区间之后”，农业劳动力从无限供给转为有限供给，且随着工资水平上升，劳动力低成本优势不复存在，劳动力密集型产业结构面临调整和升级压力。国际经验表明，实现二元经济向一元化转换的关键是如何顺利跨越“刘易斯转折区间”，实现产业结构优化和比较优势升级，从主要依靠大量投入资源、能源和劳动力等生产要素转变为依靠技术进步、深化分工来实现经济增长。

因此一国二元经济转型进入“刘易斯转折区间”之后，其经济长期增长趋势、经济结构和比较优势都会发生重要变化，并对该国发展战略和经济政策产生调整压力。在实践中，过去数百年时间里，英、美、日等发达国家先后完成了大规模农村剩余劳动力转移，顺利度过了“刘易斯转折区间”，实现了二元经济向一元经济的成功转型，城乡、工农之间的收入差距缩小，比较优势和竞争力进一步得到强化。

## 一、英国二元经济转型与比较优势演变

英国是世界上资本主义发展较早、最先面临二元经济转型的国家，并在“刘易斯转折区间”实现了产业结构升级和比较优势演变，率先完成了工业化进程。

15 世纪之前，英国是一个典型的农业国家，农民、领主、国王按照敞田管理方式对同一块土地实行租地共耕。15 世纪以后英国乡村棉毛纺织工业快速发展，形成了英国现代工业雏形。这种社会经济结构符合传统二元经济理论的前提假设，农业部门集中了绝大部分劳动力，生产规模庞大，而工业部门尚处于发展初期，生产规模较小。

乡村棉毛纺织工业迅速发展对棉毛工业原材料和经济作物种植业商品化生产的需求大增，触发了土地集中和私有化运动。15 世纪末开始到 18 世纪早期的圈地运动，确立了土地私权和土地大量集中。结果一方面造成大量农民失去土地，成为事实上的农村剩余劳动力；另一方面土地集中为农业技术投资创造了条件，农场主自主投资开凿排水管道，改善土地肥力，积极引进

新品种、新技术和新机械，扩大农业生产规模，不断提高农业劳动生产率。圈地运动和农业劳动生产率提高产生了大量农业剩余劳动力，这些劳动力主要以流民形式向纺织业转移，不仅开启了英国二元经济转型序幕，而且也是支持英国棉毛纺织业形成比较优势的重要原因。按照刘易斯的研究，从工业革命至1820年之前的50多年的时间里，英国农村剩余劳动力大量向工业部门转移，而产业工人工资水平却保持了相对稳定，刘易斯以此作为英国存在大量劳动边际生产率为零的农业剩余劳动存在的证据。①

### （一）英国的“刘易斯转折区间”的判断

英国二元经济转型在1820年左右进入了“短缺点/刘易斯第一转折点”，主要判断依据为劳动力实际工资水平出现了上升。据托马斯·图克统计，在1755～1795年之间，英格兰冬季农业平均日名义工资与生活费用上升幅度均为30%，劳动力实际工资水平基本没有发生变化。② 在1795～1820年之间，粮食价格上涨到工业革命初期的2～3倍，导致农业劳动力名义工资上涨了30%，农业劳动力实际工资水平下降。造成这一现象的主要原因是：一方面，18世纪90年代连续的农业歉收以及拿破仑的海上封锁使粮食短缺的效果放大，推高了粮食及其他生活品的价格，使价格整体水平上升；另一方面，18世纪中期开始英国人口持续快速上涨，到1800年英格兰人口存量已是1750年的1.4倍，劳动力充裕导致名义工资上涨幅度少于价格上涨，实际工资水平不升反降。③ 根据威廉姆森（1985）的研究，从1820年开始，粮食价格又基本跌回18世纪七八十年代的水平，英国产业工人的实际工资开始提高，到了1849年农业工人的平均日工资水平为20.2先令，比1759年11先令的工资水平上升了近一倍。④ 此外，1820年前后英国农业劳动力向城市非农产业部门转移的速度下降，1815～1850年间，年均转移的农村劳动力数量为16.9万人，低于1751～1820年间年均41.6万人的转移速度。⑤ 这一变化在一定程度上表

① W. A. Lewis. Economic Development with Unlimited Supplied of Labor. The Manchester School of Economicand Social Studies, 1954, 2 (22): 139－191.

② Peter H. Lindert, Jeffrey Williamson. English Workers' Living Standards During the Industrial Revolution: A New Look. Economic History Review, Second Series, 1983, 36 (1): 11－19.

③ 徐滨：《工业革命时代英国农业工人的工资与生活水平》，载于《首都师范大学学报（社会科学版）》2011年第3期，第18～25页。

④ Gregory Clark. FarmWages and Living Standards in the Industrial Revolution: England, 1670－1869. Economic History Review, 2001, 54 (3): 477－505.

⑤ J. Saville. Rural Depopulation in England and Wales: 1851 ～ 1951. London: London Press, 1957: 31.

明农村可转移的剩余劳动力规模缩小。

到 1850 年前后，英国到达“商业化点/刘易斯第二转折点”，主要判断依据是农业劳动边际生产率持续上升。农业劳动边际生产率上升的原因是多方面的：（1）多次实行的圈地运动使土地日益集中在大租地农场主手中。在 18 世纪 ~19 世纪 40 年代末，英国又进行了多次圈地运动，累计圈地面积达到 4276868 英亩。多次圈地运动的结果是土地日益集中在大租地农场主手中。1853 年，英格兰和威尔士的农牧场主共约 24000 人，经营土地 2470 万亩，其中 100 英亩以上的农场主只占农场主总数的 32%，而其拥有的耕地面积占总耕地面积达到 78% 以上。[①]（2）土地集中有利于实行农业集约化、科学化经营，谷物产量持续增加。1851 年英国谷物总产量达到 3353 万夸脱，是 1700 年谷物产量的 2.77 倍，是 1820 年谷物产量的 1.34 倍。[②]（3）国内市场谷物价格持续上涨。1846 年英国废除了限制谷物进口的 1815 年《谷物法》，[③] 谷物进口数量有所增加，但由于国内市场对谷物需求旺盛，谷物价格并未下跌，1841 ~1845 年，小麦每夸脱平均价格是 54 先令，而 1845 ~1850 年的价格为 56 先令。（4）非农业人口增多和城镇化建设速度加快，形成了强有力的谷物需求。英国人口从 18 世纪中叶就开始明显增长，从 1740 年以前的 0.25% 的年均增长速度快速提高到 1821 年的 1.8%。由于土地高度集中在大租地农场主手里，导致非农业人口增长更快，而农业人口则趋于下降，城镇化率快速提高，从 1705 年的 25% 提高到 1801 年的 33.8%，到 1851 年时，城镇人口比重已经达到 50.2%，农业劳动力与工业（制造业、矿业）劳动力在全部劳动力中所占的比重从 1801 年的 35.9∶29.7 变化为 1851 年的 18.7∶43.6，农业与工业在国内生产总值中所占的比例也从 1801 年的 34.1∶22.1 变化为 19.5∶36.3。[④] 在以上原因综合作用下，1815 年拿破仑战争结束后，英国回到经济发展轨道上来，由于农业劳动力名义工资下降幅度小于物价水平下降幅度，因此农业工人实际工资水平保持在较高水平，1850 年农业劳动力实际工资指数为 138，比

---

① 石景云：《论英国、法国工业化期间农业部门就业与产值比重的变化及其影响》，载于《经济评论》1999 年第 2 期，第 86 ~89 页。

② 黄光耀：《论 18、19 世纪英国农业生产发展的原因》，载于《广西大学学报（哲学社会科学版）》1997 年第 5 期，第 43 ~47 页。

③ 1815 年英国议会颁布了《谷物法》，规定只有小麦价格超过每夸脱 80 先令时，才准谷物进口。该规定进一步保护了国内大租地农场主的利益。

④ ［美］西蒙·库兹涅茨著，常勋译：《各国的经济增长》，商务印书馆 1999 年版，第 113 页。

1820 年的 125 有了明显提高。①

尽管 1820 年以后，农业劳动力实际工资水平出现上升，但工业工人的实际工资水平上升速度更快，P. H. 林德特和 J. G. 威廉姆森的研究表明：在 1820 年之前，即便是非熟练的工业工人，实际工资水平也比成年熟练的男性农业工人的工资水平要高；在 1820 年以后，实际工资普遍改善，但工业工人的工资上升幅度仍然高于农业工人。② 在高工资的吸引下，新增劳动力和原有农业劳动力不断流入到工业中，致使工业就业比例越大，农业就业比例越小，从而最终跨越“商业化/刘易斯第二转折点”，完成由二元社会经济结构向一元社会经济结构的转变。

## （二）英国在“刘易斯转折区间”中的比较优势升级

面对进入“短缺点/刘易斯第一转折点”以后的劳动力供给格局变化，以及劳动力成本上升、粮食短缺的压力，英国采取了提高农业劳动生产率、实行自由贸易、海外移民扩张、调整国内产业投资政策等手段，不仅成功化解了二元经济转型中刘易斯转折区间的各种不利因素，实现了从二元经济向一元经济的过渡，更是成功地完成了比较优势升级转型。

**1. 农业劳动生产率快速提高**

首先，新技术迅速应用到农业生产工具领域，快速提高了农业劳动生产率。1782 年蒸汽机发明后，迅速应用到农用机具领域。据统计，19 世纪中期英国用蒸汽机作动力耕种的土地达到 20 万公顷。③ 其次，农耕技术的不断改进。19 世纪以后，3 年以上轮作制逐渐推行，由于这种轮作制度实现了不同农作物交替栽培，消耗土壤中的化学元素和栽种深度不同，地力可以自行进行部分修复。而且新轮作制栽培的人工饲料使畜牧业到较快发展，土壤肥源不断补充，农作物产量稳步增长。另外，新轮作制度的广泛应用使新作物引进成为可能，其中马铃薯的引入和广泛种植在抵御粮食危机和灾荒方面起了重要作用。最后，化肥发明并投入使用。1842 年过磷酸钙被发明出来并批量投入使用，农业生产效率大幅提高。1851 年英国谷物总产量为 3353 万夸脱，比 1477 年产量增长了 1.27 倍，19 世纪末的小

① 黄光耀：《论 18、19 世纪英国农业生产发展的原因》，载于《广西大学学报（哲学社会科学版）》1997 年第 5 期，第 43 ~ 47 页。

② Peter H. Lindert, Jeffrey Williamson. English Workers' Living Standards During the Industrial Revolution: A New Look. Economic History Review, Second Series, 1983, 36 (1): 11 - 19.

③ J. Saville. Rural Depopulation in England and Wales: 1851 ~ 1951. London: London Press, 1957: 42.

麦亩产为29.4蒲式耳，是17世纪末的1.84倍。[①]

**2. 海外贸易**

海外贸易对英国经济有重要意义。早在18世纪中期，圈地运动和工业革命使英国生产能力大幅度扩张，对产品销售市场和原材料产生强劲需求，英国就开始利用海外贸易大量出口毛纺织品和棉纱制品，进口原棉等原材料产品。此外，英国还利用其强大的海上运输能力，将从殖民地进口的烟草、咖啡、蔗糖、稻米和茶叶等产品再出口，获得了巨额利润。19世纪20年代进入“短缺点/刘易斯第一转折点”之后，英国继续保持着世界工业大国和贸易大国的地位，1820年英国占世界工业生产总额的一半，占世界贸易总额的18%；到1870年，上述两个比重高达32%和22%。[②]

**3. 海外移民**

英国向海外移民的历史也较早，从17世纪开始，英国人口增长速度加快，到17世纪中期，英国人口总量达到770万人。由于人口增长的速度超过了粮食增长的速度，造成粮食的严重短缺、物价上涨、失业率持续上扬。为了生存，人们不得不背井离乡向外迁徙，探寻新的生存空间。[③]19世纪20年代进入“短缺点/刘易斯第一转折点”之后，英国仍然继续扩大向海外移民。19世纪中期，英国海外移民达到鼎盛时期，1846~1850年英国每年平均向殖民地移民19.91万人；到1886~1890年间则达到21.48万人，[④]远远高于18世纪上半期年均1万~3万人的移民规模。[⑤]英国的海外移民一方面为英国人找到了新的生存空间；另一方面海外移民殖民地的建立也促进了英帝国殖民地经济发展，最终建立了庞大的大英帝国及其殖民地体系的经济和贸易体系。

**4. 国内产业投资政策**

19世纪30年代，随着北美新英格兰、法国北部、低地国家、德意志撒克森等地的机器纺织业逐渐兴起，并以廉价劳动力同英国纺织品竞争，

---

① 赵松鹏：《农业革命与英国产业革命的开始》，载于《内蒙古大学学报》1987年第4期，第57~70页。

② 即使在当前，英国的对外贸易仍然在世界上有很强的竞争力。2009年英国货物贸易仍居世界第七位，服务贸易位居世界第二位。参考文献：李钢、李俊：《可资借鉴十大启示》，载于《人民日报》2010年9月9日。

③ 另外恶劣的气候原因和宗教纷争也是造成18世纪英国向海外大量移民的重要原因。参考资料：张亚东：《试论18世纪英国的海外移民》，载于《湖南文理学院学报》2004年第2期，第26~29页。

④ 戎殿新、司马军：《各国劳动力转移问题研究》，经济日报出版社1989年版，第196页。

⑤ J. O. Lindsay. The New Cambridge Modern History, VII, The Old Regime, 1713-1763. Cambridge University Press, 1970: 113.

英国政府出台了鼓励资本从棉纺等劳力密集型产业向附加值高、外国尚无力竞争的技术密集型产业（机械、冶金、造船）流动的产业投资政策，私人投资从1830年前较为集中的棉毛纺织工业和运河、道路建筑领域转变为对集中于铁路和海外投资。

借助于以上政策措施和政策调整，英国避开了与后发工业国家在劳动密集型产业上的直接竞争，克服了进入“刘易斯转折区间”之后由于劳动力实际工资水平上升带来的冲击，资本投资从棉纺织业等劳动力密集型产业向附加值高、技术密集型产业流动，推动了机械、冶金等工业迅速发展，出口商品以机器、军火与铁路设备为主。英国生产资料与消费品工业净产值比从1740年的16∶84转变为1851年为40∶60，这表明英国第二产业在1850年左右基本上完成了从轻工业（棉纺织为主）向重工业、从劳动力密集型产业向资本密集型产业的转变。从三大产业产值在国民生产总值（GNP）中的比例看，英国第二产业在1850年已超了第一产业。[①] 换句话说，英国在1850年左右跨越了“商业化点/刘易斯第二转折点”，完成了从一个传统农业国向近代化工业国的转变，二元经济转型基本完成。

## 二、美国二元经济转型与比较优势演变

美国独立后向西部扩张，需要大量农业劳动力，但美国是一个劳动力稀缺的国家，因此解除劳动力流动障碍特别是大量吸引外国移民是美国解决劳动力短缺的主要手段。南北战争后，美国农业实现了机械化，农业劳动生产率大幅提升产生了农村剩余劳动力，美国真正开始了农村剩余劳动力向非农产业转移的二元经济转型，产业结构也开始向高级层次升级，比较优势得以提升。由于可以学习英国的经验和引进国外的机器、资金和设备，美国工业化基础比英国发展快，为农村剩余劳动力提供的工作和生活条件好，二元经济转型和农村剩余劳动力转移的起点高，而且美国农业剩余劳动力远远不能满足非农产业部门发展需要，仍然需要大量从国外移民，所以美国二元经济转型中没有出现过严重的“流民”和城乡失业问题，转移过程比较平稳，产业结构升级和比较优势优化过程比较顺利。

---

① 张跃发：《英国工业革命以来西方产业结构的两次转换》，载于《世界历史》1996年第1期，第123~126页。

### （一）美国二元经济转型的特点

美国二元经济转型具有与其他国家明显不同的特点，主要表现在以下几方面。

第一，农业一直是美国的比较优势产业。在殖民地时期，英属北美殖民地在南部辽阔肥沃的土地上发展了种植园烟草经济，而在北部海岸线曲折、森林和矿产资源丰富的地区，发展了捕鱼业、伐木业、造船业，并利用对外贸易将农、渔、林业产品运输出口，属于典型的农业经济。独立战争之后，美国南部地区种植园经济农业生产工具改进，生产力水平较高，特别是轧棉机的发明大大提高了棉花加工效率，而来自欧洲和美国北方纺织业迅猛发展导致的对棉花需求的激增，使南方奴隶制种植园十分兴盛。内战爆发前夕，南方的蓄奴州共有 15 个，有黑奴 400 多万人，主要生产棉花并出口到英国和西欧国家。[①] 南北战争以后，“西进运动”使美国建成了农业三大专业化地区，即“小麦王国”“棉花王国”“畜牧业王国”。因此农业始终是美国经济的重要部分。

第二，美国二元经济转型中农业劳动力始终短缺，并未出现大量农业过剩劳动力需要转移的局面，相反，通过各种政策措施解除劳动力流动障碍，吸引劳动力特别是外国移民流入，是美国解决农业劳动力短缺的主要手段。

第三，美国农业机械化和现代化程度较高，不仅增强了美国农业的比较优势，使美国长期保持重要农产品出口国的地位，而且还能释放农业剩余劳动力向非农产业转移，但远远不能满足非农产业对劳动力的需求，仍然需要从国外引进大量移民。

第四，美国非农产业从劳动密集型向资本密集型、技术密集型产业，再到知识密集型产业升级的阶段性特征明显，导致产业结构和比较优势升级的根本原因是科技革命和技术进步。

由于美国二元经济转型中并不存在传统意义上的农业过剩劳动力，因此在本部分对美国二元经济转型中比较优势演变的分析将放弃对农业边际劳动生产率的分析，仅从劳动力流动与比较优势演变的视角进行。

### （二）美国劳动力流动与比较优势演变

18 世纪 90 年代到美国内战（1861 ~ 1865 年）前是美国农业劳动力流

① 陈俊涛：《美国南北战争》，山东科学技术出版社 2017 年版，第 12 页。

动的初期阶段，这一时期大量南方各州农民向西部地区迁移，奠定了西部地区农业帝国的基础。美国独立以后不久，政府先后制定、修改和颁布了多部土地法令，鼓励向西部地区移民。这些法令掀起了美国第一次大规模农业人口跨地区转移的高潮，史称“西进运动”。“西进运动”的主力军是南方各州从未流动过的黑人农民，全国人口流动的距离一般都横跨大半国土，规模空前。经过几代人的努力，1790 年美国 94% 以上人口居住在阿巴拉契亚山脉以东，1860 年该山脉以西的人口比例已达 49%。[①] 西部建立了大量大规模农场，逐步形成了农业三大专业化地区，即“小麦王国”“棉花王国”“畜牧业王国”。这三大“农业王国”的产业，标志着美国农业帝国的崛起，这个农业帝国也是现代美国发展的基础。随着西部农业的兴起，西部工商业、交通运输业也都兴起，最后形成了农业和畜牧业并驾齐驱、工业和农业相互促进、交通运输和商业贸易全面发展的局面。到南北战争爆发前美国已建立起以轻纺工业为主体的工业体系，并形成了东北部轻纺工业、南部棉花生产和中西部粮食生产的地域分工和劳动密集型产业与农业比较优势并存的格局。

19 世纪 70 年代美国启动了二元经济转型，农业劳动力大量向非农产业转移。这一时期推动美国农村劳动力转移的因素主要来自：第一，1865 年美国内战之后，西部地区又一轮大规模开发建设的强烈“引力”。19 世纪 70 年代在西部发现了各类矿藏资源，为加快西部开发，政府采取补贴、授予土地所有权、免税、提供贷款等优惠政策吸引外商投资运河和铁路等基础设施建设等措施，加快了西部工矿业发展，西部迅速成为美国新的石油工业、钢铁工业和汽车工业基地。第二，劳动力流动性增强的“推力”。一方面内战之后，黑人奴隶得到解放，南方农村黑人农民大量向北方和西部的城镇转移，东部和中西部的人口相应大批涌入西部新建的城市，同时北方资本家到南方投资，南方开始工业化。另一方面，西部农业地带的大农场实行规模化生产，加快生产工具和生产技术创新，以畜力代替人力，大量使用马拉的半机械化农机具，如多铧犁、收割机、脱粒机等，美国出现第一次农业现代化，农业开发速度加快，农业劳动生产率不断提高，由此释放出大量农业剩余劳动力，这些农业剩余劳动力迅速被西部非农产业吸收。这一时期美国除了继续保持农业强劲的比较优势之外，工业比较优势由轻纺工业向石油、钢铁和汽车等资本密集型产业转变。

---

① 黄安年：《美国的崛起与发展》，载于《社会科学论坛（学术评论卷）》2008 年第 10 期，第 109 ~ 134 页。

值得注意的是，这一时期美国非农产业发展所需要的劳动力主要依靠劳动力“波浪式转移”来满足，[①] 即通过“外来移民在东部地区落脚→东部地区劳动力向西部地区转移→西部地区劳动力进入非农产业”的形式完成，这表明美国向非农产业转移的劳动力主要源于本国人口自然增长和外来移民。美国人口自然增长水平并不低，18 世纪末美国人口只有 390 多万，政府大力鼓励本国人口增长，在 1820 ~ 1830 年和 1850 ~ 1860 年，每 10 年的人口增长率分别为 33.5‰和 34.6‰，但是从 1860 年以后美国的人口出生率开始下降并保持在 30‰左右水平。[②] 尽管人口保持了高速增长，但是对广袤土地上蓬勃兴起的工业发展需求来说，劳动力数量严重不足，因此美国政府大力引入外来移民，1820 ~ 1860 年，入境移民总数为 500 万，1860 ~ 1890 年增加到 1000 万以上，而 1890 ~ 1930 年，移民总数竟增至 2200 万，[③] 移民在全国人口中的比重逐步升高，1830 ~ 1840 年移民人口比重为 14.3%，1840 ~ 1850 年为 27.9%，下一个 10 年则提高到占 31.5%。[④] 到 19 世纪末，美国总人口迅速增长到 7599 万。[⑤] 较高的人口自然增长率和规模庞大的外来移民仍然无法满足西部非农产业部门对劳动力的需求，在强劲的需求刺激下，美国工业部门的工人工资有所提高。产业工人的名义平均工资 1860 年为 297 美元，1914 年增加到 580 美元，近乎增长了一番。但是如果考察实际工资水平，克拉伦斯（Clarence）在《1860 ~ 1890 年美国工资和收入》一书中的估计，产业工人的实际工资在 1860 年后的 30 年内大约提高了 49%。[⑥] 工资增长速度远远落后于同期经济增长速度，不过也比在农村务农或移民工人留居故乡要好，19 世纪末 20 世纪初，到美国的意大利移民说：“如果我们仍留在意大利，那么只有当作食物互相吃掉了。”[⑦]

大量农村劳动力和外来移民进入西部地区，推动了该地区城市发展，

---

① 所谓波浪式转移，是说农业劳动力和外来移民先在东北部和中北部经济发达的多民族混居区落脚，待拥有一些资金和条件后，便在西部购买和租种土地，或者在西部投资第二、第三产业企业，他们向西流动后留下的空缺自然又由新的农村劳动力和外来移民填补，“波浪式”推进城市化发展。

② 王章辉、孙娴：《工业社会的勃兴》，人民出版社 1995 年版，第 231 ~ 233 页。

③ Glen Porter. Encyclopedia of American Economic History, Volume 3 [M]. New York: Charles Scripps Buner, Son of the Publishing Company, 1980.

④ 王章辉、孙娴：《工业社会的勃兴》，人民出版社 1995 年版，第 667 页。

⑤ 王章辉、孙娴：《工业社会的勃兴》，人民出版社 1995 年版，第 649 页。

⑥ ［美］吉尔伯特·C. 菲特、吉姆·E. 里斯著，司徒淳、方秉铸译：《美国经济史》，辽宁人民出版社 1981 年版，第 113 页。

⑦ Leonard Dinnerstein, David M. Reimers. Ethnic Americans: A History of Immigration and Assimilation. Columbia University Press, 2009: 47.

美国内战前全国城市只有几十座，战后1870年城市数量已跃为663座，1900年再上升为1737座，城市人口占全国人口的比重为39.6%。[①] 19世纪中期，在全国城市占有面积名列前茅的都是东部城市。而到1890年，10座面积最大的城市中西部占据4座，南部1座，东部5座。再到1910年，在前10名中，西部占据6座，南部仍有1座，东部只剩下3座。[②] 西部城市的快速发展使其对劳动力的需求显得更为迫切。

20世纪20年代是美国克服“大萧条”影响完成二元经济转型的关键时期。20世纪二三十年代，由于收入分配不公、有效需求不足、各国农业贸易保护盛行和国际农产品市场价格下跌导致美国爆发了严重的农业危机，农业资本家大量销毁“过剩”农产品，维持农产品国内市场较高价格，农产品供应出现短缺。[③] 农业危机迅速蔓延，演化成席卷整个欧美发达国家的经济危机。1929～1933年美国失业率从2.5%飙升到1933年达到25%，全国5000家银行和13万家企业破产倒闭，工业总产值和国民收入暴跌近一半，美国经济陷入大萧条，二元经济转型陷于停滞。1933年奉行国家干预经济政策的罗斯福政府上台，立即采取了一系列强有力的宏观经济调整措施使美国经济恢复了快速增长，顺利完成了二元经济转型和比较优势演进。首先，动用国家垄断资本，采取限耕补贴、价格支持等农业补贴政策，扩大农业信贷的金融政策，促进农业技术研发的科技进步政策，保护和鼓励农业生产，并借助第二次工业革命中科学技术的突出发展，将电力、内燃机引入农业机械，实现了近代农业机械化，农业生产效率大幅度提高。其次，对严重阻碍社会经济发展的财富分配不公、劳动生产条件恶劣、劳动者收入水平低下问题进行改革，1933～1949年间，国内物价水平翻了一番，但是制造行业的工资增长了3倍，从1086美元上升到3095美元，并继续保持上升势头。[④] 再次，确立了以电力、电器、冶金、汽车、飞机、石油等重工业为主的工业体系，完成了从劳动密集型比较优势向资本密集型比较优势的演变。1950年，第一产业和第二产业在

---

① The U. S. Census Bureau. Statistics on The History of The United States：1789－1945. Washington：The United States government publication agency，Washington：U. S. Government Publication Agency，1949：106.

② Glen Porter. Encyclopedia of American Economic History，Volume 3. New York：Charles Scripps Buner，Son of the Publishing Company，1980：89.

③ 张准：《美国经济崛起关键阶段的产业工人状况简析》，载于《生产力研究》2011年第1期，第148～150页。

④ ［美］凯文·菲利普斯著，王吉美译：《一本书读懂美国财富史——美国财富崛起之路》，中信出版社2009年版，第127页。

GNP 中所占比重（42%）已低于第三产业（58%）。[①] 最后，支持服务业稳步发展，到二次世界大战结束时，美国服务业占 GDP 的增加值比重已达 50% 以上，就业比重也达 50% 以上。[②]

以上因素促进了农村劳动力再次向城市非农产业转移，20 世纪 50 年代，迁移人口总数约为 900 万，城市化率迅速提高到 60% 左右。[③] 美国成功跨越“刘易斯转折点”。

### （三）美国在“刘易斯转折点”后的比较优势演化

20 世纪 50 年代以后，美国比较优势继续演化。

首先，二战之后美国率先发生了第三次科技革命，在西部地区建起了高分子材料工业、原子能工业、电子计算机工业、半导体工业、宇航工业和激光工业等一大批新兴工业，美国产业格局从技术密集型向知识密集型转化，比较优势再次升级。同时知识经济再一次形成了对劳动力的强劲需求，人口再次向西部“阳光带”转移，20 世纪 50 ~ 70 年代，西部和南部城市人口增长近 4000 万，人口增长率超过全国平均水平的 49 座大城市中，有 40 座分布在西部和南部。[④] 1960 ~ 1970 年，全国城市人口增长额的 62% 分布在西部和南部的城市，到了 20 世纪 70 年代，全国城市新增人口的 96% 分布在西部和南部城市。[⑤] 这一阶段西部和南部“阳光带”取代了东部和中部在美国内战前的地位，成为吸纳人口的引力中心，东中西部发展差距日渐缩小。

其次，美国农业现代化加速，具有超强竞争力的农业垄断大农场出现，农场生产经营规模不断扩大，农场数量减少，农业的现代技术、高科技含量使农业劳动生产率迅速提高，农业就业比重持续下降。1945 ~ 2007 年，美国农场总数从 590 万个下降到 220 万个，农场平均规模从 195 英亩上升到 450 英亩，农业就业人数占总体就业的比重从 17% 下降到 1.75%。[⑥] 农业劳动生

① 高英东：《就业与失业》，社会科学文献出版社 2002 年版，第 13 ~ 14 页。

② 张蕊：《美国服务业发展经验及对我国的启示》，载于《对外经贸》2012 年第 1 期，第 35 ~ 38 页。

③ 从 20 世纪 20 年代开始到 50 年代末，大约有 2700 万美国农村人口从农业转向非农业部门。其中 20 年代，大约有 600 万人口离开农村，占当时农村人口的 19%；30 年代迁移了大约 350 万，占当时农村人口的 13%；40 年代超过 900 万农村人口离开农村，占当时农村人口的 31%。参考资料：杨靳、廖少廉：《美国农村人口迁移与启示》，载于《人口学刊》2001 年第 4 期，第 31 ~ 35 页。

④ 王旭：《美国西海岸大城市研究》，东北师范大学出版社 1994 年版，第 166 页。

⑤ 王旭：《美国西海岸大城市研究》，东北师范大学出版社 1994 年版，第 163 页。

⑥ 周敦仁：《从三大产业看美国经济结构调整》，载于《解放日报》2000 年 11 月 3 日。

产率提高继续强化了农产品的比较优势，美国主要农产品出口占有很高的世界市场比例：小麦出口占45%，大豆出口占34%，玉米出口占21%以上。农产品出口占美国农业总销售的比例高达25%。①

再次，制造业发生更新换代，比较优势持续优化。制造业在美国国民经济中的比重最高是在20世纪30年代，曾达到38%。之后制造业产业结构调整：一方面大量将劳动力密集的和对技术的要求相对不太高的制造业转移到发展中国家，这样既可以利用当地的低廉劳动力和较为松弛的环保要求直接进入当地市场，又摆脱了制造业产能过剩的威胁。另一方面不断地推出新产品，进行技术、管理和市场创新来引导市场，牢固占据了技术含量高、资本密集型产业垄断优势。因此尽管2017年美国制造业在国民经济中的比重仅有18.2%，② 但是美国是世界飞机、钢铁、军火和电子器材的主要输出国，其中钢铁的产量占世界的1/10以上，汽车产量和发电量均占世界的1/5以上。③

最后，服务业发展迅猛，产业结构高级化。1990~2007年，美国服务业增加值占GDP比重从52%提升到75%，吸纳的从业人员占全社会就业总数的80%以上；2000~2013年，美国服务贸易总额从4735亿美元增长到10693亿美元，服务业已逐步取代钢铁、汽车、建筑等传统支柱产业，成为支撑美国经济的主要产业。④

## 三、日本二元经济转型与比较优势演变

日本农业剩余劳动力转移持续时间较长，按照日本学者南亮进（Minami，1968）的研究结果，日本从1868年明治维新以后就开始农业过剩劳动力转移，到20世纪50年代末60年代初日本二元经济转型到达“商业化点/刘易斯第二转折点”，基本完成了二元经济转型任务，实现了比较优势升级优化。⑤

---

① 王振华：《美国如何调整农产品政策》，载于《中国农业信息快讯》2002年第6期，第21~24页。

② 国家统计局：《2019年中国统计年鉴》，中国统计出版社2019年版，第688页。

③ ［美］约瑟夫·E. 斯蒂格利茨著，张昕海译：《重构美国经济规则》，机械工业出版社2017年版，第75页。

④ 《世界各国服务业增加值数据》，快易数据，https：//www.kylc.com/stats/global/yearly_overview/g_service_value_added_in_gdp.html。

⑤ ［日］南亮进、景文学著，关权译：《经济发展的转折点：日本经验》，社会科学文献出版社2008年版，第75页。

### （一）日本在“刘易斯转折点”之前的产业结构调整

历史地考察，日本农业剩余劳动力转移大致分为以下三个阶段。

第一阶段：1888～1930年的快速转移阶段。这一时期是近代日本资本主义经济的发展开始步入轨道的时期，日本迅速完成了产业革命之后，农村劳动力的转移也随之进入了新的阶段。1888年劳动力总数为2257万人，其中第一产业就业人口为1718万人，占76.1%；而1930年劳动力总数增加到2926万人，第一产业就业人口却减少到1478万人，所占比例降为50.5%，40多年减少近26个百分点。值得注意的是，这一时期农业劳动力的绝对数也出现减少现象，与19世纪80年代相比减少了13%。① 这说明第二产业和第三产业不但完全吸收了新增劳动力，而且还吸收了许多在业农业劳动力。这一时期农村劳动力的快速转移毫无疑问是非农产业飞速发展的必然结果。

第二阶段：1931～1945年的战争动荡阶段。19世纪90年代以后，经过中日甲午海战、日俄战争，重工业、化学工业、钢铁、造船、海运、铁路等与军事有关的产业迅速扩大，纺织工业等吸纳劳动力极强的轻工业成为不重要的产业，发展受到严重限制，许多中小企业纷纷倒闭，失业人员剧增，农村劳动力转移严重受阻。为此日本军国主义通过发动侵略战争和向巴西、美国、中国、朝鲜移民来解决问题。其中已付诸实施的“满洲移民”计划是最明显的例证。1936年日本政府的《20年移民100万户500万人计划》公布后，开始转为大规模农民“开拓团”移民，先后共14次，其中，“开拓团”移民222590人、“少年义勇队”101514人，两者合计324104人。② 因为本国土地少、人口过剩就去侵略别国、霸占别国土地分给自己的农民，这纯属强盗行径。战争期间，由于人力和物力的巨大浪费，非但未能解决农村剩余劳动力问题，反而激化了矛盾，加重了危机。

第三阶段：1945～1963年日本农业劳动力大规模转移阶段。1945年战败后初期，日本的城市和工业受到战争严重破坏而濒临崩溃，无法吸收大量工人就业，加上大批复员军人、海外回归人员、城市疏散人员返回农村，使农村剩余劳动力剧增，日本一度形成了“以农为主”的人口产业结构。1947年，日本第一产业就业人口为1781万人，占总就业人口的比重

---

① 石会娟：《转移农村剩余劳动力的对策研究》，载于《日本问题研究》2004年第2期，第63～68页。

② 满洲开拓史刊行会：《满洲开拓史》，满洲开拓史刊行会1966年版，第164页。

为54.2%，第二产业就业比重为22.6%，第三产业就业比重为23.2%，属于传统型的产业结构。① 为解决庞大的就业问题，在战后经济恢复时期，日本迅速恢复和发展了其经济支柱产业，即劳动力密集型的棉纺织业，同时利用"倾斜生产方式"加快钢铁和煤炭的发展，并在美国"朝美战争"军事订单支持下，恢复造船业和水电业，经济迅速恢复。1951年以后，日本产业政策的重点从"瓶颈"产业转向了"支柱"产业和"出口先导"产业，重点扶植新兴和成长型产业，加大了对合成纤维、石油化学、机械、电子业等民生重化工业以及加工工业的支持力度，掀起了设备投资热潮。日本经济走上了高速增长的道路，对农村劳动力的需求大幅上升，1951~1955年从农业净流出劳动力人数为760万人，1956~1960年这一数字为762万人，年增长率分别为1.3%和2.5%，远远高于二战前1880~1910年和1910~1940年的0.09%和0.11%的年均增长率，除此之外日本实际工资率在二战前时期（1894~1939年）增长变化幅度很小，年均增长率只有0.74%。②

### （二）日本在"刘易斯转折点"之后的比较优势演变

理论上一国到达"刘易斯转折点"之后劳动力成本将进入加速上升的阶段，如果不能实现劳动生产率快速提高，该国必将面临劳动力成本推动型的通胀压力。日本1960~1965年间每年从农业部门净流出的劳动力为64万人，1965~1970年间每年从农业部门净流出的劳动力为53万人。③农业部门向第二、第三产业净流出的劳动力数量下降，以及制造业快速发展对劳动力需求旺盛，使日本工资增速开始加快，到1974年工资增速达到25%，此后工资增速快速下降，到1983年工资增速降到5%以下，并一直持续到现在。④ 工资水平快速上涨，对于劳动密集程度较高的农业部门和一些低端服务业部门而言，直接带来了产品价格上涨压力，从1960~1970年间，食品价格指数涨幅明显，上涨速度始终快于居民消费价格指数（CPI）增长速度，低端服务价格指数上涨趋势也很明显。⑤ 食品和低端服

---

① 宋杰、赵韩强：《战后日本农业劳动力的转移及其对中国的启示》，载于《东北亚论坛》2001年第4期，第23~26页。

② ［日］南亮进著，高文书译：《日本经济的转折点》，载于《中国劳动经济》2010年第1期，第25~51页。

③ 傅帅雄、戴美卉、吴磊：《农业转移人口市民化的思考——基于日本经验的启示》，载于《农业经济》2018年第10期，第72~74页。

④ 王思慧：《从年功工资到绩效工资——日本工资制度的变迁》，载于《日本研究论集》2008年第12期，第24~26页。

⑤ 金三林：《刘易斯转折阶段劳动力成本变动的国际经验借鉴》，载于《中国经济时报》2010年4月20日。

务业价格上涨直接带动CPI迅速上升，1960～1974年CPI从3.6%飙升到23.2%，年平均涨速达到5%～6%，远高于工业品价格上涨幅度。[①] 从国际上看，日本国内工资和物价水平的快速上涨，与国际价格水平无关，美国在1961～1973年的平均通胀率仅为1.5%。[②] 因此可以判断，日本物价上涨主要是与国内到达刘易斯转折点有关。工资快速上涨，20世纪70年代日元多次升值，重化工业快速发展带来的环境问题以及1973年的“石油冲击”，日本劳动密集型的棉纺织业竞争力受到很大限制、出口市场日渐缩小，迫使日本向节约能源型、技术密集型、高附加价值型的知识密集型产业结构转变，发展节能和高加工度的产业，强调尖端技术开发政策，加强对半导体、集成电路、电子计算机、飞机工业等产业的扶持，鼓励技术引进和研究；对处于衰退的产业，采取成立萧条卡特尔、缩小生产规模、停产转产、鼓励海外转移等措施。产业结构转型导致农村劳动力向工业部门转移下降，向第三产业转移持续增加。1980年底三次产业就业比重为11.1%：33.5%：55.4%。[③]

1980年以后日本进入工业化后期阶段，提出“以科学领先、技术救国”战略，大力发展知识密集产业的自主技术创新，实施新材料、医疗设备电子器材、生物技术、替代能源等技术开发计划，农业机械化、科技化、现代化程度进一步提高，农业就业人口持续下降，2000年三次产业就业人口比重为5.0%：30.6%：64.4%，[④] 基本与欧美处于同一现代化水平。经过战后50多年的发展，日本城乡差别基本消失，农村生活条件得到改善，产业结构高度优化，比较优势得到极大提升。

## 第二节　韩国的二元经济转型与比较优势演变

韩国是发展中国家中农村剩余劳动力转移速度最快的国家。在20世纪50年代，韩国启动了二元经济转型，1970年前后进入刘易斯转折点，劳动

---

① 白成琦：《日本控制通货膨胀的经验及其对我国的借鉴价值》，载于《现代日本经济》1993年第10期，第1～4页。

② 陆晓明：《美国低通货膨胀的原因及趋势》，载于《金融博览》2018年第3期，第34～35页。

③ 陈淮：《80年代日本产业结构及产业政策的回顾与评价》，载于《外国经济与管理》1990年第10期，第17～20页。

④ 匡志成：《日本产业结构的特点及其与经济增长的关系（1955～2010）》，东北师范大学硕士学位论文，2013年，第23页。

力工资快速上涨。韩国利用发达国家资本密集型重化工业向新型工业化发展中国家转移的契机，调整产业结构，20 世纪 80 年代又利用“技术立国”战略，加大技术改造和技术创新力度，成功实现了比较优势的优化升级。总的看来，韩国的二元经济转型与农村剩余劳动力转移密切相关，该国在工业化过程中，通过实施基于比较优势的出口导向发展战略，制定相应的产业政策，扶持、鼓励、发展主导产业和支柱产业，带动农村剩余劳动力向城市非农部门转移，最终实现了二元经济转型和比较优势升级。考察韩国农村劳动力转移与比较优势演进，对我国出口导向战略的升级转型有重要的参考价值。

## 一、韩国在“刘易斯转折点”之前的产业结构调整

二战后美国占领军接管了韩国，在李承晚政府时期，城市人口大幅度增长，主要原因是：大批在二战期间流亡中国、日本的韩国人回到韩国，居住入城市；1950 年朝鲜战争引起了大规模的人口移动，大批难民从朝鲜半岛中北部迁往南部，在城市周围安定下来，从事生产劳动；美国援助韩国大量进口粮食，使韩国农业经济破产，大批农民弃地入城。为解决城市新增劳动力的就业，韩国于 1953 ~1961 年实行了发展消费品进口替代工业为中心的经济发展战略，不仅解决了就业问题，而且还为韩国经济发展奠定了初步工业化基础。应该注意的是，由于韩国一直处于殖民统治及此后连年战争之中，劳动力转移深受殖民政策的变化和战争难民迁移因素影响，并不完全符合落后经济体过剩劳动力转移的一般化规律。

1962 ~1971 年韩国抓住美、日等发达国家 20 世纪 60 年代大力发展资本密集型产业，将劳动密集型产业转移到发展中国家的有利时机，发展以轻纺工业为主的劳动密集型产业，并使首尔—釜山铁路沿线中心城市成为劳动密集型出口创汇产业的重要基地。20 世纪 60 年代中后期，韩国的工资快速上涨，1969 年工资增速达到 34. 2% ，整个 20 世纪 70 年代，工资增速始终维持 35% 左右的水平，工资年均增速 25. 2% ，直到 80 年代以后工资增速才有所降低。与日本一样，韩国工资水平快速增长推动产品成本的增加，导致劳动密集型的农业和非熟练劳动力密集的低端服务业价格水平也快速上涨，加大了通货膨胀压力。韩国 CPI 从 1973 年的 3. 2% 提高到 1980 年的 28. 7% ，食品价格由 2. 7% 上升到 26. 6% 。① 工资和价格水平快

① 金三林：《刘易斯转折阶段劳动力成本变动的国际经验借鉴》，载于《中国经济时报》2010 年 4 月 20 日。

速上涨标志着韩国从 1970 年前后到达“刘易斯转折点”。

### 二、韩国“刘易斯转折点”之后的比较优势演变

1970 年以后，韩国工资和物价水平快速上涨，亚洲新兴工业国的追赶，以及西方主要发达国家经济衰退和贸易保护加强，使韩国劳动密集型轻纺工业产品出口受限。1972～1979 年韩国利用发达国家资本密集型重化工业向新兴发展中国家转移的机遇，重点扶持中间产品、原材料及资本密集型产业，开始由劳动密集型产业向资本密集型产业升级，产业结构向重化工业转变和不断深化，形成了以釜山为中心的东南沿海经济发展的区域增长极。到 1980 年，韩国政府主导的重化工业完成了预定目标，重化工业在制造业中比重上升到 50% 以上。① 20 世纪 80 年代以后，韩国根据“技术立国”战略，对传统重化产业进行技术升级，同时加大对精细化工、精密仪器、计算机、电子机械、航空航天等战略产业的扶持力度，并将信息、新材料、生物工程等新兴产业作为未来积极发展的产业，西海岸第三代区域增长极形成。中小企业特别是劳动密集型企业得到了发展的充分空间，韩国完成了从农业国向工业国、由轻工业向重工业、由劳动密集型产业向知识和技术密集型产业的转变。有数据显示，从 1960 年到 1980 年的 20 年间，韩国农村人口在总人口中的比重从 66% 下降到 34%，减少了近 50%。城市化率由 1960 年以前的 28% 发展到 1985 年的 77.3%，韩国成功地实现二元经济转型和比较优势优化升级。②

## 第三节　典型国家的成功经验与启示

### 一、遵循二元经济转型规律，选择正确的经济发展战略

英国和日本在二元经济转型初期重视发展劳动密集型产业，针对本国

① 李怡、罗勇：《韩国工业化历程及其启示》，载于《亚太经济》2007 年第 1 期，第 51～56 页。

② 史美兰：《农业现代化：发展的国际比较》，民族出版社 2006 年版，第 23～32 页，第 139～141 页。

存在大量农业剩余劳动力的特点，大力发展吸纳劳动力强的棉、毛纺织业。韩国在二元经济转型初期也是充分利用本国比较优势，优先发展劳动密集型产业的出口加工贸易。这些国家在二元经济转型初期均是根据本国比较优势进行产业选择和经济发展战略选择，不仅推进了农村剩余劳动力转移和非农就业，而且也加快了其资本积累速度，改善了其要素禀赋结构，为产业结构升级和比较优势演变做了积极准备。根据本国劳动力无限供给的比较优势，选择率先发展劳动力密集型产业的做法与我国经济学家林毅夫（2003）提出的“一个经济系统中产业结构和技术结构总体水平的升级，从根本上说，依赖于该经济中要素禀赋结构的变化”① 观点是一致的，换言之，顺应比较优势选择劳动力密集型产业率先发展是二元经济转型顺利进行的必要条件。从实践上来看，包括我国在内的一些欠发达经济体在二元经济转型初期阶段选择了发展资本密集型产业的“逆比较优势”发展战略，不仅放弃了本国劳动力要素充裕的比较优势，没有实现资源合理配置，而且对资本要素的过度需求，是在“高积累、低消费”的政策环境中实现的，即便实现了经济增长，代价亦是劳动者收入水平长期没有增长，生活得不到改善，违背了经济发展的初衷。

## 二、利用多种转移形式促进劳动力自由流动

劳动力在城乡之间、农业与非农产业间自由流动是推进二元经济转型和实现比较优势提升的必要条件。农业剩余劳动力自由流动有助于提高农业边际劳动生产率，推进农业技术创新和制度创新，推动农业现代化发展；有助于非农业部门扩大生产规模，加快资本积累，实现要素禀赋及比较优势的提升。在实践中，劳动力实现在空间上和产业部门上的完全自由流动往往会受到各种限制，这就需要打破惯常的劳动力转移思维，利用多种形式促进劳动力自由流动，提高要素配置效率。英国在二元经济转型中主要借助于向海外移民转移了大量过剩劳动力。美国幅员辽阔，创造了多种劳动力转移形式，在空间上有两种转移：一是向“农业边疆”的转移；二是向城市转移。在产业部门上有三种转移：一是农业内部系统向种植业以外的农业部门转移，如早期美国南部从烟草业向养殖业的转移；二是向城市的非农业系统转移，如向城市制造业或服务性行业的转移；三是向乡

① 林毅夫、孙希芳：《经济发展的比较优势战略理论——兼评〈对中国外贸战略与贸易政策的评论〉》，载于《国际经济评论》2003 年第 6 期，第 1 ~ 10 页。

村的非农业系统的转移，如向农产品加工工业等转移。以上地域性转移的两种情况和部门性转移的三种情况构成了美国农业人口转移的五种基本形式，这五种形式相互交错，形成了美国劳动力转移多样化形式组合。日本、韩国则借助于“兼业化”形式，解决了“刘易斯转折区间”劳动力供给短缺的难题。兼业化是指农业劳动力在从事农业生产之外，同时从事非农产业的劳动，但是受家庭需要的限制尚不能完全脱离农业的现象。以日本为例，1960 年，专门从事农业的农户以及从事一种兼业的农户和从事第二种兼业的农户比例分别是 34.3%、33.7% 和 32%，到 1980 年，三者的比例变为 13.4%、21.5% 和 65.1%。[①] 农业兼业化的较快发展，为工业提供了丰富廉价的劳动力和较大的商品市场。同时，农户通过兼业形式增加了收入，缩小了工农收入差别，并使农业劳动力逐步从农业生产中转移出来。

## 三、提高农业劳动生产率，促进两部门协调发展

农业劳动生产率提升是农村剩余劳动力转移的根本推动力。农业生产效率提高既能为发展工业释放出大量农业剩余劳动力，又能提供充足的剩余产品，保障二元经济转型顺利进行。英、日、韩等国在二元经济转型中都经历过由于农业劳动边际生产率大于零的那部分劳动力转移，导致农业产出下降、农产品短缺、价格和工资水平上升的问题，如果不能很好解决农业与工业发展不协调问题，将会导致二元经济转型放慢速度甚至停滞，这也是费景汉、拉尼斯十分重视“刘易斯转折区间”的原因。上述各国普遍采用了改进农业生产工具、改良品种，改进耕作和栽培技术、推广农业科技成果、加大农业基础设施投入和建设等手段和措施，辅之以各国特色政策，比如英国发明并大量投入使用化肥，美国主要是通过全面农业政策和农业机械化推动农业劳动生产率的提高。美国的全面农业政策包括提供农业生产补贴、加快农业基本设施建设、建立富有效率的农业科研和推广统等措施。最引人注目的是美国的农业机械化。美国还是世界上最先实现农业机械化的国家，1850 年就已经实现了以畜力为动力的半机械化，1910 年完成了近代农业机械化，拖拉机、载重汽车、联合收割机大量应用于种植业，农业机械化代替农业劳动，排挤农业人口，使之成为农业剩余劳动力，这些过剩的农业人口有的被城市各种部门吸收，有的加入城市产

① ［日］户田博爱：《现代日本的农业政策》，日本财团法人农林统计协会 1988 年版，第 206 页。

业后备军，这就为美国工业发展提供了充足的劳动力。

## 四、收入分配差距控制在适度区间

工业部门和农业部门劳动力工资水平之间存在一定差距是吸引农业剩余劳动力转移的主要原因，在适度范围内，工资差距越大，越能鼓励农业剩余劳动力转移。刘易斯在《二元经济论》中建议工农两部门的工资差距保持在30%的范围内，但是在实践中，进入刘易斯转折区间之后，工业部门劳动力工资上升水平往往快于农业部门，工农业部门的收入差距不断加大。加之劳动力市场劳资谈判平台不健全，缺乏集体工资协商制度，工人工资上升缓慢，收入分配差距较大的现象时有发生。收入分配差距过大会制约消费需求的增长、影响社会稳定，因此需要政府对收入分配进行干预，使城乡、工农之间的收入差距缩小，控制在适度范围内。英国对收入分配差距的调节手段主要体现在社会福利政策方面。1834 年英国在刘易斯转折区间颁布的《新济贫法》，完善了《1601 年济贫法》（也叫《伊丽莎白法》）的失业救济制度，提出要甄别受救济者的条件，对无劳动能力者进行救济；培养农村剩余劳动力劳动习惯和非农部门劳动技能，并努力创造就业机会，为失业者提供工作；并对健康的流浪者推行救济院院内救济与强制劳动相结合的方法；等等。[①] 尽管从今天看来，英国《新济贫法》主要强调流民和失业者通过个人努力脱贫，但是并不难发现《新济贫法》中包含了现代福利社会的思想观点，比如政府利用税收和转移支付解决失业救济、劳动力培训、创造机会、保障社会底层群体基本生活水平等问题。韩国在 1970 年到达“刘易斯转折点”之前，虽然经济保持高速增长，但是由于劳动力市场谈判平台缺失，政府压制工会作用，没有推行工资集体协商制度，工人工资收入水平上升缓慢，消费率较低。进入刘易斯转折点以后，在 20 世纪 80 年代后期，迫于大规模罢工抗议活动压力，韩国开始注意协调劳资矛盾，形成有效的工资协调制度平台，工人工资逐步提高，收入分配结构和产业结构逐步得到调整，不仅保持了社会稳定，还扩大了消费需求。

## 五、依靠技术创新，推进二元经济转型和比较优势提升

技术创新是推进二元经济转型和比较优势提升的根本途径，这是因

① 丁建定：《从济贫到社会保险》，复旦大学出版社 2000 年版，第 146 页。

为：一是技术创新产生了新的生产工具、新的生产工艺和生产方法、新材料、新的管理和新市场，导致劳动生产率大幅度提高，降低生产资源消耗水平，突破要素供给限制，从而降低现有生产的相对成本，扩大生产规模，形成新的就业需求，最终改变一国的供给结构和比较优势。二是技术创新产生的新产品和新产业能形成新的市场需求，突破原有产品市场有效需求不足的制约。英、美两国在二元经济转型中充分利用工业革命契机，将新技术引入到经济中，结合本国新技术开发与创新，使工农业部门劳动生产率得到极大提升。日本利用开埠机遇，大力引进欧美先进技术，改造本国传统产业部门，建立资本主义现代产业部门，使传统农业经济社会迅速转变为现代经济社会。韩国则利用发达国家产业转移机会，建成了劳动密集型产业比较优势，并利用重化工产业转移和自主创新，实现了劳动密集型产业比较优势向资本密集型产业比较优势的转变。

## 第四节　拉美国家二元经济转型阻滞及其教训

刘易斯—费景汉—拉尼斯模型的基本逻辑是：工业部门的扩张对一国二元经济转型至关重要，而工业部门扩张的物质基础是资本积累；资本积累在促进工业部门更快发展的同时能带动更多的农业劳动力转移，诱发产业结构和经济结构的嬗变，直至最终完全吸纳农村的所有剩余劳动力，二元经济消失。拉美地区从 20 世纪 30 年代开始逐步放弃了农矿业初级产品出口模式，有意识地采用进口替代，即以本国制造的工业品来替代从国外进口的办法来发展民族工业。进口替代工业化模式对拉美国家有适应性，并带动了这些国家二元经济转型和劳动力转移。然而 20 世纪 60 年代中期以后，随着科技革命的深入和经济国际化趋势的发展，进口替代模式的弱点和弊端日益暴露，无法实现经济发展方式转变，也无法带领拉美国家跨越刘易斯转折区间，最终出现经济增长和二元经济转型的全面停滞，成为陷入“中等收入陷阱”① 的典型地区。

---

① “中等收入陷阱”一词首现于世界银行的《东亚经济报告》（2006），是指当一国人均 GDP 达到 3000 美元进入中等收入国家后，由于未能及时推动经济发展方式转变、社会结构转型及体制机制转轨，导致经济增长乏力、社会矛盾丛生，由此掉入所谓的“中等收入陷阱”。

## 一、拉美国家进口替代模式与二元经济转型阻滞

拉美国家进口替代模式选择产生于20世纪30年代至50年代，大部分拉美国家选择了进口替代模式，经济快速发展。1950年，巴西、墨西哥、阿根廷、智利、委内瑞拉、哥伦比亚、秘鲁、厄瓜多尔和乌拉圭的人均收入已显著高于韩国，其中多数国家还超过希腊、葡萄牙和土耳其，有的国家甚至超过意大利、奥地利、芬兰和西班牙。

但是进入20世纪60年代中期以后，进口替代模式越来越跟不上科技革命步伐和经济国际化发展趋势，对拉美各国经济增长和人均收入的推动作用越来越小，到了80年代中期，上述9个拉美国家的人均收入只有日本和欧洲一些中等收入国家的1/3甚至更少，只及地中海沿岸国家的1/20。[①] 和1988年韩国人均4684美元的人均国民收入相比，巴西、阿根廷和墨西哥分别只有2300美元、3985美元和2247美元，明显落后。[②] 拉美的出口额在世界出口总额中所占的比重也从1950年的10.9%和1960年的6.7%降至1980年的4.6%和1989年的3.3%。[③] 为了改变经济发展停滞局面，20世纪80年代上半期开始，拉美各国陆续按国际货币基金组织指导的应急性方案实行结构性改革。[④] 但是结构性改革实施效果并不理想，绝大多数拉美国家至今仍然深陷“中等收入陷阱”不能自拔，二元经济转型和经济增长长期处于停滞状态。

## 二、拉美国家二元经济转型阻滞的形成原因

对典型国家二元经济转型中比较优势演变的分析结果表明，农村劳动

① 张森根：《一份颇有见地的研究报告——读〈拉美走向恢复经济增长〉》，载于《拉丁美洲研究》1989年第3期，第49～53页。

② 《1988年世界各国人均GDP数据》，快易数据，https：//www. kylc. com/stats/global/yearly/g_gdp_per_capita/1988. html。

③ 张森根：《拉美国家经济转型中的几个问题》，载于《拉丁美洲研究》1992年第4期，第1～7页。

④ 改革主要在三个领域进行：（1）提高市场开放度。主要做法包括对进口领域实行关税替代进口限制措施、降低进口关税和非关税壁垒、降低出口税以鼓励本国产品出口。（2）实行稳定的财政货币政策。放弃扩张性财政政策以减少政府财政赤字；改革税收政策以增加政府税收收入；采取有竞争力的汇率政策使外逃资金重新回流；提高国内储蓄率以控制通货膨胀。（3）减少国营企业。通过取消补贴、税收奖励和信贷优惠以及关闭、合并、出售国营企业，减少公共部门的负担。

力向城市大规模迁移一般是两方面力量作用的结果：一方面在工业化发展到一定阶段，城市对劳动力的需求增加，产生了对农业劳动力的拉动作用；另一方面农村由于生产技术改进，劳动生产率提高，出现大量剩余劳动力急需转移就业的推动作用。这两股力量共同作用的结果使农村劳动力有序向城市转移，二元经济转型稳步推进。但是在拉美地区，大规模农村劳动力快速向城市转移的原因主要是由于土地改革政策形成了高度土地集中，使农村生存条件恶化，迫使大量农村人口和劳动力离开土地造成的。同时由于拉美国家经济发展战略选择失误，城市工业部门发展缓慢，迁移到城市的农村人口与劳动力不能及时得到妥善安置，被迫滞留在城市，形成了庞大的贫民聚居区，给城市及国民经济的发展带来巨大压力。因此造成拉美国家二元经济转型阻滞的原因主要有以下几个方面。

### （一）土地改革造成了土地高度集中

1910 年墨西哥革命拉开了拉美土改的序幕，1910 ~ 1970 年，拉美各国先后进行了土地改革。拉美地区的土地改革按时间发展顺序可以分为四个阶段：[①] 1910 ~ 1940 年的墨西哥土改；20 世纪 50 年代的危地马拉和玻利维亚的土改；20 世纪 60 年代的 13 个国家比较广泛的土改；20 世纪 60 年代末和 70 年代秘鲁、智利、尼加拉瓜的土改。拉美土地改革的方式主要包括：建立集体合作社或国营农场；政府将公地或征收自地主超过限额的土地低价出售或无偿分配给农民；向边缘地区和政府荒地的移民垦殖；对大地产主没有利用或利用率不高的土地征收累进土地税。但是，由于缺乏对受益农户资金和技术的支持，政府又允许出售土地，不少人的土地被地主重新兼并，大庄园制度依旧被保留下来了。大庄园制度导致：（1）土地高度垄断，大量失地农民向城市转移。如在中美洲的萨尔瓦多，农村人口中 2% 是大地产主，他们拥有全国耕地的 40%，同时还有 65% 的农民没有土地。[②] 土地高度垄断造成大量失地农民，其就业、教育及社会保障等方面的问题突出，农民生存条件恶化，大量农业人口与劳动力被迫自发流动到城市。（2）农业现代化进一步降低农业劳动力需求。大庄园主通过主动采用新的生产技术，极大提升了农业现代化水平，进一步减少对劳动力的需求。20 世纪 60 年代初，拉美的拖拉机拥有量就达到 43.5 万台，比

① 韩琦：《拉丁美洲经济制度史论》，中国社会科学出版社 1996 年版，第 177 ~ 204 页。
② 郭元增：《拉丁美洲严峻的土地问题》，载于《当代世界》1996 年第 11 期，第 13 ~ 19 页。

1950 年增加几乎一倍。[①] 1950～1970 年，化肥使用量从 29.4 万吨增加到 530 万吨，增长了 18.03 倍。农业现代化发展使农业对劳动力的需求大为减少，1950～1980 年间，14 个拉美国家中在农业部门就业的劳动力平均比重由 22.2% 下降到 12.3%。[②]

### （二）有缺陷的工业化发展模式

早在 19 世纪下半叶，拉美国家适应殖民体系发达宗主国家的需要，形成了单一初级产品制，初级产品出口集中程度很高。[③] 20 世纪 30 年代，20 个主要拉美国家中仅有阿根廷、巴西、智利、哥伦比亚、墨西哥、乌拉圭 6 个国家选择进口替代模式，其余 14 个国家仍继续奉行鼓励初级产品出口的政策，直到 20 世纪 50 年代，这 14 个国家才选择了进口替代工业化模式。在 20 世纪 50 年代中期之前，进口替代模式在拉美具有较好的适应性，带动了经济增长，增加了城市就业机会，吸引了大批农业剩余劳动力进入城市，二元经济转型速度较快。但是由于进口替代工业化模式是以牺牲国内消费者剩余为代价的，在关税和非关税壁垒保护下，该国与世界市场的联系基本被隔断，进口替代工业部门在缺乏国外竞争的环境中成长，相对狭小的国内市场使生产企业难以形成规模经济，生产成本高，经济效益低，产品质量差，竞争能力不够。因此进入 20 世纪 60 年代以后，进口替代工业部门发展速度放缓，吸纳劳动力就业能力下降。

### （三）过度城市化

在以上两个因素作用下，拉美地区农村人口与劳动力向城市大规模、快速迁移，但是城市进口替代工业部门吸纳劳动就业能力下降，结果造成大量农村人口与劳动力滞留在城市的现象，即所谓的“过度城市化”。过度城市化对拉美经济影响主要体现在：（1）使拉美各国城市化速度明显快于其他国家。以巴西为例，巴西在 1950～1980 年的 30 年间，城市化水平从 36.2% 上升到了 67.6%。而同样的城市化水平增幅，发达国家多花了 20 年才实现。巴西城市化水平 2000 年为 81.4%，而同期世界平均水平仅

---

①② 马凤岗、张弘：《试析二战后拉美农村人口迁往城市的原因及影响》，载于《临沂师专学报》1998 年第 2 期，第 41～43 页。

③ ［美］维克多·布尔默·托马斯著，张凡等译：《独立以来拉丁美洲的经济发展》，中国经济出版社 2000 年版，第 11～12 页。

为 46%。[①] （2）城市化水平明显快于工业化水平，人口和劳动力转移的速度与经济发展水平不相称。20 世纪 70 年代中期，拉美地区城市人口占地区总人口的 60%，而工业人口的比重却不超过 20% ~30%[②]。有学者做出估算，按与欧洲相同的发展速度，1968 年拉美的城市人口应为 1520 万，但实际上已达到 3000 万，几乎超过 1 倍。[③] 如果从城市化发展水平估算，相同城市化水平在发达国家将会带来人均国民生产总值增长 2 ~3 倍，但是在拉美人均国民生产总值仅增加了 60%。[④] （3）城市首位度[⑤]偏高。由于拉美地区工业化过程中工业化布局的不平衡，其城市化过程也极不平衡，均出现了城市首位度偏高、城市人口集中于为数较少但规模较大城市的现象。如阿根廷 2/3 的工业生产集中在布宜诺斯艾利斯和罗萨里奥，巴西 80% 的工业生产集中在圣保罗、里约热内卢和贝罗奥里藏特三角地带。于是，各个国家的全国最大城市（往往是首都）一般都比第二大城市大 5 ~6 倍，有的国家大 10 倍，这些国家的首都往往居住着全国 50% ~80% 的城市人口，余下的则分布在 5 万 ~25 万人口的小城市和 2 万 ~5 万人口的小城镇。[⑥]

过度城市化超越了工业化及经济发展的内在要求，给拉美国家带来了城市失业率上升、非正规经济扩大、城市贫困现象严重、公共基础和资源紧缺、环境污染严重、交通拥挤、供水困难等严重的社会经济问题，严重影响了拉美国家社会经济发展进程。

## 三、拉美国家二元经济转型阻滞的教训

### （一）必须根据形势变化及时调整发展模式

20 世纪五六十年代以后，拉美国家基本确立了进口替代发展模式，由于能充分利用本国丰富的矿产资源和廉价劳动力，这些国家曾经创造了

---

① 李瑞林、王春艳：《巴西城市化的问题及其对中国的启示——兼与中国城市化相比较》，载于《延边大学学报（社科版）》2006 年第 2 期，第 17 ~23 页。

② 苏振兴：《拉丁美洲的经济发展》，经济管理出版社 2000 年版，第 231 ~236 页。

③ 韩琦：《拉丁美洲的城市发展和城市问题》，载于《拉丁美洲研究》1999 年第 2 期，第 43 ~48 页。

④ 苏振兴：《拉丁美洲的经济发展》，经济管理出版社 2000 年版，第 231 ~236 页。

⑤ 城市首位度是指一国最大城市人口数量与第二大城市人口数量的比值，可以用来衡量一个国家城市化水平的区域差异及城市发展的平衡状况。

⑥ 赵慧英：《拉美和非洲地区工业化过程中农村人口迁移分析》，载于《首都经济贸易大学学报》2007 年第 1 期，第 111 ~116 页。

经济高速增长的“拉美奇迹”。进入 70 年代以后，进口替代模式由于受贸易壁垒的保护，主要面对国内市场，缺乏竞争力的弊病逐渐凸显，但这些拉美国家并未及时转换发展模式，即便在 70 年代初石油危机后陷入债务困境，仍维持“举债增长”，继续推行进口替代模式，最终导致二元经济转型停滞，陷入“中等收入陷阱”。巴西之所以能摆脱“中等收入陷阱”，成功跨越刘易斯转折区间，与巴西在 90 年代以后实行的结构性改革有关系，不仅放弃了进口替代模式，实行出口导向发展模式，而且还对收入分配、劳动力市场、抑制通货膨胀等领域进行了调整，2008 年以后针对国际金融危机后带来的出口导向战略环境恶化，又适时地将出口导向发展战略转向内需推动经济发展模式，克服了制度惰性的“路径依赖”，重新推动了经济增长。

### （二）实施就业优先的发展战略

二元经济转型的核心问题是解决转移劳动力的就业，应该始终将劳动力就业定为优先发展战略。而拉美国家在 20 世纪 50 年代选择的进口替代模式和土地集中政策是一种节约劳动力的发展方式，没有很好地解决劳动力就业问题，使农业过剩劳动力空间转移速度快于职业转移速度，规模庞大的农村人口和劳动力快速涌入城市，最终导致“过度城市化”现象，城市失业率居高不下，一系列城市病相继出现。

### （三）调节收入分配差距，减轻贫富分化

拉美收入差距过大、贫富分化悬殊的局面由来已久，根据拉美经济委员会和世界银行关于拉美收入分配的衡量与分析课题组的一项研究，拉美国家产生问题不是因为经济没有增长，而是增长的部分分配不合理。在 20 世纪 50 ~ 70 年代，拉美各国 10% 最高收入家庭与 40% 的低收入家庭的年平均收入之比最为悬殊的是巴西，前者的平均收入是后者平均收入的 43 倍。平均收入差距最小的是阿根廷、哥斯达黎加、智利和委内瑞拉等国，10% 最高收入家庭与 40% 低收入家庭在平均收入上的差距分别为 13 ~ 15 倍。其余国家的平均收入相差 30 ~ 32 倍之间。这表明，拉美国家不论经济发展水平如何，收入分配集中程度均表现出差距较大的局面。[①] 导致收入分配差距较大的原因是当时拉美各国政府普遍存在的“重增长、轻分

① 苏振兴：《增长、分配与社会分化——对拉美国家社会贫富分化问题的考察》，载于《拉丁美洲研究》2005 年第 1 期，第 11 ~ 16 页。

配”或“先增长、后分配”的观念，过分强调经济增长，认为要想实现经济增长，就必须实行收入分配不平等的政策。一个国家收入分配越向高收入阶层倾斜，储蓄率就越高，经济增长就越快。但实践中，拉美国家的投资率却并不高。问题在于高收入阶层并不热心于扩大生产投资，而是热衷于高消费，导致出现了社会上层的高消费现象与社会下层的消费不足现象并存的局面。在这种情况下，拉美各国政府依然把全部注意力放在加快经济增长方面，如实行地区经济一体化，以求克服进口替代工业化所受到的国内市场制约；实施进口替代与促进出口相结合的方针，以扩大制成品出口；等等。到 1973 年石油危机爆发后，拉美国家实际上已面临结构性危机，但各国政府依然没有下决心进行经济调整，而是不约而同地走上“负债增长”的道路，结果酿成了全面陷入“中等收入陷阱”，国内的社会矛盾与社会冲突也达到了前所未有的尖锐与激烈程度。

# 第六章

# 促进我国二元经济转型中比较优势演变的对策建议

自从1978年启动二元经济转型以后，我国持续保持较高的经济增长速度，农业剩余劳动力大量向城市非农部门转移，居民收入水平提高，并于2003年到达刘易斯转折点，进入刘易斯转折区间。但是中国二元经济转型不同于其他欠发达经济体之处表现在：（1）按照钱纳里和赛尔奎的标准，[①] 我国2012年人均GDP按照2005年美元购买力平价计算，已达到了4682美元，已达到钱纳里模型的工业化中期阶段。（2）从产业结构比重看，2012年三次产业产值占比的比例为10.1%：45.3%：44.6%，第二产业略高于第三产业，初步进入了工业化后期阶段。（3）从就业比重上来看，受户口迁移政策、第三产业发展滞后、农村人口基数大等因素影响，到2012年，三次产业就业比重为33.6：30.3：36.1，仍处于工业化中期阶段。（4）从城市化率来看，由于我国长期处于不平衡的城乡二元社会经济结构，城市化率一直较低。我国2008年的城市化率约为46%，按照世界银行统计，1995年全球高收入国家城市化率为75%，中等收入国家为60%，低收入国家为30%，全球平均城市化率为47.3%。2008年我国人均国民收入超过3000美元，进入中等收入国家行列，但我国2008年城市

① 钱纳里将经济发展阶段划分为前工业化、工业化实现和后工业化三个阶段，其中工业化实现阶段又分为初期、中期、后期三个时期。判断依据主要有人均收入水平、三次产业结构、就业结构、城市化水平等指标。具体而言，进入工业化中期阶段的主要标志是：人均GDP在2980～5960美元（2005年美元，购买力平价）；第一产业产值比重小于20%，第二产业产值比重高于第三产业产值比重；第一产业就业人口比重在30%～45%之间，人口城市化率在50%～60%之间。工业化后期阶段的标准是：人均GDP在5690～11170美元，第一产业产值比重低于10%，第二产业产值比重低于第三产业；第一产业就业比重在10%～30%，城市化率达到60%～75%。资料来源：陈佳贵等：《中国工业化进程报告》，中国社会科学出版社2007年版，第167～175页。

化水平不仅远低于1995年的高收入国家水平，也不如同等发展程度的国家水平，甚至比全球平均水平还要低4.3个百分点。[①] 而且还必须注意，我国现有的城市化率统计口径中，包含了在城市生活6个月以上但没有享受到和城市居民同等公共福利和政治权利待遇的农民工，也包括在乡镇生活但从事农业生产的农业户籍人口，如果扣除这部分人口，中国的城市化率还不到30%，[②] 仍处于工业化中期的初始阶段。综合起来，我国当前正处于工业化中期向后期过渡阶段，[③] 仍然存在制造业超前、城市化进程滞后、农业劳动力剩余劳动力与城市就业任务艰巨的特征。进入刘易斯转折区并不意味着我国二元经济转型任务结束，相反，如何能持续推进二元经济转型和比较优势提升，使我国避免类似于拉美国家和东南亚欠发达经济体陷入“中等收入陷阱”，是我国今后一段时间二元经济转型的重要任务。

## 第一节　我国二元经济转型中比较优势提升的难点[④]

进入刘易斯转折点以后，我国要跨越二元经济转折、实现比较优势演变存在较多难点，这些难点主要包括产业结构升级对低端劳动力需求的问题、产业结构升级与生产要素和资源约束问题、产业结构升级面临的需求约束问题，产业结构升级中的利益协调问题等。

### 一、产业结构升级与扩大劳动力就业的矛盾

首先，我国二元经济转型到达“短缺点/刘易斯第一转折点”之后，要素禀赋格局已经发生了深刻变化，原本无限供给的劳动力要素成为相对稀缺要素，而原本稀缺的资本要素变得相对充裕。要素禀赋格局决定一国的产业选择，因此缩小劳动力密集型产业生产规模，调整生产中要素使用结构，实现产业结构升级，是顺应我国要素禀赋比较优势的必然选择。其

---

① 牛文元：《中国新型城市化报告（2009）》，科学出版社2009年版，第201页。

② 姚慧婷：《三中全会前瞻：城镇化进程倒逼户籍土地制度改革》，中国网，http://finance.ifeng.com/a/20131105/11006898_0.shtml。

③ 冯飞、王晓明和王金照：《对我国工业化发展阶段的判断》，国务院发展研究中心，http://chinado.cn/ReadNews.asp?NewsID=2734。

④ 张桂文、袁晖光：《中国二元经济转型的难点及其破解思路》，载于《当代经济研究》2012年第11期，第71~77页。

次，当前我国面临着来自发达国家和发展中国家的双重竞争压力，实行产业结构升级迫在眉睫、势在必行。从发达国家方面看，发达国家大量的高科技含量、高质量产品竞争力较强，优先占领了国际和国内市场制高点，对我国新起步的高新技术产品的生产与销售带来不利影响，形成产业结构升级压力。从发展中国家方面看，我国目前主要出口的还是劳动密集型的初级产品，产品附加值低，经济效益差。这些产业受到了来自发展水平大致相同的发展中国家劳动力成本低廉的激烈竞争。更为严峻的是，一些发达国家利用高科技手段对传统劳动密集型产业进行现代化改造，导致我国传统劳动力密集型产业面临前所未有的竞争。

产业结构升级意味着单位产出所吸纳的劳动就业量减少，虽然我国目前已进入二元经济转型的“短缺点/刘易斯第一转折点”，劳动力供给从无限供给转为有限供给，但这并不意味着我国就业压力有所缓解。相反，以高校毕业生为重点的青年就业、农业富余劳动力转移就业和失业人员特别是就业困难群体就业是我国在当前和未来一段时间面临的严重就业压力。值得注意的是，到达“短缺点/刘易斯第一转折点”之后，我国劳动力工资水平快速上升，但在不同劳动力群体中，工资水平上升幅度并不相等。文化素质较高的高端劳动力的工资水平上升幅度远大于文化素质较低的低端劳动力，因此企业在用工成本加大的压力下，在一些对劳动力的文化素质要求不高的岗位上，更愿意优先雇用工资水平较低的低端劳动力。而以大中专院校毕业生为主的高端劳动力就业难现象，表明我国劳动力资源配置存在大量闲置和浪费，因此加大技术、知识密集型产业在产业结构中的比重，实行产业结构升级是非常必要的。此外，随着我国人口红利不断消失，中年农村劳动力群体规模不断在加大，他们的转移就业是一项长期艰巨的工作。根据国家统计局相关数据推算，按照目前的人口自然增长率估算，到 2020 年我国人口总量将达到 14.3 亿人，按城市化率年均提高 0.8% 预测，2011 ~2020 年需要转移的农村人口约为 5948.2 万人，其中包含 4164 万农村剩余劳动力，年均转移约为 595 万农村人口，其中 420 万为农村剩余劳动力。这些农村转移劳动力中，41 岁及以上人员所占的比例 2008 年为 30%、2010 年为 34.1%、2012 年为 40.7%、2016 年为 43.2%、2018 年为 47.9%，[①] 即今后农村劳动力转移将以中年劳动力转移为主。中年农村劳动力在年龄上并不占优势，且普遍存在国民教育程度较

① 根据国家统计局发布的《2012 年全国农民工检测调查报告》《2018 年农民工检测调查报告》数据整理所得。

低的特点，在雇佣就业中，用人单位极少对这一人群在职培训，人力资本投资和积累缓慢，收入水平低且增长缓慢，属于转移难度较大的低端劳动力。这些中年低端农村劳动力随着时间推移，年龄不断增长，体力下降，知识和技能素质逐渐退化，对环境和工作的适应能力下降，转移成本高，转移难度进一步加大。

## 二、产业结构升级与资源环境约束

按照二元经济转型规律，在刘易斯转折区间城市非农产业的资本有机构成将进一步提高，工业进入高加工度发展阶段。这一阶段具有分工更加细致、产业链进一步延长、能源消耗增大、技术创新和自主研发增强、人力资本需求增加等特点，而当前我国生产要素与资源环境约束不仅将制约产业结构升级，而且也将限制我国二元经济进一步转型和比较优势提升。

我国产业结构升级中遭遇的生产要素与资源环境约束主要表现为两个方面：第一，进入二元经济转型“短缺点”之后，生产要素价格水平上升，将推动企业生产成本和价格水平上升，市场需求下降，产品不能在市场中实现自身价值，企业不得不缩减生产规模，日渐缩小的市场需求无法为产业结构升级提供充足动力，这就是要素价格上涨带来的规模效应。第二，长期粗放式经营导致我国部分要素与资源处于濒临枯竭状态，难以满足产业结构升级的要求。我国各类自然资源从总量上来看较为可观，但是我国人口众多，人均资源占有量低，人均草地面积是世界平均水平的1/2、人均耕地是世界平均水平的1/3、人均水资源是世界平均水平的1/4、人均森林拥有量是世界平均水平的1/6，煤炭人均拥有量只有世界平均水平的60%、石油只有世界平均水平的11%、天然气不到世界平均水平的5%，铁矿石等矿产资源的人均拥有量的世界排名在80位以后。[①] 长期粗放型经济增长模式以投入大量石化能源、大量使用各类矿产资源和生态资源为特征，已经造成了不可再生资源接近枯竭、可再生资源受到污染、生态环境恶化的结果，难以支撑二元经济进一步转型和经济持续发展。世界银行数据显示，2008年巴西人均GDP已达8500美元，但人均碳排放量只有2.1吨，不仅大大低于上中等经济体碳排放人均5.3吨指标和拉美国家人均2.8吨的碳排放指标，而且令人吃惊的是，巴西从1998～2008年间，

---

① 国家环保总局：《1999年中国环境状况公报》，载于《中国水利报》2000年6月11日。

人均国民收入从5000美元以下迅速跃上8000美元的同时，人均碳排放量仅仅增加了2.3%。相比之下，中国2010年人均国民收入4270美元，只有巴西2008年水平的1/2，但人均碳排放量却已高达6.8吨，相当于巴西目前水平的两倍半，高于上中等国家的人均5.3吨的碳排放指标和东亚国家人均4.3吨的碳排放指标，即中国以上中等偏下的人均GNI，排出了高收入经济体的碳。①

## 三、产业结构升级面临需求约束

在2008国际金融危机之后，我国产业结构升级面临着双重需求约束。首先是国内市场有效需求不足。从20世纪90年代起，我国经济从短缺经济转为产品相对过剩的过剩经济，市场有效需求不足严重制约着我国经济发展。与发达国家的过剩经济不同的是，我国过剩经济是在工业化尚未完成、人均收入水平和消费水平都较低、基尼系数较高的条件下出现的，这种低水平的过剩经济对社会经济发展的影响主要体现在：（1）就经济发展阶段和人民生活水平来说，中国消费潜力巨大，要求加快经济发展速度来满足这一需求，但是资金、技术和各类资源稀缺限制了生产能力的发展。（2）从有支付能力的有效需求来看，过剩经济意味着产能过剩，产品实现难度较大，势必要限制过剩产能，缩减生产规模，推动生产供给能力转型。但是生产供给能力转型受到生产资源和要素短缺限制难以推进。其次国际市场有效需求不足也限制了我国产业结构升级。进入“短缺点”以后，劳动力、土地等生产要素和资源、环境要素价格上涨，使传统出口产业成本上升，加之国际经济复苏乏力，主要发达经济体经济复苏缓慢，国际贸易环境持续恶化，新兴市场国家经济增长速度放慢，通货膨胀压力加大，贸易保护主义盛行，国际贸易摩擦不断，以及人民币汇率不断升值，均使我国出口产业面临的国际市场有效需求出现了下滑，未来发展趋势出现不确定。国内和国际市场有效需求不足严重影响了经济进一步的发展方向和速度，使我国二元经济转型和比较优势升级变得更加复杂。

## 四、产业结构升级中的利益协调矛盾突出

我国二元经济转型中制约产业结构升级的利益失衡问题主要表现在城

---

① 赵伟：《巴西如何摆脱中等收入陷阱》，载于《新京报》2012年3月26日。

乡利益失衡与区域利益失衡两个层面，而对这两个层面利益失衡的协调机制出现了失灵。

从利益失衡角度来看，城乡利益失衡表现在经济利益失衡、政治利益失衡和社会机会不均衡等方面。从经济利益失衡看，城乡居民收入差距从1978年的2.6∶1到2012年3.1∶1，如果将城市居民的社会保障和各种福利性补贴等隐性收入，农民纯收入中包括的各种费用和生产资料投入考虑在内，城乡居民收入差距约为6∶1。[①] 政治利益失衡表现在政治资源配置不均衡和利益表达渠道不顺畅上，根据张富良（2004）的研究，我国平均每96万农村人口选举一名人大代表，每26万城镇人口选举一名人大代表，后者拥有的人大代表均值是前者的4倍。[②] 而在利益表达渠道上，由于农民居住较为分散，组织化程度较低，能够代表农民诉求政治利益的组织、机构和公共舆论媒体不发达，没有良好的利益诉求渠道。社会机会不均衡主要体现在教育资源、医疗资源和公共服务资源配置不均衡上。从区域利益失衡上，由于要素禀赋和产业选择起点不同，各区域工业化发展水平、城市化水平、二元经济转型程度和比较优势表现出明显的差异。东部地区已经进入工业化后期阶段，城乡收入水平较高，城市化水平较高，二元经济转型基本结束，产业结构向资本、技术投入密集度较高的产业升级转型，相应地比较优势也体现在高新技术制造业和服务业上。但是在中西部一些落后地区和省份还处于工业化初期阶段，农业在国民经济中所占的比重和农业劳动力就业比重仍然较高，城市化水平低于全国十几个百分点，仍然以资源密集型产业和劳动密集型产业为主，正处于二元经济转型的初期阶段。

协调城乡和区域利益是全面推进我国二元经济转型和实现比较优势演变的关键，也是影响我国产业结构调整的重要因素，但目前协调城乡和区域利益的市场手段与政府手段都出现了失灵。

从市场协调手段来看，首先，农业生产自然属性和季节性较强，相对于非农业生产部门，风险大、收益低，导致生产要素和资源不断从农业部门向非农业部门流动。其次，农业生产中广泛存在“蛛网”现象，即由于农业生产具有周期性特征，农产品价格需求弹性较小，农业经营者往往无

---

① 张永恒：《以可行能力看待城乡利益失衡》，载于《吉林财税高等专科学校学报》2006年第2期，第63～67页。

② 张富良：《完善人民代表大会制度保障农民民主政治权利》，载于《人大研究》2004年第10期，第43～47页。

法根据市场价格信号变化及时调整生产规模，常会出现“价格上涨就会扩大生产，价格下降就会减少生产”的现象，使下一个生产周期中农产品的供求失衡，农产品价格大起大落。张桂文等（2012）认为，在市场失灵的条件下，完全靠市场调节手段不仅给农业生产带来了价格大幅波动的市场风险，而且还干扰了农业生产结构调整，使优良农产品不能给经营者带来较好的经济收益。①

从政府协调手段来看，首先，由于我国农民数量众多，居住分散，组织化程度较低，一方面农民与城市居民在利益博弈中处于弱势地位，对政府决策的影响力弱，农民利益得不到充分保障；另一方面在农村地区落实政策的执行成本大，监督费用高，再考虑到各级部门的层层传递，政策落实效果难以保证公平公正，农民得到的实惠不多。其次，执行农业政策往往会涉及各级地方政府和为农业服务的涉农部门，由于这两类主体具有各自独立的经济利益和行为目标，所以中央从国民经济发展全局和城乡居民长远利益出发所制定的各项惠农政策在执行过程中，会与不同主体经济利益和行为目标发生矛盾与摩擦，最终形成各执行机构与中央政府“上有政策、下有对策”的博弈格局。政策执行偏差、执行不力与变形走样，使中央制定的惠农政策难以收到实效。

## 第二节　实现二元经济转型中比较优势升级的对策建议

进入“短缺点”之后，我国进一步推进二元经济转型，实现产业结构升级和比较优势提升，核心是将农村剩余劳动力非农转移与农业现代化、工业化和城市化结合起来，互相促进，实现良性循环。为此，需要跳出简单的“实现农村剩余劳动力向城市转移就是实现了二元经济转型”的思维定式，在工业化、现代化和城市化中寻求新突破，协调城乡和区域经济关系，最终实现二元经济转型与比较优势升级目的。

### 一、树立创新意识，探索转型升级新途径

继续推进二元经济转型和比较优势提升，必须以创新作为根本手段。

① 张桂文、袁晖光：《中国二元经济转型的难点及其破解思路》，载于《当代经济研究》2012 年第 11 期，第 71～77 页。

创新对二元经济转型和比较优势提升的作用主要表现在：第一，可以提高资源要素的利用效率，突破资源约束瓶颈，获得可持续发展。以往粗放型生产经营模式受资源、环境和生产要素制约，资本积累速度较慢，不仅无法实现农村剩余劳动力顺利转移，还使产业产值结构和就业结构转换速度不均衡，二元结构进一步加剧。实行创新，提高城市工业部门生产效率，既能产生对农村剩余劳动力更大的需求，又能相对降低资本投入要求，使资本积累更多保留在农业部门，利于农业部门通过推动创新提高农业劳动生产率，释放过剩劳动力，提高农民收入水平，扩大工业部门生产规模和市场需求，推动工业部门进一步发展，最终形成两大部门协调发展的良性循环，实现国民经济可持续发展。第二，创新能开拓新市场，创造新需求，克服过剩经济有效需求不足的难题。通过技术和制度创新，可以开发新产品，拓展新市场，开发新消费观念和模式，创造新需求，产生新产业群，创造新的就业机会，带动居民收入水平提高，进一步扩大市场需求。利用创新推动产品、产业和市场需求的新发展是现代经济保持长久不衰和持续增长的根本动力。第三，创新能在区域发展不平衡基础上充分利用各区域资源要素禀赋，寻求新的突破点，培育新的产业增长极，使二元经济转型和比较优势提升道路更符合实际国情，从局部地区完成二元经济转型和比较优势提升过渡到全国范围内消除二元经济，实现共同富裕和发展。第四，创新有助于改善二元经济转型中的利益协调难题，改变农村、农业和农民在城乡利益博弈中所处的弱势地位，保障农民合法权益，而且还能对政府行为进行约束，降低政策执行和监督费用，增强行政透明度。

## 二、利用产业转移，提升比较优势水平

由于要素禀赋不同以及改革开放以后的政策激励作用差异，我国区域经济发展水平并不均衡，呈现出从沿海向内陆依次递减的格局，并形成了东、中、西部三大经济区域。区域社会经济发展差异虽然使我国二元经济格局变得复杂，不利于社会公平和均衡发展，但是区域发展差异蕴含了社会经济梯度发展的可能。促进区域间产业梯度转移、优化工业区域布局既能解决产业结构升级与低端劳动力转移就业、发展劳动力密集型产业的难题，又能缓解“短缺点”之后生产要素与资源环境等要素供给稀缺和价格上涨的成本压力，加快西部地区工业化进程。

实行区域产业梯度转移，核心是优化工业区域布局，是在充分发挥各地区资源禀赋和比较优势基础上，合理定位，突出发展重点，形成新的比较优势。东部地区自改革开放以后保持了连续多年的经济高速增长，随着先发优势和政策倾斜效应逐渐衰退，日益受到生产要素和资源环境供给短缺、价格上升的约束，加之该地区出口产业结构与周边发展中国家的出口产业结构较为相近，比较优势和竞争力受到较强冲击，因此东部地区的产业转移重点是利用国际产业结构调整转移契机，积极引进国外先进、绿色、节能高新技术产业转移，并利用本地区技术和生产优势向中西部转移成熟产业，还可以凭借我国自主创新技术优势向海外扩张，利用国外资源提高我国高新技术产业比较优势。中部地区是连接我国东部与西部地区的中心地带，目前已经初步建成了综合交通网络和信息高速公路网络，制造业基础和教育科研力量雄厚，因此中部地区承接产业转移的重点是充分发挥制造业与科研力量雄厚的特点，推进能源、原材料和装备制造工业发展，形成一批现代化水平较高、辐射带动力较强的增长极，把区位、资源优势转变为竞争优势，以缩小与东部地区的发展差距。西部地区土地广阔，地下矿产资源，风、热、太阳能资源丰富，旅游资源优势突出，在承接产业转移时，重点加强生态环境建设和基础设施建设，根据自身资源要素禀赋和产业导向，加强清洁能源、矿产资源的集约开发和利用，发展特色旅游业，将资源优势转变为比较优势和竞争优势。

需要注意的是，东部地区产业转移的重点是实现产业升级。如果产业结构升级滞后，会造成东部地区“产业空心化”或者与中西部地区形成“产业同构”现象，加剧恶性竞争。对中西部地区而言，虽然在劳动力、资源、土地等要素禀赋上具有比较优势，但是受到基础设施、生产性服务业、教育科研和物流运输等产业配套能力发展水平制约，低要素成本并未充分发挥出来，在承接产业转移中没有表现出相应的比较优势。如果中西部地区违背产业发展和转移客观规律，盲目进行招商引资，移入脱离本地区客观实际的产业，就将使移入产业成为“飞地经济”。如果移入产业属于先进国家和地区淘汰的高能耗、高污染、高投入、低产出产业，就会落入“产业梯度转移陷阱”，不能实现产业结构升级的目的。因此对中西部产业承接区而言，应提高产业配套能力，降低交易成本和物流成本，优化产业选择，不断提高产业技术水平，加大技术改造和技术创新力度，使移入产业与区域产业结构向高度化方向发展。

## 三、加快农业现代化，推进产业协调发展

发达国家二元经济转型和比较优势提升经验告诉我们，加快农业现代化，提高农业产出水平是二元经济转型顺利发展的关键。由于农业自身生产特殊性，农业抗风险能力较弱，收益水平低于工业，价格波动较大，农业资本积累速度较慢，必须依靠技术进步实现农业现代化，具体包括以下几方面。

### （一）要根据区域农业生产不同特点，选择正确的农业发展模式

选择农业发展模式主要受区域自然禀赋和农业生产技术水平制约。发达国家农业发展模式大体有三种类型：（1）美国地广人稀，工业发达，适合发展大规模农业机械化，以机器替代劳动，通过扩大农业种植面积，使用生物技术，提高农业劳动生产率；（2）英国土地资源相对不足，工业发达，适合利用现代工业装备农业，同时普及推广使用现代农业科学技术，实现提高农业劳动生产率和土地利用率的目标；（3）日本人多地少，土地分散，通过先改良土壤和品种再实行化学化和机械化提高农业生产效率，即先使用生物技术再机械化的农业现代化发展模式。我国区域农业生产禀赋和技术水平差异较大，这就要求我们必须立足于不同区域的农业生产条件和技术，有针对性地选择农业发展模式。对于西部和东北地区，农业生产适合大规模农业机械化生产，这些地区要加快农村土地流转改革，实现农业规模化生产，使用生物技术改造传统农作物品种和农业生产技术，提高农业生产效率，保证基础农产品生产；中部地区土地资源相对于西部地区和东北地区而言表现出人多地少的特点，适合利用现代化工业发展装备农业，将农机与农艺相结合，利用先进制造与生物、信息技术创造粮食和主要经济作物机械化生产，发展节能、环保的设施农业与健康养殖产业，实现农业生产效率和土地利用率双提高目的；东部地区农业用途土地资源稀少，农业用地开发时间较长，受污染程度较高，所以东部地区要在改良土壤基础上发展精细有机农业，利用生物技术和成熟的精耕细作经验，发展特色有机精细农业生产，提高农业效率。

### （二）发展农业多种经营，推进农村劳动力转移

推动农村剩余劳动力合理有序转移是二元经济转型的关键。除了传统

向第二、第三产业转移之外，在农业内部利用工业反哺、发展农业多种经营、拓宽农产品生产加工领域和范围也是解决农村剩余劳动力有序转移的合理途径。目前我国仍有大量未开发的宜农资源，如果能够充分开发利用，可以解决 9000 余万劳动力就业。此外，我国农业生产率水平不高，传统粮食和经济作物的种植业比重大但比较效益低，而特色的畜牧业、林业、渔业的比重较低但是比较收益较高，因此应利用工业反哺农业契机，调整农业内部生产结构，拓宽农业经营领域，加大农产品加工范围和加工层次，推进农产品较快实现商品化转化，增加农业内部就就业机会，促进传统农业向现代农业转化。

### （三）建立完善的支农体系，保护农业发展

农业具有较高的风险性和不确定性，外部性显著，因此必须对农业予以保护和支持。发达国家根据农业在不同时期的发展需要，制定了一系列措施，在农产品技术推广、病虫害防治、市场销售、对外贸易等领域形成了价格支持、财政补贴、信贷税收等方面全方位综合支农促农体系。我国更是把农业发展作为立国之本，在促进农业可持续发展、农村繁荣、农民增收、土地流转、农业补贴等方面，进行了大量的立法、修法，并发布支农惠农政策。2003 年 11 月国土资源部下发《关于进一步采取措施落实严格保护耕地制度的通知》，2012 年国土资源部发布《关于提升耕地保护水平全面加强耕地质量建设与管理的通知》，2017 年 1 月国务院印发《关于加强耕地保护和改进占补平衡的意见》。这些政策从四个方面加强耕地质量建设：守住耕地数量和质量两条红线；进一步实施高标准农田建设；推动科技创新；推进土地保护，实施耕地修复。此外，2017 年 8 月，财政部会同农业部下发了《农业生产发展资金管理办法》，将我国对农业的补贴细分为 12 种类型，[①] 将财政补贴支持力度更加倾向于改善中国目前的农村经济结构。今后我国支农惠农的政策和法律体系应建立健全农业发展各个关键环节和重要领域的法律制度，强化农业执法体系建设；利用工业反哺农业机遇，统筹资金，扩大财政和金融支农促农的幅度和范围，完善惠农

① 用于耕地地力保护（直接发放给农民）、适度规模经营、农机购置补贴、优势特色主导产业发展、绿色高效技术推广服务、畜牧水产发展、农村一二三产业融合、农民专业合作社发展、农业结构调整、地下水超采区综合治理（农业种植结构调整）、新型职业农民培育等支出方向，以及党中央、国务院确定的支持农业生产发展的其他重点工作。资料来源：《关于印发〈农业生产发展资金管理办法〉的通知》，财政部网站，http：//www.mof.gov.cn/mofhome/ningxia/lanmudaohang/ysjg/zcfg/201804/t20180425_2878797.html。

支农宏观调控体系；加强宏观引导，健全农产品价格调控机制，加强农业质量标准和检验检测体系建设。

### （四）依靠科技创新，促进农业技术进步

推动二元经济转型，必须依靠农业科技创新和农业科技进步，才能实现经济结构升级。发达国家将农业技术进步与农业科研机构、高校、专业协会、农业企业和农户联系在一起，促进农业产学研相结合，实现了农业科技创新的良性循环和农业科研成果向商业化的及时转化，农业科技进步贡献率高达70%～80%。[①] 我国目前农业科技创新进步较大，但技术创新成果市场适用性较差、成果转化推广率较低，为此，可以考虑借鉴工业知识产权生产、使用和保护制度：（1）改革农业科技投资体制、科研管理体制、农业科技推广运行机制等制度，为农业科技创新提供制度保障。（2）拓展农业技术范围，健全农业技术市场的交易机制，畅通信息技术交流平台，强化农业技术市场法制建设，为农业技术创新提供良好的市场运行环境。（3）强化产学研结合，将科研机构、高等院校、农业生产企业和农户紧密结合起来，实现农业科技创新和技术推广应用一体化。

## 四、改革收入分配制度，扩大内需

从国际经验看，大国经济内生的供给和需求对其经济发展有着决定性作用，扩大内需是当前世界大国经济发展呈现出的普遍趋势。对我国而言，扩大国内居民消费需求，增强消费对经济增长的拉动作用，加大国民收入分配调整力度，建设收入分配制度，增强居民特别是低收入群众消费能力，走内需主导型经济发展道路，对于推动经济平稳较快增长、保持社会和谐稳定意义重大，而且增强居民特别是低收入群众消费能力、提高劳动收入在国民收入分配中的比重是克服内需不足约束、实现二元经济转型的根本途径。

在社会经济再生产的生产、交换、分配和消费四个环节中，生产为消费提供对象，决定消费的数量和消费方式；消费作为生产的目的和动力，为生产创造出新的需要。在市场经济条件下，产品必须经过交换和分配环节，成为有效需求才能到达消费，因此分配在联系生产和消费中具有重要

---

① 汪飞杰：《美国农业科研体系研究及启示》，载于《农业科研经济管理》2006年第2期，第31～33页。

作用，分配方式是否公平、合理，关系到社会成员获得的物质利益，并决定社会产品能否顺利进入消费过程，以及整个社会经济在生产过程能否正常运行。如果一个社会生产结构和消费需求结构不均衡，就会出现产品流通不畅、储蓄率过高、有效需求不足、生产过剩等现象。当前我国二元经济转型中出现的国内有效需求不足，特别是中低收入家庭缺乏有支付能力的消费需求，已经严重影响到社会再生产的顺利运行。因此，建立合理的收入分配机制，提高中低收入劳动者的分配比重，是扩大国内消费需求的基本层面。

我国中等及以下收入家庭占家庭总数的绝大份额，这些家庭成员消费水平偏低，必然导致整个社会消费需求不足。而家庭收入水平偏低的基本原因在于收入分配制度不完善。尽管改革开放以后，随着经济发展和二元经济转型不断推进，居民整体收入和消费水平都有所增长，但是城乡之间、地区之间、行业之间的收入差距不断加大，考察居民内部收入分配公平程度的基尼系数从 1978 年的 0.317 不断攀升，最高达到 2008 的 0.491。[①] 分配不公产生的原因在于分配制度不完善，包括：分配市场主体经济利益的市场机制尚未完全建立健全，经济垄断、行政垄断等非经济因素在收入分配中的作用较大，导致初次分配结果不公平。税种和税负制度设计不完善，对高收入和低收入者的税收调节力度不够，导致收入差距拉大。公共财政再分配方式不完全透明，缺少程序约束和社会监督，也导致收入分配制度缺陷。

建立和完善收入分配制度的重要原则是处理好效率与公平的关系，必须在市场经济运行机制中按照价值规律分配人们的经济利益，这样不仅可以优化资源配置，还可以提高经济活动效率，满足社会消费需求。因此首先必须明晰各类产权，赋予各类企业平等经济地位、法律地位和发展权利，建立健全劳动者与企业的工资谈判和制衡机制，打破垄断，通过充分竞争形成劳动力市场价格，建立起适应市场经济的按劳分配为主体、多种分配方式并存的初次分配制度。其次在收入再分配中要强化税收和转移支付的调节作用，逐步提高居民收入水平。建立公平的直接税体系，利用税收作用使收入分配差距保持在适度范围；强化公共财政职能，提高扶贫标准和最低工资标准，建立最低生活保障制度；要扩大转移支付，优先发展教育、医疗卫生和保障性住房建设，加快建立覆盖城乡居民的社会保障体系；保护合法收入，

---

① 丁任重、张素芳：《扩大内需与国民收入分配调整》，人民网，http://finance.people.com.cn/GB/10692773.html。

取缔非法收入，打破垄断经营，整顿分配秩序，逐步扭转收入分配差距扩大的趋势，使收入再分配机制成为公平分配的有力保障。

建立合理的收入分配机制是扩大内需的基本保证。只有建立起合理的收入分配制度，在消费与生产之间建立起客观、公平、合理的内在联系，我国经济才能持续快速健康增长和发展。

## 五、完善调控机制，协调城乡利益关系

实践表明，实现二元经济结构转型的根本途径是协调城乡利益。从历史上来看，由于城市非农产业专业化分工、人口集中、聚集效应和规模经济效应突破了传统农业生产自给自足、分散生产和效率较低的特点，因此从传统农业社会发展到城乡分离与对立的二元经济社会是历史进步。但是城乡二元对立不断深化并长期存在又会阻碍经济增长和社会和谐，因此一旦进入到工业化中后期阶段，就必须缩小工农和城乡发展差距，协调城乡利益关系，实现二元经济结构向现代化一元经济转换。当前我国已经进入“短缺点”和工业化中后期发展阶段，城乡二元经济结构已经严重阻碍了社会经济发展，要避免陷入“中等收入陷阱”，实现人均国民收入持续增长并进入发达国家行列，就必须协调城乡利益关系。

在协调城乡利益关系时，要以市场机制作为资源配置基础，尊重市场规律和市场选择，充分发挥市场机制在人口迁移、资源流动、结构调整中的作用，以增强经济活力。同时也要结合政府宏观调控手段，一方面为维护公众利益，由政府提供公共物品，以弥补市场失灵；另一方面还要改革行政管理机制，清晰界定政府职能，加强公众监督，有效防止政府失灵。

## 六、重视民营经济作用，解决劳动力就业压力

民营经济是具有中国特色的一种经济概念和经济形式。[①] 民营经济在20世纪80年代是我国吸纳农村过剩劳动力就业的主要阵地，不仅推动了以传统自然村落为基础的小城镇大量涌现，形成城市工业和农村工业双重发展的工业化格局，而且使占人口总数80%的农民逐渐融入工业化，推动

① 民营经济是指除了国有和国有控股企业以外的多种所有制经济的统称，包括国有民营经济、集体所有制经济、个体经济、私营经济、外商经济和港澳台经济、混合所有民营经济和民营科技企业等类型。

了第三产业的发展。90 年代以后，由于社会供求严重失衡，通货膨胀严重，我国曾对民营经济采取了“调整、整顿、改造、提高”的方针，减少了在税收、信贷方面的支持和优惠措施，导致民营经济发展速度下降，吸纳劳动力就业能力衰减。1992 年的邓小平同志南方谈话肯定了民营经济是建设有中国特色社会主义的三大优势之一，我国民营经济再次走上发展快车道。2013 年党的十八届三中全会《中共中央关于全面深化改革若干重大问题的决定》提出：“必须毫不动摇鼓励、支持、引导非公有制经济发展，激发非公有制经济活力和创造力。”明确要求放宽民营经济市场准入，拓展民间投资的渠道，保护民间投资的合法权益，增强民营经济参与市场竞争，增加就业，增加活力和竞争力。

加快民营经济发展，目前要解决好以下几个方面：

第一，放宽对民营经济的市场准入。民营经济在迅速发展壮大的同时面临的最为突出的困难就是“市场准入”问题。长期以来，我国对综合性经营领域、资源性领域和一些关乎国计民生的重大领域对民营经济的限制较多。2005 年 2 月 25 日，国务院印发了《关于鼓励支持和引导个体私营等非公有制经济发展的若干意见》（旧版非公 36 条）；2010 年 5 月 7 日，国务院印发了《关于鼓励和引导民间投资健康发展的若干意见》（新版非公 36 条）。由于这两个文件本身只是政策而非具有强制性、操作性的法律，没有对相关行业准入做出详尽的具体规定，以至于不能发挥预期的作用。[①] 2019 年 12 月，中共中央、国务院发布的《关于营造更好发展环境支持民营企业改革发展的意见》，通过发布全国统一的市场准入负面清单，力图彻底解决民营企业市场准入难的问题。从根本上来看，放宽对民营经济市场准入限制，给予民营经济和国有经济、外资经济公平的经营环境，不仅可以保证传统行业快速稳定发展，而且可以加强能源工业，运输、金融等服务业的发展步伐，进而推动国民经济持续快速增长。但是要想彻底解决民营企业“市场准入难”的问题，仅仅依靠政策性意见，缺乏具有全局统帅性的高位阶、权威的法律，是无法实现的。因此坚持依法治国，进一步深化改革，加快法律的立、改、废，消除影响民营经济发展的体制性障碍，实现不同经济成分之间公平竞争，为民营经济市场准入创造良好的法治环境，势在必行。

第二，放宽对民营经济的融资限制。我国民营经济融资受限制较多，

---

① 刘东涛：《法治视野下民营经济市场准入研究》，载于《人民论坛》2016 年第 5 期，第 91 ~ 93 页。

生存发展受限。从经济贡献上看，我国民营企业贡献了 50% 以上的税收，60% 以上的国内生产总值、70% 以上的技术创新成果、80% 以上的城镇劳动就业、90% 以上的企业数目，[①] 毫无疑问，民营经济是我国经济的重要组成部分。但是，现实中广泛存在着民营企业融资难的问题，成为限制民营经济发展的重要瓶颈之一。从总量上看，2018 年民企平均融资规模仅为国企的 12%，且 2016 ~2018 年复合增速低于国企 6 个百分点。从结构上看，民企对短期贷款依赖度高，占比达 72.8%，而国企融资结构相对均衡。从成本上看，民企贷款、债券和民间借贷利率均超国企，其中民间借贷利差高达 34%。[②] 民营经济融资难的根源在于：（1）在金融体系层面，我国以银行为主导的间接融资体系，在考虑监管、风险、收益等因素时，偏好于国企，导致民营经济和中小微企业获得的金融资源有限。（2）2017 年以来金融去杠杆的严格监管，导致部分对非标准化融资依赖程度较高的民营企业融资压力加剧。（3）就民营企业自身而言，中小微民企资产规模偏小、缺乏抵质押物；还有部分民营企业自身存在经营不规范、负债率过高等问题，难以达到银行授信标准。加快民营经济外源性融资能力，是促进我国二元经济转型和比较优势全面提升的重要手段，可以考虑：（1）深化金融供给侧结构性改革，多渠道补充中小银行资本金，促进提高对中小企业信贷投放能力。（2）从疏通货币政策传导、完善监管和考核方面引导商业银行资金流向民营和小微企业。（3）发展多层次资本市场，一方面完善以银行为主体的间接融资体系，包括加快国有银行的信贷机制改革，建立与民营经济贷款配套的政策体系；积极发展民营银行解决民营企业融资的困难；建立健全民营经济信贷担保体系。另一方面，构建多层次资本市场为主体的直接融资体系。降低民营企业上市的门槛，鼓励其在主板市场上筹资；利用二板市场，为民营科技企业开辟融资渠道；通过外国证券市场，挖掘海外上市融资渠道；通过发行企业债券融资。

第三，完善对民营经济的财税支持。当前应以稳定小企业就业作为发展目标，进一步扩大就业，专门针对小企业特点，制定相对独立的财税政策，重点扶持劳动密集型尤其是符合绿色环保标准的劳动密集型企业，实行税收减免，扩大对中小民营企业提供的产品和服务范围，逐步降低对小规模纳税人征收率。

---

① 习近平：《在民营企业座谈会上的讲话》，人民出版社 2018 年版，第 4 页。

② 石玲玲、王孟嫫：《中国民企融资环境报告：2020》，和讯网新闻频道，http：//news.hexun.com/2020 -04 -27/201158003.html。

# 参考文献

[1] 白成琦:《日本控制通货膨胀的经验及其对我国的借鉴价值》,载于《现代日本经济》1993年第10期,第1~4页。

[2] [美] 保罗·克鲁格曼著,张曦译:《流行的国际主义》,中信出版社2010年版。

[3] [英] 彼罗·斯拉法著,寿勉成译:《李嘉图著作和通信集(第一卷)》,商务印书馆2011年版。

[4] 蔡昉:《劳动力迁移的两个过程及其制度障碍》,载于《社会学研究》2001年第4期,第44~51页。

[5] 蔡昉:《中国人口与劳动问题报告No.8 刘易斯转折点及其政策挑战》,社会科学文献出版社2007年版。

[6] 曹乐溪:《2010年农村居民人均纯收入增10.9%,工资性增长快》,中国网新闻中心,http://www.china.com.cn/news/txt/2011-03/11/content_22107959.htm。

[7] 陈淮:《80年代日本产业结构及产业政策的回顾与评价》,载于《外国经济与管理》1990年第10期,第17~20页。

[8] 陈佳贵等:《中国工业化进程报告》,中国社会科学出版社2007年版。

[9] 陈俊涛:《美国南北战争》,山东科学技术出版社2017年版。

[10] 陈依慧:《比较优势与中国产业发展战略选择》,载于《商业经济与管理》2003年第4期,第53~57页。

[11] 丁建定:《从济贫到社会保险》,复旦大学出版社2000年版。

[12] 丁任重、张素芳:《扩大内需与国民收入分配调整》,人民网,http://finance.people.com.cn/GB/10692773.html。

[13] 定军:《地方统计局摸底二孩政策效果:生育意愿疲软亟待政策激励》,新浪网,http://news.sina.com.cn/c/2018-08-24/doc-ihic-

siav9795049. shtml。

［14］［美］多米尼克·萨尔瓦多著，杨冰译：《国际经济学》，清华大学出版社 1998 年版。

［15］樊纲：《企业家最重要的社会责任就是创造就业》，新华网重庆频道，http：//www. cq. xinhuanet. com/2007/2007 － 11/05/content _ 11588833. htm。

［16］范巧：《永续盘存法细节设定与中国资本存量估算：1952～2009年》，载于《云南财经大学学报》2012 年第 3 期，第 42～51 页。

［17］［美］费景汉、古斯塔夫·拉尼斯著，洪银兴等译：《增长和发展：演进观点》，商务印书馆 2004 年版。

［18］费孝通：《锦绣江南的现代化蓝图》，南京大学出版社 1994 年版。

［19］冯飞等：《对我国工业化发展阶段的判断》，国务院发展研究中心，http：//chinado. cn/ReadNews. asp？NewsID＝2734。

［20］冯军：《福建曾有大规模偷渡出国现象 目标是“赚外汇”》，载于《新京报》2012 年 12 月 6 日。

［21］傅帅雄等：《农业转移人口市民化的思考——基于日本经验的启示》，载于《农业经济》2018 年第 10 期，第 72～74 页。

［22］高英东：《就业与失业》，社科文献出版社 2002 年版。

［23］高国力：《区域经济发展与劳动力迁移》，载于《南开经济研究》1995 年第 2 期，第 31～34 页。

［24］高铁梅、范晓非：《中国劳动力市场的结构转型与供求拐点》，载于《财经问题研究》2011 年第 1 期，第 22～31 页。

［25］顾乐民：《中国外出农民工历史的测算与未来的趋势》，载于《浙江农业科学》2015 年第 1 期，第 130～136 页。

［26］《关于印发〈农业生产发展资金管理办法〉的通知》，财政部网站，http：//www. mof. gov. cn/mofhome/ningxia/lanmudaohang/ysjg/zcfg/201804/t20180425_2878797. html。

［27］郭婧婷、王志刚：《今年科技进步对经济增长的贡献率或达57. 5%》，中国经营网，http：//finance. sina. com. cn/roll/2017 － 12 － 23/doc － ifypxmsq9764746. shtml。

［28］郭庆旺：《卡尔多经济增长模型述评》，载于《财经问题研究》1990 年第 2 期，第 55～58 页。

［29］郭庆旺、贾俊雪：《中国全要素生产率的估算：1979～2004》，

载于《经济研究》2005 年第 6 期，第 51～60 页。

[30] 郭熙保：《发展中国家人口流动理论比较分析》，载于《世界经济》1989 年第 12 期，第 38～45 页。

[31] 郭玉清：《资本积累、技术变迁与总量生产函数》，载于《南开经济研究》2006 年第 3 期，第 79～88 页。

[32] 郭元增：《拉丁美洲严峻的土地问题》，载于《当代世界》1996 年第 11 期，第 13～19 页。

[33] 国家环保总局：《1999 年中国环境状况公报》，载于《中国水利报》2000 年 6 月 11 日。

[34] 国家统计局：《2018 年农民工检测调查报告》，国家统计局网站，http：//www.stats.gov.cn/tjsj/zxfb/201904/t20190429_1662268.html。

[35] 国家统计局：《2018 年全国农民工监测调查报告》，http：//www.gov.cn/shuju/2019－04/30/content_5387773.htm。

[36] 国家统计局：《2012 年全国农民工检测调查报告》，中央政府网站，http：//www.gov.cn/gzdt/2013－05/27/content_2411923.htm。

[37] 国家统计局：《2019 年中国统计年鉴》，中国统计出版社 2019 年版，http：//www.stats.gov.cn/tjsj/ndsj/2019/indexch.htm。

[38] 国家统计局：《中国外汇储备连续 13 年居世界第一》，中新经纬客户端，https：//finance.sina.com.cn/roll/2019－07－02/doc－ihytcitk9158786.shtml。

[39] 国家统计局、科学技术部和财政部：《2017 年全国科技经费投入统计公报》，国家统计局网站，http：//www.stats.gov.cn/tjsj/zxfb/201810/t20181009_1626716.html。

[40] 国家统计局、科学技术部和财政部：《2018 年全国科技经费投入统计公报》，中央政府网站，http：//www.gov.cn/xinwen/2019－08/30/content_5425835.htm。

[41] 韩琦：《拉丁美洲的城市发展和城市问题》，载于《拉丁美洲研究》1999 年第 2 期，第 43～48 页。

[42] 韩琦：《拉丁美洲经济制度史论》，中国社会科学出版社 1996 年版。

[43] 韩占兵：《中国农业劳动力的历史变迁与演化趋势分析》，载于《统计与决策》2016 年第 15 期，第 106～109 页。

[44] [美] 赫尔普曼、克鲁格曼著，尹翔硕、尹翔康译：《市场结构

与对外贸易》，上海人民出版社2009年版。

[45] 胡汉昌：《乡镇企业与二元经济结构》，载于《中南财经政法大学学报》1993年第6期，第65～67页。

[46] [日] 户田博爱：《现代日本的农业政策》，日本财团法人农林统计协会1988年版。

[47] 黄安年：《美国的崛起与发展》，载于《社会科学论坛（学术评论卷）》2008年第10期，第109～134页。

[48] 黄光耀：《论18、19世纪英国农业生产发展的原因》，载于《广西大学学报（哲学社会科学版）》1997年第5期，第43～47页。

[49] [美] 吉尔伯特·C. 菲特、吉姆·E. 里斯著，司徒淳、方秉铸译：《美国经济史》，辽宁人民出版社1981年版。

[50] 贾大明：《我国“三农”问题的现状与21世纪的展望》，载于《经济研究参考》2001年第40期，第20页。

[51] 贾晓华：《我国非永久迁移者边缘化问题探讨》，载于《商业时代》2009年第25期，第12～13页。

[52] 金碚：《中国工业国际竞争力——理论、方法与实证研究》，经济管理出版社1997年版。

[53] 金三林：《刘易斯转折阶段劳动力成本变动的国际经验借鉴》，载于《中国经济时报》2010年4月20日。

[54] [美] 凯文·菲利普斯著，王吉美译：《一本书读懂美国财富史——美国财富崛起之路》，中信出版社2009年版。

[55] 匡志成：《日本产业结构的特点及其与经济增长的关系(1955～2010)》，东北师范大学硕士学位论文，2013年。

[56] 李朝晖：《“刘易斯第一转折点”尚未来临——兼论中国农业剩余劳动力的供给与发展趋势》，载于《中国农业观察》2011年第5期，第78～87页。

[57] 李陈华、柳思维：《城乡劳动力市场的二元经济理论与政策——统筹城乡发展的洛伦兹分析》，载于《中国软科学》2006年第3期，第30～42页。

[58] 李钢、李俊：《可资借鉴十大启示》，载于《人民日报》2010年9月9日。

[59] 李骏阳：《刘易斯人口流动思想述评——兼论我国农业劳动力的转移》，载于《西北人口》1998年第2期，第47～52页。

[60] 李蕊来、黄丽萍:《中国对外贸易与产业结构升级》,载于《中国集体经济》2011 年第 16 期,第 13~15 页。

[61] 李瑞芬等:《农村劳动力转移:形式与对策》,中国农业出版社 2006 年版。

[62] 李瑞林、王春艳:《巴西城市化的问题及其对中国的启示——兼与中国城市化相比较》,载于《延边大学学报(社科版)》2006 年第 2 期,第 17~23 页。

[63] 李善同、侯志勇:《对城市化若干问题的再认识》,载于《城乡建设》2003 年第 2 期,第 33~35 页。

[64] 李怡、罗勇:《韩国工业化历程及其启示》,载于《亚太经济》2007 年第 1 期,第 51~56 页。

[65] 林毅夫:《中国农村工业发展的因素分析》,载于《中国农村经济》1996 年第 6 期,第 15~20 页。

[66] 林毅夫、孙希芳:《经济发展的比较优势战略理论——兼评〈对中国外贸战略与贸易政策的评论〉》,载于《国际经济评论》2003 年第 6 期,第 1~10 页。

[67] 刘博元:《农户化肥使用行为影响因素研究——以河南省孟津县为例》,河南农业大学硕士学位论文,2019 年。

[68] 刘东涛:《法治视野下民营经济市场准入研究》,载于《人民论坛》2016 年第 5 期,第 91~93 页。

[69] 刘洪银:《从中国农业发展看"刘易斯转折点"》,载于《西北人口》2009 年第 4 期,第 15~18 页。

[70] 陆晓明:《美国低通货膨胀的原因及趋势》,载于《金融博览》2018 年第 3 期,第 34~35 页。

[71] 马凤岗、张弘:《试析二战后拉美农村人口迁往城市的原因及影响》,载于《临沂师专学报》1998 年第 2 期,第 41~43 页。

[72] 满洲开拓史刊行会:《满洲开拓史》,满洲开拓史刊行会 1966 年版。

[73] [日] 南亮进、景文学著,关权译:《经济发展的转折点:日本经验》,社会科学文献出版社 2008 年版。

[74] [日] 南亮进著,高文书译:《日本经济的转折点》,载于《中国劳动经济》2010 年第 1 期,第 25~51 页。

[75] 《2012 年全国农民工监测调查报告》,中央政府网,http://www.

gov. cn/gzdt/2013 ~05/27/content_ 2411923. htm。

[76]《1988 年世界各国人均 GDP 数据》，快易数据，https：//www. kylc. com/stats/global/yearly/g_gdp_per_capita/1988. html。

[77] 聂建中、王敏：《比较优势战略与产业结构升级》，载于《当代经济》2009 年第 1 期，第 73 ~78 页。

[78] 牛文元：《中国新型城市化报告（2009）》，科学出版社 2009 年版。

[79] 乔真真：《中国产业结构优化的战略选择——基于对外贸易视角》，载于《经济问题》2007 年第 1 期，第 45 ~49 页。

[80] 丘进：《华侨华人研究报告 2011》，社会科学文献出版社 2011 年版。

[81] 冉晓宁：《二〇一八年我国研发经费逼近两万亿》，新华网，http：//www. xinhuanet. com/tech/2019 –09/02/c_1124948694. htm。

[82] 戎殿新、司马军：《各国劳动力转移问题研究》，经济日报出版社 1989 年版。

[83] 荣世芳：《刘易斯转折点：理论与检验》，载于《经济学家》2009 年第 2 期，第 69 ~75 页。

[84]《上半年厦门利用外资和民企招商成效显著》，台海网，http：//www. taihainet. com/news/xmnews/szjj/ 2013 ~07 ~10/1097880. html。

[85] 石会娟：《转移农村剩余劳动力的对策研究》，载于《日本问题研究》2004 年第 2 期，第 63 ~68 页。

[86] 石景云：《论英国、法国工业化期间农业部门就业与产值比重的变化及其影响》，载于《经济评论》1999 年第 2 期，第 86 ~89 页。

[87] 石玲玲、王孟嫫：《中国民企融资环境报告：2020》，和讯网新闻频道，http：//news. hexun. com/2020 –04 –27/201158003. html。

[88] 史美兰：《农业现代化：发展的国际比较》，民族出版社 2006 年版。

[89]《世界各国服务业增加值数据》，快易数据，https：//www. kylc. com/stats/global/yearly_overview/g_service_value_added_in_gdp. html。

[90] 宋健、何蕾：《城市流动人口管理低效的原因与对策分析》，载于《人口学刊》2008 年第 5 期，第 13 ~17 页。

[91] 宋杰、赵韩强：《战后日本农业劳动力的转移及其对中国的启示》，载于《东北亚论坛》2001 年第 4 期，第 23 ~26 页。

[92] 苏振兴:《拉丁美洲的经济发展》，经济管理出版社2000年版。

[93] 苏振兴:《增长、分配与社会分化——对拉美国家社会贫富分化问题的考察》，载于《拉丁美洲研究》2005年第1期，第11~16页。

[94] [日] 田岛俊雄:《刘易斯转折点和中国的农业农村经济问题》，载于《中国经济发展模式学术研讨会论文集》，2008年5月29日。

[95] 汪飞杰:《美国农业科研体系研究及启示》，载于《农业科研经济管理》2006年第2期，第31~33页。

[96] 汪小勤:《二元经济结构发展理论述评》，载于《经济学动态》1998年第1期，第73~78页。

[97] 王诚:《劳动力供求“拐点”与中国二元经济转型》，载于《中国人口科学》2005年第6期，第2~10页。

[98] 王检贵:《劳动与资本双重过剩下的经济发展》，上海三联书店2000年版。

[99] 王思慧:《从年功工资到绩效工资——日本工资制度的变迁》，载于《日本研究论集》2008年第12期，第24~26页。

[100] 王玮、张霞:《我国农村剩余劳动力转移的现状分析》，载于《山西青年管理干部学院学报》2006年第5期，第55~58页。

[101] 王旭:《美国西海岸大城市研究》，东北师范大学出版社1994年版。

[102] 王一鸣:《跨越中等收入陷阱的战略选择》，中国投资网，http://www.chinainvestment.com.cn/www/NewsInfo.asp?NewsId=3520。

[103] 王岳平、葛岳静:《我国产业结构的投入产出关联特征分析》，载于《管理世界》2007年第2期，第61~68页。

[104] 王章辉、孙娴:《工业社会的勃兴》，人民出版社1995年版。

[105] 王振华:《美国如何调整农产品政策》，载于《中国农业信息快讯》2002年第6期，第21~24页。

[106] [美] 威廉·阿瑟·刘易斯著，施炜等译:《二元经济论》，北京经济学院出版社1989年版。

[107] [美] 维克多·布尔默·托马斯著，张凡等译:《独立以来拉丁美洲的经济发展》，中国经济出版社2000年版。

[108] 吴建伟:《国际间产业竞争与市场容量》，上海三联书店、上海人民出版社1999年版。

[109] 吴要武:《“刘易斯转折点”来临：我国劳动力市场调整的机

遇》，载于《开放导报》2007年第6期，第50~56页。

［110］［美］西奥多·W. 舒尔茨著，李海明、赵波译：《报酬递增的源泉》，中国人民大学出版社2016年版。

［111］［美］西蒙·库兹涅茨著，常勋译：《各国的经济增长》，商务印书馆1999年版。

［112］习近平：《在民营企业座谈会上的讲话》，人民出版社2018年版。

［113］［日］小岛清著，周宝廉译：《对外贸易论》，南开大学出版社1991年版。

［114］徐滨：《工业革命时代英国农业工人的工资与生活水平》，载于《首都师范大学学报（社会科学版)》2011年第3期，第18~25页。

［115］［英］亚当·斯密著，谢祖钧等译：《国富论》，中南大学出版社2003年版。

［116］杨靳、廖少廉：《美国农村人口迁移与启示》，载于《人口学刊》2001年第4期，第31~35页。

［117］杨明：《比较优势战略、外国直接投资与产业结构升级》，载于《天津师范大学学报（社会科学版)》2006年第2期，第67~74页。

［118］杨小凯、张永生：《新兴古典经济学和超边际分析》，中国人民大学出版社2000年版。

［119］杨峥嵘、杨省庭：《法律经济学视角下的我国农村集体土地权流转问题》，载于《中国农业经济》2007年第12期，第117~125页。

［120］姚慧婷：《三中全会前瞻：城镇化进程倒逼户籍土地制度改革》，中国网，http://finance.ifeng.com/a/20131105/11006898_0.shtml。

［121］原松华：《确保粮食安全：一项长期而艰巨的课题》，载于《中国发展观察》2008年第2期，第12~14页。

［122］［美］约瑟夫·E. 斯蒂格利茨著，张昕海译：《重构美国经济规则》，机械工业出版社2017年版。

［123］张柏春、史晓雷：《改革开放以来我国建设科技强国的探索》，载于《光明日报》2018年12月5日。

［124］张富良：《完善人民代表大会制度保障农民民主政治权利》，载于《人大研究》2004年第10期，第43~47页。

［125］张桂文：《从古典二元论到理论综合基础上的转型增长——二元经济理论演进与发展》，载于《当代经济研究》2011年第8期，第39~45页。

[126] 张桂文:《二元经济转型中人力资本投资与产业结构演进的动态耦合》, 载于《辽宁大学经济学系工作论文》2014 年第 6 期, 第 17 ~ 24 页。

[127] 张桂文:《二元转型及其动态演进下的刘易斯转折点讨论》, 载于《中国人口科学》2012 年第 4 期, 第 59 ~ 68 页。

[128] 张桂文:《中国城镇化进程中"农村病"和"城市病"及其治理》, 载于《辽宁大学学报 (哲学社会科学版)》2014 年第 3 期, 第 18 ~ 24 页。

[129] 张桂文:《中国二元经济结构转换的政治经济学分析》, 经济科学出版社 2011 年版。

[130] 张桂文:《中国二元经济结构转换研究》, 吉林人民出版社 2001 年版。

[131] 张桂文、袁晖光:《中国二元经济转型的难点及其破解思路》, 载于《当代经济研究》2012 年第 11 期, 第 71 ~ 77 页。

[132] 张军、施少华:《中国经济全要素生产率变动: 1952 ~ 1998》, 载于《世界经济文汇》2003 年第 2 期, 第 17 ~ 24 页。

[133] 张娉研、柳欣:《我国通货膨胀与粮食价格的实证分析》, 载于《经济问题》2011 年第 3 期, 第 16 ~ 20 页。

[134] 张蕊:《美国服务业发展经验及对我国的启示》, 载于《对外经贸》2012 年第 1 期, 第 35 ~ 38 页。

[135] 张森根:《拉美国家经济转型中的几个问题》, 载于《拉丁美洲研究》1992 年第 4 期, 第 1 ~ 7 页。

[136] 张森根:《一份颇有见地的研究报告——读〈拉美走向恢复经济增长〉》, 载于《拉丁美洲研究》1989 年第 3 期, 第 49 ~ 53 页。

[137] 张薇:《中国每年 50 万工人出国务工》, 新浪网, http: //news. sina. com. cn/o/2004 - 06 - 25/11022905715s. shtml。

[138] 张雅丽:《中国工业化进程中农村劳动力转移研究》, 西北农林科技大学博士学位论文, 2008 年。

[139] 张亚东:《试论 18 世纪英国的海外移民》, 载于《湖南文理学院学报》2004 年第 2 期, 第 26 ~ 29 页。

[140] 张永恒:《以可行能力看待城乡利益失衡》, 载于《吉林财税高等专科学校学报》2006 年第 2 期, 第 63 ~ 67 页。

[141] 张跃发:《英国工业革命以来西方产业结构的两次转换》, 载于《世界历史》1996 年第 1 期, 第 123 ~ 126 页。

[142] 张准:《美国经济崛起关键阶段的产业工人状况简析》,载于《生产力研究》2011 年第 1 期,第 148 ~150 页。

[143] 赵宏波、王欣:《城镇非私营单位从业人员就业和收入现状的调查与分析——以河北省承德市为例》,载于《河北旅游职业学院学报》2017 年第 2 期,第 83 ~85 页。

[144] 赵慧英:《拉美和非洲地区工业化过程中农村人口迁移分析》,载于《首都经济贸易大学学报》2007 年第 1 期,第 111 ~116 页。

[145] 赵佳、姜长云:《兼业小农抑或家庭农场——中国农业家庭经营组织变迁的路径选择》,载于《农业经济问题》2015 年第 3 期,第 11 ~18 页。

[146] 赵松鹏:《农业革命与英国产业革命的开始》,载于《内蒙古大学学报》1987 年第 4 期,第 57 ~70 页。

[147] 赵伟:《巴西如何摆脱中等收入陷阱》,载于《新京报》2012 年 3 月 26 日。

[148] 《中共中央关于加快农业发展若干问题的决定》,人民网,http://www.people.com.cn/GB/shizheng/252/5089/5103/5206/20010428/454999.html。

[149] 周敦仁:《从三大产业看美国经济结构调整》,载于《解放日报》2000 年 11 月 3 日。

[150] 周立群、谢思全:《中国经济改革 30 年・民营经济卷》,重庆大学出版社 2008 年版。

[151] 周燕、佟家栋:《"刘易斯拐点"、开放经济与中国二元经济转型》,载于《南开经济研究》2012 年第 5 期,第 3 ~16 页。

[152] 周振华:《体制改革与经济增长》,上海三联出版社 1999 年版。

[153] 朱农:《论收入差距对中国乡城迁移决策的影响》,载于《人口与经济》2002 年第 5 期,第 10 ~17 页。

[154] 朱书军、赵进:《比较优势与我国的产业结构政策》,载于《江苏理工大学学报(社会科学版)》2001 年第 6 期,第 45 ~48 页。

[155] Alejandro Cuñat, Marc J. Melitz. Volatility. Labor Market Flexibility, And The Pattern of Comparative Advantage. Journal of the European Economic Association, 2012, 10 (2): 225 -254.

[156] Arnaud Costinot. An Elementary Theory of Comparative Advantage.

econometrics, 2009 (4): 1165 – 1192.

[157] Bela Balassa. The Changing Pattern of Comparative Advantage in Manufactured Goods. The Review of Economics and Statistics, 1979, 16 (2): 259 – 266.

[158] Chow, G. C. Capital Formation and Economic Growth in China. Quarterly Journal of Economics, 1993, 108: 809 – 842.

[159] Christine M. Chan, Shige Makino & Takehiko Isob. Does Subnational Region Matter? Foreign Affiliate Performance in The United States and China. Strategic Management Journal, 2010, 31 (11): 1226 – 1243.

[160] Gautam Bose. Agrarian Efficiency Wages in A Dual Economy. Journal of Development Economics, 1996, 49 (2): 375 – 386.

[161] Glen Porter. Encyclopedia of American Economic History, Volume 3. New York: Charles Scripps Buner, Son of the Publishing Company, 1980.

[162] Gregory Clark. Farm Wages and Living Standards in the Industrial Revolution: England, 1670 – 1869. Economic History Review, 2001, 54 (3): 477 – 505.

[163] Gustav Ranis and John C. H. Fei. A Theory of Economic Development. The American Economic Review, 2016, 51 (4): 533 – 558.

[164] Gu Wei and Shigemi Yabuuchi. Imperfect Labor Mobility and Unemployment in a Dual Economy. Review of International Economics, 2006, 14 (4): 698 – 708.

[165] H. Chenery and A. M. Strout. Foreign Assistance and Economic Development. American Economic Review, 1966, 56 (8): 912 – 916.

[166] Hla Myint. The Economy of the Developing Countries, 5th ed. , Australia: Hutchinson and Co. Ltd. , 1980.

[167] John H. Dunning. Trade, Location of Economic Activity and the Multinational Enterprise: A Search for an Eclectic Approach. Explaining International Production. Unwin Hyman, London, 1988: 13 – 40.

[168] John Knight, Lina Song. Towards a Labor Market in China. Oxford Review of Economic Policy, 1995 (11): 97 – 117.

[169] J. O. Lindsay, The New Cambridge Modern History, VII, The Old Regime, 1713 – 1763. Cambridge University Press, 1970.

[170] J. Saville. Rural Depopulation in England and Walels: 1851 –

1951. London: London Press, 1957.

[171] Justin Lin, Ha - Joon Chang. Should Industrial Policy in Developing Countries Conform to Comparative Advantage or Defy it? A Debate Between Justin Lin and Ha - Joon Chang. Development Policy Review, 2009, 27 (5): 483 - 502.

[172] Kanami Akamatus. The Synthetic Principles of the Economic Development of Our Country. The Journal of Economic, 1932, (6): 179 - 220.

[173] Leonard Dinnerstein, David M. Reimers. Ethnic Americans: A History of Immigration and Assimilation. Columbia University Press, 2009.

[174] Ohno, K., Overcoming the Middle - Income Trap: The Challenge for East Asian High Performers. Working Paper, Presented at WB Conference, 2009.

[175] Peter H. Lindert, Jeffrey G. Williamson. English Workers' Living Standards During the Industrial Revolution: A New Look. Economic History Review, Second Series, 1983, 36 (1): 11 - 19.

[176] Raymond Vernon. International Investment and International Trade in the Product Cycle. The Quarterly Journal of Economics, 1966, 80 (5): 190 - 207.

[177] Shelby D. Hunt, Robert M. Morgan. The Comparative Advantage Theory of Competition. Journal of Marketing, 1995, 59 (2): 1 - 15.

[178] Tadeusz Rybczynski. The Influence of Factor Endowments Change on International Trade. Journal of Economics, 1955, 48 (3): 185 - 210.

[179] The U. S. census bureau. Statistics on The History of The United States: 1789 - 1945. Washington: The United States government publication agency, Washington: U. S. Government Publication Agency, 1949.

[180] W. A. Lewis. Economic Development with Unlimited Supplied of Labor. The Manchester School of Economic and Social Studies, 1954, 2 (22): 139 - 191.

[181] W. A. Lewis. Infinite Labor: Further Instructions. The Manchester School of Economic and Social Studies, 1959, 26 (1): 1 - 32.

[182] W. A. Lewis. Re-discussing on Dual Economy. The Manchester School of Economic and Social Studies, 1979, 47 (3): 221 - 229.

[183] W. A. Lewis. To Reflect on the Infinite Labor. International Economy

and Reflection [M]. New York: Academic Press, 1972.

[184] Yang, Yao. Rural Industry and Labor Market Integration in Eastern China. Journal of Development Economics, 1999, 55: 463 -496.

[185] Zhao, yaohui. Migration and Earnings Difference: The Case of Rural China. Economic Development and Cultural Change, 1999, 4: 767 -782.

# 后　记

这本书是以我的博士学位论文为基础，并结合我参与导师张桂文教授主持的辽宁省教育厅哲学社会科学重大基础理论项目（ZW2013003）“二元经济转型中收入分配的动态演变”和国家社会科学基金重大项目(11&ZD146)“制度变迁视角下的中国二元经济转型研究”的研究体会而成的一本著作。在师从张桂文教授之前，我在兰州财经大学一直承担国际贸易理论与政策方面的教学与研究，专业和职业的缘故，使我对我国比较优势的形成、改变和发展趋势更为关注。2010年我考入辽宁大学经济学院攻读政治经济学博士研究生，正式拜师于张桂文教授门下。入学一个月以后，我就和张老师进行了一次关于研究发展规划的长谈，关于未来的博士毕业论文选题，我请教张老师到底是继续在国际贸易理论与政策领域，还是在政治经济学领域做选题和研究。张老师并没有武断地给我规定研究方向，而是鼓励我根据自己的工作和专业特点为以后的毕业论文做选题，认真和我分析我所能想到的每一个选题的研究思路，分析重点和难点在哪里，然后又谈起了我们这个学科领域里的研究动态和热点难点问题。在导师的谆谆教导下，我当时就决定将我的毕业论文选题定在将二元经济转型和比较优势提升相结合的点上。

我从没想到过，要将这一个决定变为现实是一场艰苦卓绝的战斗。尽管前人先贤在这两个领域都颇有研究，但是要将这两个领域联系在一起，并不是“1+1=2”这样的难度，其中需要的创新和整合，难度不亚于进入一个完全陌生又充满吸引力的新领域——左冲右突地寻找和开辟一处创新领域，寻找和捕捉难觅踪影又稍纵即逝的灵感，发现现有理论的缝隙，寻找新的理论整合进入现有理论框架中。在写博士毕业论文期间，我的灵魂似乎脱离了躯壳，游离在混沌状态中，纠结在各种相近或相左的观点中，守候着灵感不期而遇。在这期间，张桂文导师为了弥补我专业知识结构上的不足，让我参加相关的课题研究，指导我阅读相关书籍和理论文献，对我提交上去的文章不厌其烦、逐字逐句地进行修改。我叹服于导师对文字把握的精准，对理论掌握的娴熟，对学术研究的严谨。我明白导师是以身为范，用行动在告诉我如何进行研究。正是导师强有力的目标引导、智力激发、耐心指导和及时纠偏，才能让我磕磕碰碰地找到新的研究之路，最终顺利完成了博士毕业论文。

毕业以后，我转而从事经济学基础理论的教学与研究，并有幸继续追随导师进行二元经济转型的进一步研究，在不间断的研究中，我体会到了我国二元经济转型的复杂性和多样性，也对各国在二元经济转型中经历过的收入分配演变格局、比较优势转变格局有了更深刻全面的理解，更加深入领会了我国进行渐进式改革的必要性和在改革深水区必须要有“知难而进，志在必成”决心的意义。二元经济转型进程就像习近平总书记所说的那样，“既不可能一蹴而就，也不可能一劳永逸”，必须以解决二元经济转型中的重大问题为导向，深入思考重大问题和关键问题，找出答案，着力推动解决我国发展面临的一系列突出矛盾和问题。受学识和研究能力所限，我不能说我这本书完全解决了我国二元经济转型中实现比较优势提升的问题，但是在不同行业和地区不同程度的二元经济转型中，根据实际情况，继续推进二元经济转型和比较优势提升，则是十分有必要的。

这本著作的问世，包含了很多人的默默支持和付出。对一直支持我的家人、所有教授过我的辽宁大学经济学院的各位老师、兰州财经大学的领导和同事，我深深鞠躬，感谢你们！

吴　亮

2020 年 1 月 15 日